刘国光经济论著全集

（计划经济向商品经济和市场经济转型过渡时期的探索 1985—1987 年）

第 6 卷

知识产权出版社
全国百佳图书出版单位

目　录

劉國光

当前中国经济体制改革遇到的几个问题*

（1985年9月）

从农村开始，逐渐推及于城市的中国经济管理体制的改革，已经进行好几年了。1984年10月中共中央十二届三中全会做出《关于经济体制改革的决定》以后，我国以城市为重点的经济体制改革进入了全面开展的阶段。关于改革的进程和内容，已经由别的同志的文章作了介绍。这里仅就当前改革中碰到的一些疑难问题和中国经济学界对这些问题的一些看法，做点评述。

一、体制改革的经济环境问题

体制改革应该在什么样的经济环境中进行？早在20世纪70年代末和80年代初，我国经济学界就进行了讨论。当时的讨论是以"调整"和"改革"的关系为题展开的。经过讨论，绝大多数经济学者认为，针对"文化大革命"十年内乱所造成的经济混乱和粉碎"四人帮"以后最初两年的"冒进"所带来的经济紧张，经济工作的重点应当放在"调整"上面。首先要调整积累与消费、工业与农业、重工业与轻工业等国民经济主要比例关系，缓和经济紧张和失衡状态，在此前提下进行局部的试验性的改革，等到

---

* 本文系1985年9月在中国社会科学院、国家体改委和世界银行共同召开的宏观经济管理国际研讨会上的书面发言稿，与赵人伟合作。

整个经济环境比较宽松的时候，才开展经济体制的全面改革。尽管几年来经济调整过程中曾经出现过某些反复，但总的来看，我国国民经济上述一些主要比例关系已趋于协调，经济失衡的状况也已有所缓和，人民需求得到了远比以往时期为好的满足。因此，许多经济学者认为，调整作为一个阶段已经结束，全面改革的经济条件已经具备。这就是1984年秋冬以来推进以城市经济改革为重点的全面改革的经济背景。

然而，这个阶段出现了一些新的情况，再一次提出了体制改革需要什么样的经济环境的问题。这些新情况主要是：

（1）经济增长速度过快。工农业总产值在1979—1983年平均每年递增7.9%的基础上，1984年增长率提高到14.2%，其中，12月份比上年同期增长20%以上。1985年上半年工业总产值继续以超高速度增长，比1984年同期增长了23.1%。

（2）投资膨胀和消费膨胀的情况加剧。1984年固定资产投资比上年增长21.8%，银行在工资、奖金等方面的现金支出比上年增长22.3%，大大高于国民收入增长12%的速度。

（3）上述"国民收入超分配"和增长过热，同信贷和货币投放量增长过快是紧密相关的。1984年银行各项贷款总额比上年增加28.9%，货币流通量也增加过多，导致了部分商品物资的供应紧张和价格上涨。

上述现象之所以发生，同我国正处于改革的过渡时期的特点是分不开的。在这个过渡时期，旧体制所固有的数量扩张、投资饥饿等倾向依然强烈存在。同时，由于在放权过程中，企业领导人行为偏于职工的短期利益，而国家对经济的调节、控制手段又难于一时完备，导致了新的消费膨胀倾向的出现。消费需求的膨胀势必影响国民收入中积累的份额，为满足投资的欲求和积累的需要，就不得不诉诸信贷和货币的过量投放，从而造成总需求和总供给的失衡和经济生活的紧张。这自然会影响到经济体制改革的进程。如果我们不必同时应付经济过热和通货膨胀的威胁，1985年我国在物价、工资和其他方面的改革上可以迈出的步子，会比实际迈出的步子更大一些。

基于上述背景，我国经济学界进一步讨论了改革的经济环境问题。讨论是围绕如何看待总供给与总需求的均衡（或者换一个提法：买方市场还是卖方市场？）问题展开的，并涉及如何看待经济增长速度问题、需求膨胀问题，等等。

不少经济学者同意这样一种观点：经济体制改革需要有一个宏观经济比较协调，市场比较松动，国家的财政、物资、外汇等后备比较充裕的良好环境。因为，新的经济体制要求市场机制发挥更大的作用，而市场机制发挥积极作用的必要前提是存在一个总供给略大于总需求的有限的买方市场，如果供不应求的卖方市场严重存在，就不得不借助于并且强化行政办法来分配资源，使改革受到阻碍。另外，要使经济体制改革获得成功，必须使大多数人从改革中得到好处。可是，改革所带来的经济效益要经过一段时间才能呈现出来。因此，改革过程中就要有比较雄厚的物资和资金的后备，这也要求有一个比较宽松的经济环境，以便减少经济利益调整过程中的摩擦。持这种看法的经济学者认为，在改革初期，尤其需要注意保持宽松的经济环境，为此要有意识地放慢速度，控制投资规模，避免立即大幅度地提高工资和奖金，以便腾出必要的资源来进行经济改革。近年来我国经济发展速度提高固然是一件好事，它说明我国的经济调整和改革已经取得了某些成效，但当前这种超高速度是经济出现"过热"危险的征兆，应当采取适当的措施，抑制消费膨胀和投资膨胀，使总需求与总供给保持大体上的平衡，为经济改革创造出一个良好的经济环境。这些经济学者都认为，经济增长和经济改革从根本上来说是互相促进的，但在短期内两者的矛盾比较大，在高速增长和改革两者不可兼得的情况下，应该在一定时期内让增长服从于改革，以便取得长期的增长效益。

　　另一些经济学者则认为：经济改革在什么样的环境中进行，不取决于我们的主观愿望，而取决于我国的实际情况。根据我国的实际情况，在近期内，甚至到20世纪末，也难以形成供给略大于需求的有限的买方市场。因此，我国的经济体制改革只能在供不应求的紧张状态下进行，改革要适应这种状态，通过改革逐步缓解这种状态。有些同志提出所谓"改革受命于危难之际"的说法，认为不能等待先创造出一个良好的经济环境，再进行改革。这些经济学者还认为，我国的经济目前正在进入一个以结构变动为中心的新的高速成长阶段，广大人民的消费正在从温饱型向选择型转变，农村劳动力也正在加速从农业向工业和第三产业转移，消费基金必然迅速增长。并且，我国从20世纪80年代初期进入了固定资产全面更新的时期，投资额的加速增长也是不可避免的。因此，总需求增长超过总供给增长，货币供应的超前增长，都是我国经济进入高速成长阶段的内在要求。再者，经济体制改革本身也需要经济有一定的增长势头。所以，他们认为我国经济目前的增长速度基本上是正常的、健康的，过头的部分当然需要适当调整，但是过多地紧缩货币供应，人为地抑制投资和消费需求，使其达到略低于总供给的均衡状态，则是不符合我国当前经济发展和经济改革的实际要求的。

　　对于上述议论，持前一种观点的经济学者在反驳中有一个论据是饶有兴趣的。他们指出上述议论有点类似凯恩斯主义的主张，而凯恩斯主义对我国是不适用的。因为第一，对于西方有效需求不足的经济来说，货币供应的超前增长可以起到增加有效需求的作用，因而往往可以作为反萧条的有效措施，阻止危机出现或刺激经济回升；但对于我国这种供不应求的短缺经济来说，货币的过多供应则只能加剧经济的紧张程度，并使长期存在的卖方市场难于向买方市场转化，不利于能够保证市场机制正常发挥作用的经济环境的形成。第二，即使在西方国家，伴随着货币过量供应而出现的停滞膨胀和效率下降的弊病，也使许多人认识到，用通货膨胀来维持繁荣只是一种饮鸩止渴的办法。因此，越来越多的国家转而采取了控制货币供应量的政策。

上面非常扼要地介绍了关于改革的经济环境问题的两种对立的观点。尽管分歧仍然存在，但通过不同观点的争论，无疑可以彼此取长补短。例如，笔者是倾向于前一种观点的。我们在发表的文章中强调有限的买方市场是市场机制发挥积极作用的前提条件。在讨论中有的经济学者提出质疑，认为我们的这种观点是把目标模式中的理想状态当作改革的前提，混淆了改革所要达到的目标和改革所应具备的条件。这就促使我们进一步思考：目标模式中的均衡状态同模式转换中的均衡要求是有差别的。改革过程中所需要的那样一种比较宽松的经济环境并不意味着有限的买方市场从总量上和结构上都已完满地和稳定地形成，这种经济环境的形成不仅取决于经济发展战略方针的转变，而且在相当程度上也有赖于体制改革的成效，因此它本身就是一个逐渐接近于理想的均衡状态的发展过程。像这样一类问题，还有待我们去进一步探索。

二、所有制关系变革中的新课题——股份制问题

过去，许多经济学者往往着重研究经济运行机制的改革问题，而把生产资料所有制，特别是社会主义全民所有制当作一种既定的前提来看待。然而，几年来经济改革的实践表明，运行机制的变革，包括决策体制的变革、市场机制作用的加强、经济利益关系的调整等，往往不仅涉及经营方式的变革，而且涉及财产关系或所有制关系的变革。因此，所有制关系的变革问题越来越引起人们的注意。

过去几年的改革实践，在所有制关系方面，抛弃了长期以来支配我国经济思想的"越大越公越好"的单一公有化概念，使我国所有制关系的发展越出了国家所有制和集体所有制两种公有制的模式。以社会主义公有制为主体的，包括有利于生产力发展的非社会主义所有制在内的，多种经济形式和多种经营方式共同发展的格局，正在逐步形成。两种公有制本身，也在经历着程度不等、方式不同的变革。农村人民公社已经从"政社合一"变成"政社分开"。以家庭为经营单位的联产承包责任制的推行，突破了过去的以自然经济为基础的地域性、封闭式的集体经济的旧模式，随着产前、产中、产后各种形式的协作和联合的发展，逐渐确立了与专业化、社会化、商品化相联系的合作经济的新方向。城市全民所有制企业也正在从过去的政企不分向政企职责分开的方向转化。出现了一部分中小型企业由职工集体或个人承包租赁经营的形式，部分企业进行了职工认股的试验，还出现了属于不同公有制（全民、集体）的企业共同集资兴办新的企业，以及各个企业之间互相投资等形式。这样，企业的所有制性质越来越不纯一；全民所有制、集体所有制和个体所有制不再是像过去那样互相隔离的。多种所有制的互相渗透和互相融合，逐渐形成为一种新的多元化的社会主义所有制结构，已经成为一种趋势。

所有制关系上的上述变化，特别是集资联营等经济联合的实行，表明股份经济的雏形实际上已经出现。这给人们以启示：是不是可以把股份制作为所有制结构改革中的一种重要经济形式，特别是全民所有制企业改革的一个重要途径。自从实行扩大企业自主权、强调所有权与经营权的分离以来，企业逐步地变成相对独立的商品生产者和经营者，企业作为经济主体的行为很自然地转向追逐自身的局部利益和短期利益，而生产资料所有者（全民）的利益却没有具体的代表。在宏观调节手段还不完备的情况下，颇难把企业所追求的局部利益和短期利益纳入同全社会的长远利益相结合的轨道，这就发生了在增强企业活力的同时如何使企业行为合理化的问题。因此，有些经济学者提出，除了在企业外部加强宏观控制以外，还可以设想从企业内部改变所有制结构，即通过股份制的形式来确立企业短期目标和长期目标相结合的经营动力。

关于在我国建立股份制经济的意见，主张者提出来的理由有以下几条：（1）可以筹集社会上的闲散资金，弥补现代化建设资金的不足；（2）所有制关系可以具体化，改变过去全民所有制企业那种谁都是企业资产的所有者但谁都对企业资产不负责的状态；（3）在企业的所有者、经营者和生产者之间建立起互相制约的关系，促使企业经营行为的合理化；（4）企业职工购买本企业的一部分股票，能够使职工关心和改进企业的生产经营活动。

主张实行股份经济的经济学者，一般都不否认有关国计民生和经济命脉的少数大型企业应该继续由国家所有和国家经营。但对大部分他们认为应当实行股份化的企业中，国家、企业和个人这三者的股份谁应占主体的问题，却有种种不同的看法。第一种是主张实行以个人股份占主体的非国家所有的股份形式。企业由"职工参股"逐渐过渡到"全民自由参股"，从而实际上由现在的"全民所有"逐渐变为"股东集体所有"。但是，国营企业几千亿资产由个人收入认股吸收，目前事实上是做不到的。将来即使能做到，也可能因股票集中在少数人手中而产生食利者阶层，这也是不符合我国的社会性质的。因此这种主张是不理想的。第二种是主张实行有国家参与的以企业股份占主体的民间股份形式。企业购股很有潜力，特别是随着留利的增大，这种潜力也越来越大。但是，以企业股份为主体即把现有国营企业资产基本上转为企业集团化的资产，会发生对新参加企业职工的劳动报酬和财产权利是否等同于原有职工的问题。如果等同那就事实上与全民所有无异，如果歧视就会造成企业内部集团的分裂。这种做法往往促使企业排斥新职工的进入，阻碍劳动力的合理流动，还会使联合劳动者中间的一部分成为掌握生产资料所有权的主人，而另一部分则沦为雇用工人。因此这种主张也不理想。第三种是主张实行国家所有的股份经济形式。由国家掌握股票的大头，在法律上保持对大部分生产资料的所有权，让直接生产经营者以有偿的形式占用企业的生产资料。世界银行经济考察报告建议中国建立"社会主义合股制"，主张把每个国营企业的所有权分散给几个不同的机构，这些机构都以不同形式代表全民，它们关心的主要是企业的利润，而不是企业的具体经营，具体经营交给企业管理人员负责。这实际上也是一种完全国家所有的股份经济形式，只是股份分散在几个不同的国家机构手中。但是这种国家所有的股份制企业由于仍然是国营企业，依然难以摆脱国家行政机构的直接干预，政企不分、权势经营的弊病也就难以消除。

基于对上述三种股份化主张的质疑，一些经济学者对我国大部分全民所有制企业实行股份制的改革持否定态度。他们认为，目前企业行为倾向于企业职工的短期利益，这是由于改革措施不配套、宏观调控机制不完善、微观约束机制未建立，以及改革过程中预期不确定性等原因造成的。企业行为中短期利益与长期利益的矛盾、生产经营者与财产所有者利益的矛盾，在目前情况下不能指望用全民所有制经济的股份化来解决，而要采取进一步全面配套的改革措施来解决。需要指出的是：尽管在全民所有制企业是否实行股份化的问题上存在着分歧，但某些基本的出发点或考虑都是共同的。争论的双方都主张无偿占有和使用资金的状况必须改变，都主张以纵向为主的资金流动方式必须改变，都主张所有制结构的单一性、封闭性状况必须改变。还需要指出的是，即使那些反对大部分国营企业股份化的人，也不否认在一些本来就较少行政干预的小企业实行股份化是可行的。

在马克思主义经典文献中曾把资本主义经济中的股份制当作建立社会主义公有制的一个前提来论述。《资本论》第3卷^①曾把股份公司看成是与私人资本相对立的社会资本，与私人企业相对立的社会企业，是在资本主义生产方式本身范围里对私人财产的扬弃。但是在社会主义的全民所有制企业中实行股份制，在国际共产主义运动中还没有完全成功的先例可供借鉴。看来，对于这样一个在我国改革的实践中所提出的崭新问题，既不能墨守成规、盲目排斥，又不能草率从事、一哄而起；而应该对它所可能起的积极作用、所可能产生的消极影响，以及建立股份制所必需的客观和主观条件等问题进行深入的探讨分析，才能提出切实可行的意见。

三、模式转换中的双重体制问题

经济体制改革的实质是一种运行模式转换成另一种运行模式。模式的转换可以有两种方式：一种是"一揽子"方式，即经济体制的各个主要环节同时实行改革；另一种是"渐进"方式，即经济体制的各个主要环节有先有后地进行逐步的改革。对这两种方式的一般利弊，经济学者都是熟知的。中国近几年来经济改革的实践，采取了渐进的方式。这种逐步推进的方式是否正确？是否符合中国的实际情况？我国经济学者对于这个问题的回答是肯定的。这是因为：（1）从改革的大背景来说，中国的生产力水平比较低，经济上存在着二元结构，幅员辽阔，地区发展极不平衡，管理人才和经验不足等，很难同时同步地从一种体制转向另一种体制。（2）我国原有的经济体制从1956年初步确定以来到1978年党的十一届三中全会提出改革时为止，由于指导思想上"左"的偏差，体制中军事共产主义供给制因素有所增强，这

---

① 《马克思恩格斯全集》第25卷，人民出版社1985年版，第493页。

就使得我国原有体制在改革起步时，在集中化、实物化、封闭化和平均主义化的程度上，都比东欧各国的改革起步时更甚。但是，我们又绝不能因为我国生产关系相对落后的状况而降低改革的目标。这种实情也要求我国的改革有一个比较长的转换时间。（3）我国六年来初步改革的经验也表明，改革不可能一蹴而就，只能波浪式地推进。例如，从农村的改革推进到城市的改革；从分配领域的改革推进到流通领域的改革，又推进到生产领域的改革；从少数企业、少数城市的试点改革推进到涉及更多企业、更多城市乃至全国范围的面上的改革；从沿海地区的改革发展到内地的改革，等等，都有一个渐进的过程。当然，各项改革的进程不是截然分开的，而是互相联系和互相交叉的。

在改革采取逐步推进方式的情况下，双重体制在一个时期内并存的局面就不可避免。我国的改革，特别是1984年10月党的十二届三中全会以后开展的以城市改革为重点的全面经济体制的改革，已经自觉或不自觉地走上了双重体制的轨道。逐步推进方式和双重体制的逐渐消长，可以避免改革中的大震动。但两种不同体制的混杂，也会使经济运行发生一系列棘手的问题，现在人们已经强烈地感觉到的可以举出以下一些：（1）在新旧模式交替的过程中，常常会在两种运行体制之间出现某种真空状态。例如：当旧体制的某些直接控制手段放弃以后，新体制的间接控制手段没有相应地和及时地跟上；在价格体系的扭曲状态未改变、财政和金融体系没有多大改变的情况下，间接控制的手段客观上难以起到应有的作用；加上不少经济管理干部长期以来习惯于用行政指令的办法来管理下属企业，一旦没有了指令，似乎也就无从管起。宏观控制上的这种真空状态，是当前改革中遇到的一个难题。（2）在企业的生产分为指令性计划和非指令性计划两部分以后，由于指令性生产任务部分较易于得到指令性物资供应的保证，往往促使企业宁愿争取指令性生产任务，不愿接受非指令性的生产指标。而当两种计划在产出部分的比例和在投入部分（物资供应保证部分）的比例不一致的时候，则往往造成企业之间苦乐不均，促使企业在生产计划方面力争压低指令性产品指标，多揽价高利大的非指令性生产任务；而在原材料等物资保证方面则力争提高指令性供应指标，以减少按高价在市场采购物资的损失。这种情况，还给寻找考核企业经营好坏的标准带来很大的困难，无论是完成计划产量、产值的标准还是利润标准，都不免于失真。（3）双重体制的矛盾和摩擦，还表现在同一产品的双重价格上面。计划内产品实行较低的计划价格，而计划外的产品则实行较高的协议价格或市场价格，造成计划内产品纷纷流向计划外，冲击计划内生产建设的物资保证。两种价格落差还给投机倒卖非法牟取暴利的活动提供了温床，削弱了市场监督的有效性。由于计划外产品价高利大，国家一时又很难用经济手段控制这些产品的流向，助长了一部分地方和乡镇工业的盲目发展，不利于产业结构的合理化。在双重价格的紊乱之中，各地区为保证本地区的利益，纷纷组成自己的物资供应体系，这又加剧了地区割据、贸易壁垒的弊病和"以物易物"的倾向。在某些地区、企业和个人通过价格落差获得高额收入的情况下，又引起普遍的攀比效应，成为消费基金膨胀的原因之一。

　　上述双重体制的摩擦现象在渐进的改革过程中是难以避免的。但是为了经济的正常运行和改革的顺利推进，又必须尽可能减少上述的摩擦和紊乱现象。如何在这种复杂的情况下做到这点？看来至少可以考虑以下几个方面：（1）直接控制手段的逐步减少和间接控制手段的逐步增强应该彼此衔接，或者说，在微观经济活动放活的同时，要有相应的宏观控制手段紧紧跟上，否则就不宜采取新的放权放活的措施，以免扩大宏观调节机制的真空状况。（2）在原有体制的运行机制还不能完全废除的情况下，必须继续运用行政指令来维持原有运行原则的有效性和严肃性，尽力防止计划外某些自发势力冲击国家计划，这就是说，要实行两种体制的相对分隔，以减少彼此间的摩擦。（3）在这种相对分隔的状况下，还要尽可能地为已经逐步建立起来的新的经济体制创造正常的运行条件和调控手段，如企业指令性计划以外的那部分生产活动，要尽可能地纳入竞争性的市场体系之中，还要学会用税收、利息和价格等经济参数来控制和调节这部分经济活动，防止要么通过实物指令来控制、要么放任自流不加控制这两种极端的做法。

双重体制问题对中国经济学界来说是一个全新的难题。不管怎样，它已经是摆在我们面前的现实。如果我们能够从中国的实际情况出发，进行认真的探索，通过双重体制的过渡期来逐步实现改革的目标，也许可以在整个社会主义经济体制改革的问题上提供一些有益的经验；如果我们的试验不那么有效的话，也将为研究如何更好地进行改革提供一些教益。

以上谈到的三个问题远远不是我国经济体制改革遇到的问题的全部，但确实都是一些新的和疑难的问题。

试论我国经济的双重模式转换[*]

（1985年11月4日）

发展模式和体制模式的双重转换

中共中央关于制定"七五"计划的《建议》，把经济建设和经济改革很好地结合起来。文件中规定的发展战略和改革方针，对推进目前我国经济的双重模式转换，将起着十分重要的作用。

党的十一届三中全会以来，特别是"六五"期间，我国的经济生活经历了并在继续发生着多方面的深刻变化。这些变化可以概括为双重模式转换，即经济发展模式的转换和经济体制模式的转换。经济发展模式的转换，就是从过去以高速增长为主要目 标、外延发展为主导方式和以重工业为中心的不平衡发展战略，逐步转向在提高经济效益前提下，以满足人民需要为目的的适度增长，以内涵发展为主导方式和合理配置资源的相对平衡发展战略。在经济发展模式的转换过程中，总的来看，"六五"期间我国经济持续稳定增长，主要比例关系趋向协调，经济失衡状况有所缓和，人民的需要得到比以往任何时期更好的满足，提高质量效益和强调内涵发展的课题也已经提上议事日程，并已初见成效。

在经济体制模式转换方面，我国过去的经济体制，基本上

---

* 原载《人民日报》。

是行政指令型的集中计划经济模式。过度集中的决策权力结构，直接控制为主的调节体系，平均主义的利益结构，以及政企不分、条块分割、纵向隶属关系为主的组织结构，构成了旧体制模式的特征内容。几年来从农村开始，逐渐推及于城市的经济体制改革，其实质是从行政指令型的计划经济模式转向计划与市场结合型的有计划的商品经济模式。以增强企业活力为核心的多层次决策结构，以经济手段间接控制为主的调节体系，把物质利益原则与社会公正原则结合起来的利益结构，以及政企分开、横向经济联系为主的组织结构，则构成了新体制模式的特征内容。"六五"期间，体制模式的转换，在农村取得了明显的效果，以城市为重点的全面改革逐步展开，行政指令型的计划经济模式正在向有计划的商品经济模式逐步转化，在集中与分散、计划与市场的关系上，探索着搞活经济的道路，经济生活出现了前所未有的活力。

双重模式转换过程中的矛盾

在充分估计我国经济建设和经济改革几年来取得的巨大进展的同时，也要看到，我国经济的双重模式转换还起步不久，传统模式的作用和影响远未消除，而新模式的运行机制也远未完善。因此，无论在经济建设中和在经济改革中，都还存在许多有待解决的问题。由于旧的发展模式中追求产值速度的惯性时时冒头，旧的体制模式中投资饥饿、数量扩张的痼疾依然存在，而过去约束消费需求的禁锢又一一被冲破，再加上宏观控制未能跟上微观放活，减少行政指令控制范围的同时缺乏必要的市场协调机制，因而在经济发展过程中也出现了某些不稳定的因素。1984年第四季度以来，随着总需求的猛增和经济增长的超速，国民经济重新出现了旧模式中常见的发展过热的紧张势态。此外，虽然几年来主要比例趋向协调，但产业结构和产品结构的某些失衡远未消失，跟不上消费结构从温饱型向选择型的过渡。质量效益和内涵发展问题虽已提上议事日程，但重量轻质和铺新摊子之风并未稍衰。这些结构性的因素又加重了稳定经济的难度。发展模式转换过程中出现的这种反复，不能不影响到体制模式转换的进程。如果我们不必同时应付经济过热和通货膨胀的威胁，这一两年我们在价格、工资以及其他方面的改革上迈出的步子，是有可能比实际迈出的步子更大一些的。

这样看来，目前我国经济生活中存在的问题，是在双重模式转换的摩擦中产生的。一般地说，经济体制模式与经济发展模式是互为条件、互相制约的。强调数量增长和以外延方式为主的发展模式，必然要求高度集中的、主要依靠行政指令进行直接控制的体制模式；而以满足多样化需求为目的、强调质量效益和以内涵方式为主的发展模式，则要求较多的分散决策和主要依靠经济参数进行间接控制的体制模式。从另一方面说，传统体制模式内在的数量驱动、投资饥饿等痼疾，又是支持传统发展模式中追求高速增长和外延发展的动因。只有在新的体制模式下随着上述痼疾的治愈，新的发展模式才能最终确立。

因此，目前我国经济大变动中同时进行的双重模式转换，是一个非常曲折的过程。这不仅因为两种模式转换之间的摩擦，还由于两种模式转换各自存在的内在矛盾。就发展模式说，我国当前经济正在从落后的农业经济和先进的非农业经济并存向现代化的经济转变，一方面，城市经济和大工业经济已经明显出现了内涵发展的巨大潜力；另一方面，以充裕的农村劳动力资源为背景，我国乡镇经济外延型增长的前景十分广阔，因而构成了经济发展模式鲜明的二元结构。同时，大量农村人口从农业经济向非农业经济的转移，将给我国的经济增长和经济结构、消费增长和消费结构带来巨大的变化和新的压力，从而增加了发展模式转换本身的摩擦。再从体制模式上看，由于我国生产力水平比较低，地广人众，发展极不平衡，管理人才和经验缺乏等原因，我国经济体制改革不能采取"一揽子"方式，只能采取"渐进式"和"小配套"方式，这就不可避免地在一段时期内出现新老双重体制并存的局面。逐步推进方式和双重体制的逐步消长可以避免改革中的大震动，但是两种不同体制的混杂，也会使经济的运行遇到一系列棘手的问题。这种二元结构和双重体制的关联，更增加了双重模式转换过程的复杂性。

把双重模式的转换进一步推向前进

双重模式转换的全部机制及其运转的规律性，需要我国经济学界进行多方面的探讨。本文下面要提出讨论的是：面对当前经济生活中存在的问题，"七五"期间应当如何处理经济建设与经济改革的关系，把双重模式的转换进一步推进。

"七五"时期的三项主要任务，最重要的一项就是为经济体制改革创造良好的经济环境和社会环境，使改革顺利进行。现在，越来越多的人认识到，经济体制改革需要一个比较宽松的经济环境。这里首要的一个问题就是增长速度的安排不能过高。过高的速度带来经济生活的紧张，对社会风气也有不利影响。在这种经济环境和社会环境下，经济体制改革是难以正常进行的，而且过高的速度超过国力承担能力，是不可能支持下去的。因此，按照《建议》的规定，"七五"期间要把目前过高的速度转入正常的速度。为此，必须继续解决固定资产投资规模过大和消费基金增长过猛的问题，以控制社会总需求。在控制固定资产投资总规模的前提下，调整投资结构和产业结构，把建设重点切实转到现有企业的技术改造和改建扩建上来，把提高经济效益和产品质量放到十分突出的地位上，坚决走内涵为主的扩大再生产的路子。只有在经济建设上坚持上述方向，推进发展模式的转换，才能为经济改革创造良好的环境，从而推进体制模式的转换。

前面说过，发展模式和体制模式是互为条件、互相制约的。一方面，经济建设的安排要有利于体制改革的进行；另一方面，新的建设方针的贯彻和实现，也离不开体制改革的配合。并且，改革的意义不仅在于当前，更重要的是为下一个10年和下一个世纪的前50年奠定经济持续稳定发展的良好基础。因此，按照《建议》的要求，"七五"期间应当坚持把改革放在首位，力争在今后五年或者更长一些的时间内，基本上奠定有中国特色的新型社会主义经济体制的基础，把体制模式的转换往前大大推进一步。

为此，"七五"计划《建议》在经济体制和调节手段方面，提出了一整套改革的方针和任务。"七五"期间的改革任务，归结起来，就是在进一步完善微观经济活动和机制的同时，从宏观上加强对经济活动的间接控制。因此，正确处理宏观管理改革和微观机制改革的关系，可以说是进一步推进体制模式转换的一个核心问题。对于这个问题，人们有不同的认识，从模式转换的角度来看，至少有以下三点是需要辨明的。

正确认识和处理宏观改革和微观改革的关系

第一点是，有的同志认为，微观上放开搞活是改革的前进，宏观上加强控制则是改革的后退。这是对宏观控制的误解。首先，我们的改革是要建立"有计划的"商品经济模式，而不是"无计划的"商品经济模式。如果说微观上放开搞活是新模式中发展商品经济所要求的，那么宏观上加强控制则是新模式中实现"有计划的"所要求的。其次，微观搞活只能是企业或者局部搞活，而宏观控制才能保证总体或全局搞活。如果只有微观搞活而无宏观控制，整个大局就会混乱，微观搞活也是一句空话。所以，微观上放开搞活固然是改革，是前进；在实行商品经济的条件下搞好宏观控制，同样也是改革，是前进。

第二点是，有的同志认为，既然宏观管理也要改革，那么，当前稳定经济的措施，就不能采用作为旧模式特征的直接行政手段，只能采用作为新模式特征的间接经济手段。这是对新体制模式的一种误解。当然，新模式是以间接控制手段为特征的，我们在改革中应当尽可能扩大经济杠杆的作用范围。但是新的体制模式并不排除在某些场合运用直接的行政控制手段的必要性，尤其是在当前模式转换过程中，市场机制还很不完善，企业对经济参数（例如利率等）变动的反应还很不灵敏，在这种情况下，对经济活动的宏观控制就不能不在某些范围借助于直接的行政手段（例如规定信贷额度等）。在目前模式转换过程中新旧体制并存的条件下，只有在一定范围内运用并强化某些直接控制手段，才能够达到稳定经济的近期目的，这将为改革的顺利进行创造良好的环境，对于尔后减少直接控制，增强间接控制，从而推进向新模式的转化，是有积极意义的。

第三点是，有的同志认为，微观经济改革和宏观经济改革，应当是分阶段地交叉进行的，过去阶段的改革主要是微观上放开搞活，今后要用一段时间着力于宏观上加强控制，再以后进一步搞活微观经济。其实，宏观经济与微观经济是不能截然分开的。宏观的总量及其变动是由微观的个量及其变动构成的，宏观管理的意图要通过微观经济活动来实现。过去我们对宏观经济与微观经济水乳交融的密切关系认识不足，前一个阶段的改革确实偏在微观搞活方面，没有把宏观控制配套跟上，因而带来某些失控现象，这主要是由于经验不足，而绝不能说是理当如此的。今后加强宏观控制，应当着力于发挥经济杠杆的作用；但是如果没有微观经济的灵敏反应，经济杠杆的作用就难以充分发挥出来。如果市场机制（包括商品市场、资金市场、技术市场、劳务市场等）

很不完善，经济参数（包括价格、利率、汇率等）严重扭曲，企业的财务预算约束十分软弱（旧体制中的既不负盈又不负亏，或者双重体制下的只负盈不负亏），如果这些状况没有根本改变，微观经济的灵敏反应也是难以指望的。所以，今后宏观管理的改革，必须与微观机制的改革同时进行。不仅减少直接控制微观经济的范围、程度和步骤应当同国家加强间接控制的能力互相适应，而且国家加强间接控制的范围、程度和步骤也要同企业增强灵敏反应的能力互相适应，否则宏观管理的改革是难以奏效的。为了解决好宏观管理与微观机制的配套改革，不仅要在国家管理经济逐步由直接控制为主向间接控制为主的转化上下功夫，而且同时要在企业经营逐步由不负盈亏或者只负盈不负亏向真正自负盈亏的转化上下功夫，还要在市场体系方面逐步由局部的分割的市场向全面的统一的社会主义市场的转化上下功夫。

正是为了促进这些转化，基本上奠定有中国特色的新型社会主义经济体制的基础，"七五"计划《建议》突出了企业改革、市场改革和国家控制手段的改革这三个互相联系的方面，要求在"七五"期间抓紧抓好。围绕这三个方面，配套地搞好计划体制、价格体系、财政体制、金融体制和劳动工资制度等方面的改革，以形成一整套把计划和市场、微观搞活和宏观控制有机地结合起来的机制和手段。这个问题解决好了，就可以实现经济发展速度、比例和效益的统一，实现整个国民经济的良性循环。新的具有中国特色的社会主义经济体制模式和发展模式的最终确立，必将大大推进我国社会主义现代化建设事业。

关于所有制关系改革的若干问题*

——在所有制问题学术讨论会上的发言提纲
（1985年11月21日）

这次会议讨论的题目有两个：一是所有制改革的必要性和紧迫性；二是所有制改革的目标模式。我和经济研究所两位青年研究人员何家成同志、华生同志就这个问题一起议论了几次。我这个发言，实际上代表我们三个人的共同意见。

社会主义所有制改革的必要性

1. 我国目前正在进行的经济体制改革，包含着两个相互联系方面的改革，一是经济运行机制的改革，二是所有制关系的改革。经济运行机制的改革，是要解决集中与分散、计划与市场、宏观与微观的关系问题，把过去权力高度集中的、排斥市场作用的直接控制微观的机制，改变成为集中与分散相结合、计划与市场相结合、宏观控制与微观放活相结合的机制。经济运行机制的改革不能不触动原有的所有制关系；所有制关系的调整和改革，是经济运行机制改革的必要条件，两者必须相辅而行，方能收到改革的成效。

2. 所有制关系的调整和改革包括两个基本方面：一是所有制结构的调整；二是各种所有制特别是国有制内涵的变革。几年来

---

* 原载1986年1月4日《经济日报》。

的改革实践，实际上已经冲破了单一公有化的所有制结构模式，出现了有利于生产力发展的以公有制为主体的多种所有制形式。同时，企业的所有制性质越来越不纯一，全民所有制、集体所有制和个体所有制不再像过去那样是互相隔离的，各种所有制形式之间不再存在壁垒森严的状态。所有制结构的多元化和各种所有制形式的相互渗透交融同时发展。新的多元化的社会主义所有制结构，已经成为一种趋势。对于这一点，人们的认识也逐步趋向统一。下面要着重谈谈国家所有制内涵要不要变革的问题。

3. 在我国，国家所有制本身是不能取消的。问题在于：国家所有制的内涵，是否要变革？如果要变革，在多大程度上变革？这要取决于我们选择什么样的经济运行模式。传统的高度集中型计划经济模式，是以这样的假定为前提的：全民所有制的国家所有形式，提供了全体人民利益一致的基础。在这个基础上，依靠每一个劳动者的创造性和主人翁精神，国家能够通过集中的计划达到生产资源的最优配置和使用效率。按照这种假定建立起来的经济运行模式，在各国社会主义的实践中普遍遇到了挫折。如果仅仅是对这种集中型的计划经济模式进行改良，即使改到迄今为止匈牙利改革达到的程度，即科尔奈所说的主要以间接行政手段协调经济运行的机制，它仍然是以纵向的信息传导调节为主，而市场协调则处于附属地位，那么，很显然，国家所有制内涵的变革，或者是不大必要，或者是很有限的。这样看来，为了给国有制内涵的变革找到适当的根据，我们还要把经济运行机制的目标模式进一步明晰化。在我们的改革所要建立的有计划的商品经济体制中，经济运行赖以协调的机制，主要是横向的市场协调，还是纵向的行政协调？看来应当是计划指导下和有宏观控制的市场协调。如果是这样，那么，国家所有制内涵的较大变革，就是不可避免的。

4. 过去，许多经济学者往往着重研究经济运行机制的改革，而把所有制关系，特别是社会主义全民所有制当作一种既定的前提来看待。几年来经济改革的实践表明，运行机制的变革，包括决策结构的变革、市场机制的加强、经济利益关系的调整等，往往不仅涉及经营方式的变革，而且涉及财产关系或所有制关系的变革。从根本上说，决定一定的经济运行模式和所有制形式的，是社会的生产方式或劳动方式。现代生产力并没有朝着大规模集中化的单一方向发展，而是出现了集中化和分散化的多种趋势，并且在现代工业中，基本上是以集团占有生产资料进行生产和经营为基础。传统的国家所有制的内核，正是由于它抹杀了劳动者集团之间的利益差别，从而阻碍了劳动者积极性和创造性的发挥；而传统的集中性管理的经济运行模式，也由于它忽略了在分散生产基础上的集中决策，必然带来的信息量衰减和信息传递延滞，再加上由于利益差别所造成的信号失真，导致了运行效率的低下。因此，所有制关系的变革，不仅是经济运行模式转换的要求，而且首先是生产力发展本身的需要。

5. 所有制关系的变革，特别是国家所有制内涵的变革，还有着紧迫的现实意义。前年末以来我国出现的总需求膨胀中，与传统体制下总是以投资膨胀牵引不同，消费膨胀也起了重要的推动作用。消费基金膨胀，形成市场需求的急剧扩大，从而促使企业开足马力，增加生产和投资，对投资膨胀和经济过热增长起了加速作用。消费基金膨胀与国营企业内部财产关系或所有关系模糊是直接有关的。企业扩大自主权以后，有了自己独立的经济利益和追求。它们的经济目标和动力，已经和国家和社会的一般目标，有所区别。在这种情况下，不变革国家所有制关系的内涵，企业内部没有代表国有利益的力量，或者保护国有资金完整和增值的机制，企业必然容易追求短期利益，追求职工的消费利益，难以顾及企业的长期发展和社会的长期利益。

6. 国家所有制内涵的变革，还有一个很重要的意义。作为经济主导成分的国有经济，构成了宏观经济调节的主要的微观基础。社会主义经济是公有制为主导的经济。经济运行模式的转换没有削弱反而强化了宏观调节的地位。而一个有效的宏观经济调控体系，不仅取决于国民经济计划是否符合实际，宏观经济管理是否科学合理、政策措施是否得当，而且在很大程度上取决于微观经济单位能否对宏观调节措施做出及时的和灵敏的反应，即宏观经济所必要的微观基础是否具备。所有制关系的内涵决定了企业经济行为的方向和对经济参数（它们是宏观管理向间接控制过渡后的主要调节手段）的敏感性。我国经济体制改革以来，在给企业以权利和动力方面已经做了很多工作，对增强企业的责任和压力则比较忽视，采取的一些措施，企业也往往竭力规避。众所周知，现在我们的国营企业，只能负盈，不必负亏。在遇到财务困难时，它可以通过同上级行政机构讨价还价，从减免税收、增加补贴、拖欠贷款或者调整价格等取得救援，把负担转嫁给国家和消费者身上，企业自己很少感到市场竞争和财务风险的压力。在国家对微观经济组织的这种"父爱式"的社会关系下，要指望企业在经营活动和决策上对间接的宏观调节手段做出灵敏反应，是很难的。这样看来，要为宏观管理奠定可靠的微观基础，国家所有制内涵的变革也势在必行。

社会主义所有制关系改革的目标模式

7. 以上六点，讲的是所有制关系改革，特别是国有制内涵的变革的必要性问题。下面讲讲所有制关系改革的目标模式问题。这种目标模式仍然包括两个方面，即所有制结构改革的目标模式和所有制特别是国有制内涵变革的目标模式。

8. 前面已经指出，几年来我国所有制结构的发展，总体来说是越出了国家所有制和集体所有制两种公有制的模式，出现了

多元化的社会主义所有制结构的趋势。具体地说，以公有制经济为主体，在原先的国家所有制和集体所有制的旁边乃至内部，生长出其他的所有制因素。如我国农村，以家庭为经营单位的联产承包责任制的推行，事实上突破了过去的以自然经济为基础的地域性、封闭式的集体经济的旧模式。随着产前、产中和产后各种形式的协作和联合的发展，与专业化、社会化、商品化相联系的新型合作经济正在逐步确立。此外，相当数量的乡镇企业、一部分城市中小企业，已经出现了职工集体或个人承包租赁经营的形式；城乡个体户和雇工经营的发展，逐渐分泌出某些资本主义性质的私营经济形式；外国资本的独资和合资企业，则沿着国家资本主义的方向发展；而多种所有制成分的集资合股联营等经济联合的实行，则表明了股份制经济的雏形已经出现。

9. 所有制结构多元化的形式是不胜枚举的。这里的一个问题是：不同所有制成分在经济中的比重，以何种数量界限，才能既保证公有制经济为主体，同时又赋予其他所有制成分以活跃的天地，充分挖掘经济的全部潜能。看来，对于非公有化经济主要是独立经营自负盈亏的个体劳动者和经营者，我们仍然应当采取积极扶持和加强管理的方针。如果说占社会产值不到1%~2%的非公有化经济的存在，同公有制为主体并不矛盾，那么，很难说这一比重提高到比如说10%，就同公有制为主体是不相容的。对于少数实际上已经具有资本主义性质的私人经营，在其还不影响公有制为主体并有利于活跃经济、发展生产力的限度内，可以继续这种试验，但要从税收和工商管理等方面加强监督和调节，以限制其消极因素；同时在总结实践经验的基础上，探寻把私营经济引导到合作经济或者国家参股的股份经济的途径。对于非国有经济，不宜在税收补贴信贷等方面给予过多的特殊优惠，而要把它们置于与国有企业同等地位，在平等的竞争中考验各自的效益和生命力。鉴于公有制经济特别是国有成分目前在比重上占压倒地位，我们不必忙于定出不同所有制成分相互间的合理比例，而让优胜劣败的市场演化过程来从容决定各种所有制成分的数量界限。那些在平等的市场竞争中证明有效率的，应让其生存发展下去；那些只有躺在国家身上才能支撑下去的，只能暂时帮一下，不能永远庇护下去。这种办法，对于目前在数量上占绝对优势的国有经济并不是一个威胁，相反却是促使其加速改革和提高效益的强大动力和压力，从而可以一直保持其在整个经济中的优势。

10. 确定整个所有制关系改革的目标模式的重点是国家所有制内涵的变革。国有制改革的难点并不在于为数众多的适合于分散经营的小企业。在小型国有经济的所有制改革方面，从所有制结构改革着眼，不仅要通过改变社会新增投资比例，扩大非国有经济的比重，而且还要通过适度地改变社会原有资金的比例，把一部分小型国营企业转化为半国有成分或非国有成分，这样才能适应当前经济运行机制改革的迫切需要。包括我国在内的许多社会主义国家经济改革的实践表明，对一部分条件适合的国有制小企业实行"包、租、卖"，即承包、租赁、出售给集体劳动者和个人经营，不仅对整个经济的运行，而且对这些企业本身的经营来讲，都是既可行又有益的。由此看来，在国家所有制内涵改革的目标模式中，首先要对一部分条件适合的小型企业，尤其是适合于分散经营和以劳务为主的第三产业企业，大胆地"包、租、卖"给集体劳动者和个人经营。这将有助于活跃我国经济，加强各种经济成分之间的分工协作，鼓励适度竞争。

11. 国家所有制内涵变革的真正难点，在于占产值和税利比重很大的大中型企业。近年来推行的利改税特别是对大中型企业按照盈利多寡逐个确定调节税率的做法，虽然保证了国家得大头，但也存在着"鞭打快牛"的弊病。少数大中型企业进行了利润递增包干的试点，把国家和承包者的关系用承包合同固定下来，在企业利润增长较快的条件下，企业可以有较多的自留财力用于自身的技术改造；但这种办法对于利润增长不快或者还有下降的行业不易推行。因而对于不同的做法还要认真研究，区别不同情况，探索不同的解决途径。

12. 近几年来，集资合股联营等股份经济雏形的出现，给了人们以新的启示：是不是可以把股份经济制作为所有制结构中的一种主要经济形式，特别是全民所有制企业改革的一个重要途径。一般说来，在我国实行股份制经济，有以下几点好处：（1）所有制关系可以具体化，改变过去全民所有制企业那种谁都是企业资产的所有者，但谁都对企业资产不负责的状态；（2）在企业的所有者、经营者和生产者之间建立起互相制约的关系，促使企业经营行为的合理化；（3）可以筹集社会上的闲散资金，促进资金横向流动和资金价格的形成，从而有助于抑制投资膨胀，并有利于社会资源配置优化；（4）企业职工购买本企业的一部分股票，能够使职工关心和改进企业的生产经营活动。

13. 严格地说，股份制仅仅是所有制关系的外部形式，同样是股份经济，其主要股份是掌握在国家手中，还是集团手中，或是个人手中，它的所有制内涵截然不同。如果国营企业股份化的方向是以个人股份为主体，股票的大头归个人所有，那么这会从根本上使公有制占主导的目标落空；而且，国营企业几千亿元资产由个人收入认股吸收，目前事实上是做不到的。将来即使能做到，也可能因股票集中在少数人手中而产生食利者阶层，这也是不符合我国的社会性质的。因此这种主张是不理想的。

14. 国营企业股份化的方向是以企业股份为主体，股票的大头由企业集团所有，这也是一种设想。企业购股很有潜力，特别是随着留利的增大，这种潜力也越来越大。但是，如果把现有国营企业资产转化为企业集团化的资产，其中也包括企业间的相互投资，就会发生一个问题，即对新参加企业职工的劳动报酬和财产权利是否等同于原有职工的问题，如果等同，那就事实上与全民所有没有区别；如果歧视，就会造成企业内部集团的分裂。这种做法不仅阻碍劳动力的合理流动，而且也排斥资金的横向流动，这些流动将使联合劳动者的一部分成为掌握生产资料所有权的主人，而另一部分则沦为雇佣工人。所以，以企业集团为主体的股份制，也是不理想的。

15. 这样看来，国营企业股份化的方向，仍应以国家股份为主体。由国家掌握股票的大头，在法律上保持对大部分生产资料的所有权，国家股东通过其在董事会中的代表，参与企业的主要决策，保证国家作为资产所有者的利益，而不干预企业的具体经营，具体经营交给企业经理人员负责，让他们以有偿的形式占用企业的生产资料。问题在于：国家并不是一个抽象的单位，应该由哪种机构来代表国家持股，行使资金所有者的职能？是行政性的专业部门，还是综合性的职能部门？还是企业性的金融机构？这个问题，要本着一方面要防止对企业经营的行政干预，另一方面又能切实保证国家资产所有者的利益的原则来解决，还有待继续探讨。

16. 在马克思主义经典文献中，曾把资本主义经济中的股份制当作建立社会主义公有制的一个前提来论述[①]，曾把股份公司看成是与私人资本相对立的社会资本，与私人企业相对立的社会企业，是在资本主义生产方式本身范围里对私人财产的扬弃。但是在社会主义的全民所有制企业中实行股份制，在国际社会主义运动中还没有完全成功的先例可供借鉴。看来，对于这样一个在社会主义本身实践中所提出的新问题，既不能墨守成规，盲目排斥，又不能草率从事，一哄而起。而应该对它可能起的积极作用、可能产生的消极影响，以及建立股份制所必需的客观和主观条件等问题进行深入的探讨分析，才能提出切实可行的方案。

关于所有制关系改革的若干问题

① 《马克思恩格斯全集》第25卷，第493页。

学习党代会文件的辅导报告*

（1985年11月）

党代会文件关于"争取我国财政经济状况根本好转的任务已经基本实现"的估计是实事求是的。其根据有以下六点：第一，我国经济的发展已呈现持续稳定增长的趋势。"六五"计划前四年的社会总产值、工农业总产值、国民收入增长速度大大高于过去二十多年。工农业总产值增长率从1981年到1984年，依次为4.6％、8.8％、10.2％和15％，一年比一年快，没有出现大起大落、忽上忽下的现象。第二，国民经济主要比例关系趋于协调。从1979年到1984年农业生产平均每年增长9％，轻工业增长11.7％，重工业增长6.1％，目前农、轻、重在工农业总产值中大体上各占1/3。过去重工业的比重搞得太大、农业和轻工业的比重挤得太小的不协调状况已得到纠正。农、轻、重的比例构成基本适合我国当前的经济发展水平。此外，在消费和积累的比例关系方面，过去那种挤压消费提高积累的倾向也已得到纠正；在三大产业的比例关系方面，纠正了过去突出发展第二产业，忽视第一、三产业的倾向。第三，农业生产全面高涨。农村经济体制改革，调动了广大农民的积极性，农业生产五年中平均每年增长10.2％，1984年我国粮食人均800斤，接近世界平均水平；棉花产

---

*　1985年11月16日，作者在中国社会科学院办公厅作学习全国党代会文件的辅导报告，解答办公厅党支部各党小组学习全国党代会文件中提出的问题。原载中国社会科学院《院内通讯》1985年第67期。

量相当于苏、美棉产量总和。粮棉的增长，基本解决了我国历史上几千年没有解决的温饱问题。这是很了不起的事情。第四，轻工市场一年比一年活跃、繁荣。全国商品零售总额1984年比1980年增长近60％。第五，财政状况逐年好转，连续四年财政收支基本平衡。1984年财政收入达到1465亿元，提前实现"六五"计划规定的1985年指标。第六，城乡人民生活水平增长较快，由单一的温饱型向有选择的多样化发展。1984年农民人均收入355.30元，比1980年增加近一倍。扣除物价上涨因素，农民收入每年递增15.2％。城镇居民的生活也有了改善。

　　虽然我国经济的发展还存在一些问题，但是，主流是好的。我们看我国经济发展的形势，一定要有正确的方法，就是实事求是地估计。估计高了不恰当，过低估计也是不对的。

　　在谈到1984年第四季度以来经济增长"过热"的问题时，刘国光同志说，经济增长"过热"，给经济生活的各方面都造成一些紧张。但这不是经济体制改革带来的。他指出，1979年以来，我们的经济进入了一个空前大变动时期：一是经济发展战略由过去片面追求高速度转到以提高经济效益为前提，以提高人民生活水平为目的的适度增长；二是经济体制从过去僵化的高度集中，转变到有计划的商品经济；在目前的过渡时期，新旧同时存在，我们要实行新的发展战略，但旧的发展战略还在拖我们的后腿；旧体制的某些环节如"大锅饭"没有完全打破，"投资饥饿症"难以解决；再加上新体制还不完善，特别是微观放开后，宏观控制没能及时配套跟上，等等。因此，当经济形势好的时候，片面追求产值速度，忽视效益的倾向便容易抬头。1984年第四季度以来出现的经济增长"过热"，就是在这种背景下产生的。而增长速度过快，对经济发展是不利的，也是不能长久的。中央及时地发现了这一问题，并采取了一些措施，目前这种现象已开始得到纠正。

怎样理解"计划经济为主，市场调节为辅"和"计划经济与商品经济结合"？这与怎样理解有计划的商品经济有关。社会主义经济是以公有制为基础的经济，根本的利益是一致的，所以必须实行计划经济；同时，由于在根本利益一致基础上，各个局部又不很一致，又有矛盾，这种不一致，不能靠行政命令，只能靠商品经济来解决。这就是一个事物的两个方面，两者是完全可以结合起来的。

如何理解文件中关于"计划经济为主，市场调节为辅"没有过时这一论断？所谓计划和市场都是经济协调的机制，两者的结合可以有不同的情况，即板块式的结合、融为一体的结合。若理解为后者，两者就没有主次之分；若是前者，就有主有次。而我们现在的经济体制还没有把两者融为一体，还基本上是板块结构；另外，对计划的含义的理解已有变化，过去对"计划"理解就是指令性计划，现在的理解是，除了指令性计划外，还有利用间接的、经济的手段，即各种经济杠杆或市场手段来运行的指导性计划，这种指导性计划已经融计划于市场之中。如把这两部分计划加起来都叫"计划经济"，这显然占主导地位。所以，"计划经济为主，市场调节为辅"的提法是符合我们今天的情况的。

微观上的放开、搞活，这是发展商品经济的需要；宏观上加以控制，则是有计划的商品经济的要求。这两者都是改革。微观放开，如果没有宏观上的控制，大家都去滥发奖金，整个大局就会混乱，微观搞活也只能是一句空话。我们的经济改革是要建立有计划的商品经济体制，不是要变成无计划的商品经济。认为微观放开就是前进、是改革，强调宏观控制就是倒退，这是对改革的误解。宏观控制与微观搞活是不能截然分开的，今后宏观与微观的改革将同时进行，国家减少直接控制的幅度要与加强间接控制的能力相适应。而且，虽然今后新的宏观控制手段以间接手段为主，但不排斥在某些场合用直接的行政手段、法律手段，尤

刘国光
经济论著全集

第
6
卷

其在当前过渡时期，市场机制还不完善，企业对一些经济手段、经济杠杆的运用和反应还不灵敏，就更不能排除国家在某种场合用直接的、行政的、法律的手段加强宏观控制。这样才能达到稳定经济的目的，为顺利过渡到今后的间接控制创造良好的经济环境。

对于当前的物价上涨问题，大家议论较多，也很关心。目前物价上涨，主要由两个方面的原因造成：一是价格结构的调整，引起一部分原来价格偏低的商品的价格上涨，这是不可避免的；二是通货膨胀造成的物价上涨，其主要原因是去年（1984年）货币投放过多。今年（1985年）1—9月，虽然已经减少了货币的投放量，但去年多发的票子在市场上形成的压力，不能一下子就缓解。现在一些同志对中央提出的今年物价上涨幅度10%这个数字有疑问，其实，这是过多地以副食品价格的上涨幅度来看整个物价增长幅度了。10%是个平均数。我们应看到，一些商品没有涨价，如粮食、煤炭、基本化纤物等大宗商品；有些降价了，如医药用品等；有些虽涨了，但上涨幅度不大，如衣着类、布匹成衣等。此外，还有地域的差别。城市越大，购买力越集中，上涨幅度就大一点，而农村或小城镇，涨价幅度就小得多。从这些综合指数平均来看，今年物价上涨确实没有超过10%。这是符合实际情况的。

现在大家对部分专业户、个体户先富起来议论较多，我们看待这部分人应当全面地看：第一，这些人经济活动的规律不是按劳分配，而是市场规律。他们的经济活动参与竞争，弄不好就要赔本；第二，这部分人的经营是要自己投资、花本钱的，出了资金就要有报酬；第三，有些人有雇工；第四，他们没有社会福利和社会保险，没有保障；第五，他们的活动对我们的经济起了拾遗补阙的作用，是需要的。这中间，有一些是用不正当手段发财致富的，这与我们的体制还不完善，以及价格政策和税收上存在一些漏洞有关。

　　个体户、专业户还不能取消，但要加强管理，加强控制，通过健全税收制度把他们不合理的收入收上来。我们的政策是要让一部分人先富起来，刺激更多的人改善经营管理，加强市场观念，勤劳致富，带动大家共同富裕起来。我们不容许两极分化，两极分化不是社会主义的理想。

经济体制改革与宏观经济管理

——宏观经济管理国际讨论会评述
（1985年11月）

一、关于经济体制改革的目标模式

我国正在进行的经济体制改革，由于确立了社会主义经济是有计划的商品经济的理论，从总体说，改革的前进方向是明确的。从我国实际出发，根据我国国家大、人口多、情况复杂的特点，建立具有中国特色的社会主义经济体制，这一要求也是明确

---

* 本文是在刘国光、张卓元主持下经过集体讨论写成的。初稿起草人为戴园晨、何家成，参加讨论和修改定稿的有（按姓氏笔画为序）：刘国光、陈吉元、张卓元、何家成、周叔莲、赵人伟、戴园晨。原载《经济研究》1985年第12期。1985年9月2—7日，在从重庆到武汉的长江"巴山号"轮船上，中国社会科学院、中国经济体制改革研究会和世界银行联合举办了"宏观经济管理国际讨论会"。来自社会主义国家和西方国家的一些著名学者、专家有（按英文字母顺序排列）：阿莱克·凯恩克劳斯博士（英国皇家经济学会前会长）；亚历山大·白特教授（南斯拉夫社会主义联邦共和国政府经济改革执行委员会委员）；詹姆斯·托宾博士（美国耶鲁大学经济学权威教授，获1981年度诺贝尔经济学奖）；科尔奈·亚诺什教授（匈牙利科学院经济研究所研究部主任）；里罗尔·琼斯博士（美国波士顿大学教授）；米歇尔·阿尔伯特博士（法国保险公司董事长）；奥特玛·埃明格尔教授（联邦德国威斯巴登证券抵押银行董事长）；弗拉基米尔·布鲁斯博士（英国牛津大学安瑟尼学院高级研究员）；世界银行代表林重庚、艾德林·伍德；还有列席代表小林实（日本兴业银行董事）。

的。但是，应当看到，我国经济学界对于"有计划的商品经济"的理解有相当大的弹性，有的强调"商品经济"一面，有的强调"有计划"一面。与此相联系的我国经济体制改革的目标模式究竟是怎样的模式，更是在理论上和实践上都需要认真探讨的课题。

在这次会议上，匈牙利经济学家科尔奈·亚诺什从经济协调机制角度对社会主义经济模式进行了分类，并根据匈牙利等东欧国家经济改革的实践对经济改革的目标模式问题提出了新的见解。

在科尔奈看来，经济运行的协调机制可以分为行政协调（Ⅰ）和市场协调（Ⅱ）两类。每一类协调机制又各有两种具体形态：直接的行政协调（ⅠA）、间接的行政协调（ⅠB）、无控制的市场协调（ⅡA）和有宏观控制的市场协调（ⅡB）。

直接的行政协调（ⅠA）和间接的行政协调（ⅠB），都是靠上下级隶属关系、通过纵向的信息流和行政手段来控制经济运行。两者的区别在于纵向调节手段不同。ⅠA体制是行政机构对企业下达具体的指令性投入产出指标。在ⅠB体制下，行政机构不是通过下达投入产出指令而是借助手中的权力，通过各种形式的干预迫使企业做出大致符合上级要求的投入产出决策，这里企业决策有着双重依赖，即对上级权力机构的纵向依赖和对市场力量的横向依赖，其中纵向依赖占主导地位。

无控制的市场协调（ⅡA）和有宏观控制的市场协调（ⅡB），都是通过企业间的横向的信息流和市场力量来协调经济的运行。两者的区别在于：在ⅡA体制中，没有宏观调控系统，经济运行几乎完全受市场机制自发的盲目的调节和引导。在ⅡB体制中，社会中心既不是通过直接行政手段也不是通过对微观经济活动进行大量的频繁的间接行政干预来控制经济运行，而是借助统一的和规范的宏观约束手段或经济参数手段来进行调节和管理；当然对于铁路、通信、电力等公共部门还要实行直接管理。企业的财务预算约束是硬性的，企业的经营活动要尽量符合市场要求。

间接的行政协调（ⅠB）与有宏观控制的市场协调（ⅡB）都是间接控制，但两者有明显的区别。比如，两者都利用税收调节经济运行，但在ⅡB体制中，国家有统一的税率，国家立法机构批准通过了税法后，每个企业必须依法纳税。而在ⅠB体制中，企业虽然也需要纳税，但实际税率是由主管部门同各个企业讨价还价后决定的。又比如，国家分享企业的利润，在ⅡB体制中，利润的分割比例是以法律形式确定的；而在ⅠB体制中，利润的分割比例，年初以合同形式确定了，年终企业又可以与国家主管部门讨价还价来改变这一比例。再比如，两者都存在国家挽救破产企业的问题，但是，在ⅡB体制中，国家不能任其破产的只限于很少数的大企业，企业被救活后也会立即设法赚钱还债；而在ⅠB体制中，国家救活的几乎是所有破产企业，企业被救活后，不仅不存在还债问题，而且还会继续伸手要钱；国家挽救破产企业的现象在ⅡB体制中是例外，而在ⅠB体制中却是常态。

沿着科尔奈抓住协调机制划分经济模式的新思路，不难理解为什么与会的一些中外经济学家都认为ⅡB体制具有更大的吸引力，对探讨社会主义国家经济改革的目标模式颇有参考价值。我们知道，ⅠA体制是对传统的高度集中的计划经济体制模式的理论概括，它主要是通过指令性实物计划指标进行直接的行政协调。许多社会主义国家先后提出要改革经济体制，正是由于这种国家直接控制企业活动的机制窒息了企业的活力与生机。以ⅠA体制为起点的经济体制改革，是走向ⅠB、ⅡA还是ⅡB，事关经济体制改革的成败。

纯粹形态的ⅡA体制，即一个国家的经济活动完全由不受控制的市场关系来协调，在当今世界的实际生活中是不存在的。但是，不完全的ⅡA体制，即放弃了必要的集中决策和有效的宏观控制，片面强调依靠市场机制协调经济的运行，有的社会主义国家也试验过。但是，试验这种办法的国家由中央集中管理发展到企业自己决策，主要依靠市场力量进行协调，结果导致了比较高的失业率、两位数的通货膨胀率、上百亿美元的外债及经济的周期性波动。这个经验表明，即使不完全的ⅡA体制，也是不宜作为中国社会主义经济体制改革的目标模式的。

苏联东欧大多数国家的经济体制改革于20世纪60年代起步后，已经经过二十多年的实践。人们往往倾向于把匈牙利作为经济体制改革成功的范例。但是，在科尔奈看来，实际上今天的匈牙利经济体制基本上仍属于间接的行政协调的ⅠB体制。匈牙利1968年以取消指令性计划为中心的经济体制改革起步后，的确取得了令人瞩目的成就。但是，由于间接的行政干预大量存在，现在匈牙利国营企业的典型行为是一只眼睛盯着上级，一只眼睛盯着市场，形成了对上级权力机构和市场力量的双重依赖，而且往往前一种依赖是主要的。可见，即使取消对日常经营活动的指令性计划，仍然不足以完全改变企业在传统体制下的习惯行为。这是因为：企业领导人仍由上级选择或指派；企业的兴建和关闭主要不是由市场竞争而是由上级决定；企业的盈利主要不取决于市场而是依赖于同上级讨价还价的能力；价格体系未理顺，价格体制中存在大量的行政干预；职工工资与企业盈利关系不大；企业的短期生产经营决策还要受到非正式的上级烦琐干预的影响；因而企业的纵向行政依赖还很大，财务预算约束仍然软弱。在科尔奈看来，匈牙利的改革不能满足于ⅠB的现状，而应当继续前进。

按照科尔奈的模式分类，既然ⅠA体制是改革的出发点，ⅡA或ⅠB体制作为社会主义经济体制改革的目标模式也都不理想，那么剩下可供选择的就是ⅡB体制了。因此，对ⅡB体制我们需要做稍微详细的分析研究。

第一，应当肯定，科尔奈模式分类的观点和研究方法对我们是有启发的。过去对社会主义经济体制模式，有的着眼于所有制结构，有的着眼于决策体系，有的着眼于利益机制，有着不同的理论分类；而着眼于具体的社会主义国家经济体制的实践，人们又往往把它区分为苏联模式、南斯拉夫模式、匈牙利模式等。科尔奈围绕经济协调机制对体制模式的划分，为经济体制改革提供了新的思路。特别值得重视的是，他从匈牙利等国经济体制改革实践入手，抓住了匈牙利体制改革后的企业行为特征，区分出间接的行政协调（ⅠB）和有宏观控制的市场协调（ⅡB），从而验证了如下假说：在社会主义国家，对产品的生产和分配取消指令性计划，经济也能够正常地并且可以更好地运行，但仍不足以彻底改变企业在传统体制中的习惯行为。这对我们如何正确评价经济体制改革中逐步减少或取消指令性计划的作用和意义，具有重要的参考价值。

这里要着重探讨一下ⅡB概念的科学性和准确性，以及能不能把ⅡB体制作为社会主义国家经济体制改革目标模式的问题。第一，能够作为社会主义国家经济改革目标的体制模式，必须坚持社会主义原则，必须坚持生产资料公有制占优势和走共同富裕的道路。而在实践中能否做到这一点，首先取决于理论上是否划清了社会主义国家宏观控制下的市场协调机制同资本主义国家也有宏观控制的市场经济机制的界限。如果这两者的边界是模糊的，那么以ⅡB作为社会主义经济体制改革的目标模式就有可能偏离方向。科尔奈提出的ⅡB体制正是在这个实质性问题上有些含混不清。无怪乎当会上法国经济学家米歇尔·阿尔伯特说法国经济就属于ⅡB体制时，科尔奈本人对此也没有表示异议。

第二，经济运行机制与所有制的结构和内涵是分不开的。经济体制改革一般既包括经济运行机制的改革，也涉及所有制的改革。因此，在社会主义经济体制改革的目标模式中，不仅需要解决经济运行机制中的计划与市场、集权与分权、直接控制与间接控制等关系问题，而且必须解决这种特定的经济运行机制赖以存在的所有制结构和内涵的问题。ⅡB体制是以国有经济为对象、以国家所有制为前提的，它基本上未涉及所有制结构的调整及国家所有制内涵的变革问题。正因为如此，在经济体制改革实践中，ⅡB体制会由于缺乏合理的所有制结构或者国家所有制内涵的变革而难以实现。科尔奈也觉察到经济运行与所有制之间的关系。例如，他经常提到，匈牙利的国有企业是一只眼睛盯着上级，一只眼睛盯着市场，但个体所有制企业却是两只眼睛盯着市场的。再如，当会上阿尔伯特介绍了法国国有企业的经验后，科尔奈认为，法国国有企业把一只半眼睛盯着市场的原因是它们处于一个竞争性的所有制结构中。但是，他没有因此给社会主义国家ⅡB体制确定合理的所有制基础。

第三，集权同分权的关系，一直是社会主义经济体制改革的难题。科尔奈按照经济协调机制区分体制模式，从方法论上看是可以先舍象决策权力结构问题的。但是，完整的体制模式应当包括决策问题，这样才能保证目标模式在理论上的可靠性和实践中的可操作性。宏观决策权的大小在很大程度上规定着宏观控制的性质，如果像当今许多资本主义国家那样缺乏必要的宏观经济的决策权，任何完美的宏观管理制度对协调经济运行都将难以顺利奏效。从这个角度来看，ⅡB体制并没有解决宏观决策与宏观控制的关系问题。用科尔奈自己的话来说，需要解决的与其说是制定放之四海而皆准的原理，不如说是划定具体的集权与分权的范围。此外，在ⅡB体制中是否会出现和如何防止个人收入两极分化、失业和通货膨胀及经济增长的周期性波动等弊病，还需要进一步探讨。

看来，科尔奈的模式分类，作为经济机制的分析工具，对

刘国光

经济论著全集

第
6
卷

我们有一定的参考意义。但是，我们不能轻率地把ⅡB体制作为我国经济体制改革的目标模式。在运用有宏观控制的市场协调模式这一理论概念时，我们绝不能把社会主义原则抽象掉，决不能把公有制为主体的所有制结构和内涵抽象掉，也决不能把国家的宏观决策和计划指导抽象掉。只有在考虑了这些根本问题的前提下，我们才能运用有宏观控制的市场协调这一理论概念，来分析研究我国改革所要建立的把微观放活和宏观控制有机地结合起来的目标模式。

二、关于经济体制模式的转换

经济体制改革是一项十分艰巨复杂的社会系统工程。整个经济体制改革在明确了前进方向和目标模式后，如何从传统体制向新的体制转换，就成了问题的关键。用布鲁斯的话来说，这是一次真正的长征。

（一）经济体制改革的起点

我国经济体制改革和体制模式转换的起点是什么？人们一般认为，中国过去实行的是传统的集中计划经济模式。也就是直接行政协调体制。的确，我国原有经济体制中传统的集中计划经济模式是居支配地位的，但是不仅仅如此。由于我国经济技术比较落后，自然经济影响更为深厚，加上长期以来指导思想上"左"的偏差，我国经济生活中动员式的军事共产主义供给制因素有所增强，使得我国原有体制在集中化、实物化、封闭化和平均主义化的程度上都远远超过了过去实行传统的集中计划经济模式的苏、东各国。过去我们曾把我国原有经济体制概括为"带有军事共产主义供给制因素的传统集中计划经济模式"。布鲁斯这次说，中国经济改革的起点不是ⅠA，可以说是半个ⅠA，也是这个意思。这与其他一些国家改革前的情况很不相同。但是，我们又不能因为我国生产力和生产关系相对落后的状况而降低改革的目标。这些情况一方面表明中国的经济体制改革更加必要和紧迫，另一方面表明中国改革要走的路将要长些，遇到的阻力也将会更多些。

体制模式转换既然是一个比较长的过程，人们就不仅需要从静态上把握整个经济体制改革的起点，了解改革前的实际情况，而且要从动态上把握每一阶段甚至每一步改革的起点，以利于后续改革的进行。我国经过几年的经济改革，国家行政机构开始对企业"放权让利"，市场机制开始发挥某些作用，企业开始有了一定活力。但是从总体上看，经济运行还是以直接的行政控制为主。

（二）体制模式转换的方式

我国经济理论界对于体制模式转换的方式一开始就存在着不同看法。有人主张"一揽子"方式，有人则倾向于"渐进"方式。经过几年的讨论和实践，从中国地广人众、经济文化相对落后、发展极不平衡等基本国情出发，大家达到了比较一致的认识，就是中国的经济体制改革应该走"渐进式"加"小配套"的道路，即整个改革的进程是渐进的、分阶段的，而每个阶段的改革则要在相互联系的方面配套进行。

过去许多研究东欧经济体制改革的外国学者都倾向于"一揽子"式的改革，而不赞成"渐进"式的改革。比如布鲁斯曾认为，世界上实行"渐进"式改革的国家几乎无一成功，中国也应当采取"一揽子"转轨方式。科尔奈则说，"渐进"式改革会导致"交通规则"不统一的问题，引起经济运行的紊乱。

但是在这次会议上，外国学者通过与中国专家的讨论，认识有一定的改变。布鲁斯说，东欧国家采取"渐进"式改革可能会因为政治形势变化半途而废，中国不存在这样的威胁，特别是中国农业比重大，农村改革取得了卓越成就，会促使其他方面做出相应改革，也使整个改革难以逆转。科尔奈认为，对经济体制改革的步骤不能简单化，有的领域需要采取"渐进"式，例如，在所有制结构的变革中，不论是国家所有制的调整，还是其他所有制形式的扩大，都只能是一步步地进行，不应当也不可能突然变更；有的领域则需要采取"一揽子"方式，即各项改革措施必须同步配套，如取消指令性计划，就必须相应地进行工资改革、价格改革，建立某种形式的资金市场，硬化财务预算约束、实行财政金融的严格控制等，所有这些都是"一揽子"改革中的各个组成部分，只进行单项改革难以获得成功。与此同时，英国皇家经济学会前会长阿莱克·凯恩克劳斯介绍了第二次世界大战后英国经济从硬控制到软控制的过渡，在这个过渡中，战争时期实行的对主要资源进行严格控制的体制，在战后无论从范围上还是从程度上都被逐渐放松了，转向一个把重点放在管理总需求上的体制，这一过程约经历了十多年。而联邦德国威斯巴登证券抵押银行董事长奥特玛·埃明格尔则指出，在联邦德国，政府放松对资源分配的控制，让市场关系在这方面发挥作用，这个过程要比英国短得多。

通过会议的讨论，对于改革的两种方式，我们认为需要明确以下几点：第一，对"一揽子"或"渐进"改革方式的选择，以及对"渐进式"时序长短的选择，都要从本国实际情况出发，不能简单地用逻辑推理的办法或者照抄别国的经验来解决。第二，不能把两种改革方式绝对对立起来，把"一揽子"方式看成只是在某年某月某日实行全面配套的改革，而把"渐进式"看成是旷日持久的枝枝节节碰碰撞撞的改革。在我国这样一个情况极其复杂的社会主义大国，一方面，在总体上相互配套的改革必须分阶段分步骤进行；另一方面，在渐进式改革的每一阶段，改革措施也要尽可能相互配套。第三，在科尔奈看来，所有制结构和国有制内涵方面的改革，需要用逐步推进的渐进方式，而运行机制方面的改革则需要用相互配套的一揽子方式。但这种区分也不是绝对的。如我们在前面说过，经济运行机制的改革同所有制改革之间也有密切的关系。这两方面改革的关系也要在渐进方式和一揽子方式改革的结合中注意解决。第四，为了处理好一揽子配套改革方式与渐进改革方式之间的关系，我们既要在总结本国经验的基础上借鉴外国经验，研究制定和不断完善经济体制改革的总体规划和方案，又要在改革实践中摸着石头过河，不断检验已经实施的改革的成败得失，在此基础上制定下一步改革的规划和方案。这样，我们就能把我国目前实行的"渐进式"与"小配套"相结合的改革置于改革的总体规划的驾驭之下，使我国的改革有秩序地稳步地达到预定目标。

（三）双重体制与两难选择

在改革采取逐步推进方式的情况下，双重体制在一个时期内并存的局面不可避免。我国的改革，特别是1984年10月党的十二届三中全会以后开展的以城市改革为重点的全面经济体制改革，已经自觉或不自觉地走上了新老双重体制的轨道。如何正确对待双重体制，在运用双重体制减轻改革前进中的震荡时，避免和减轻双重体制的弊端，是摆在中国经济学界面前的重大课题。

在我国的双重体制中，计划内外产品售价不同的双重价格是计划内外双重计划体制和双重物资分配体制的集中表现。在模式转换过程中，从放调结合的价格改革入手，利用双轨价格逐渐消长，推动经济体制的全面改革，可以避免改革中的大的震动。正如布鲁斯所说的，从配给体制向商品体制过渡阶段，其他社会主义国家在消费品方面曾经实行过双重价格，但中国在生产资料方面也实行了双重价格，这可能是一项有益的发明创造。它是从旧体制进入新体制的桥梁，可以使行政的直接控制平稳地过渡到通过市场进行间接控制。

但是，在双重体制中，由于两种运行规则的混杂，会使经济生活发生矛盾和摩擦。布鲁斯等人指出，双重价格也有消极作用，持续时间不能太久。我们在实践中也深深体会到，在双重体制下，从宏观上加强对经济活动的控制，比传统体制中直接的行政控制或者比不受控制地搞活微观要困难和复杂得多。由于双重体制中直接行政协调的削弱和市场协调的不完善引起的种种摩擦和矛盾，会使我们几乎每天都遇到走回头路还是把改革继续推向前进的困难选择。但经济生活中的积弊最终要靠改革加以消除，改革中的困难也要尽可能靠后续改革来克服。在某些场合不得不采用并强化直接的行政控制手段时，也不要忘了这是在为向间接的宏观控制手段为主过渡创造必要的经济环境，绝不可积习成瘾，妨碍改革的前进。

正确看待双重体制，有三个问题需要明确。一是双重体制与传统体制相比，是倒退还是前进？这个问题涉及我们对党的十一届三中全会后近七年来整个改革过程的正确估价。二是双重体制的产生是我们在选择"一揽子"或"渐进"过渡方式时的主观失误，还是客观必然？这涉及我们在后续改革中如何采用符合国情的战略方针和战术措施。三是双重体制是改革的目标模式还是过渡模式？这涉及能否做出将改革进行到底的合理抉择。对于上述问题，如果我们能够从中国的实际出发，进行认真的探索，通过双重体制的过渡期来逐步实现改革的目标，也许可以在整个社会主义经济体制改革问题上提供一些有益的经验；如果这一试验不那么有效，也将为研究如何更好地进行改革提供一些教训。

（四）改革的经济环境

经济体制改革应该在什么样的经济环境中进行？早在20世纪

70年代末和80年代初，我国经济学界就对此进行了讨论。当时的讨论是以"调整"和"改革"的关系为题展开的。经过讨论，大多数经济学者认为，针对"文化大革命"十年内乱所造成的经济混乱和粉碎"四人帮"以后最初两年的"冒进"所带来的经济紧张，经济工作的重点应放在"调整"上面，把积累与消费、工业与农业、重工业与轻工业等国民经济主要比例关系理顺，缓和经济紧张和失衡状态，在此前提下进行局部的试验性的改革，等到整个经济环境比较宽松的时候，再开展经济体制的全面改革。经过几年调整，上述一些比例关系已趋向协调，经济失衡状况已有所缓和，人民需求已经得到远比以往时期为好的满足。因此，许多经济学者认为，调整作为一个阶段已经结束，全面改革的条件已经具备，1984年秋，我国正是在此基础上提出和推进了以城市为重点的全面经济体制改革。

然而，在这个阶段出现了一些新的情况，经济增长速度过快，工农业总产值在1979年到1983年间平均每年递增7.9%的基础上，1984年增长率提高到14.2%，其中12月份比上年同期增长20%以上，1985年上半年又比上年同期增长23.1%。这样高的经济增长速度是以巨额基本建设投资和大量消耗外汇、进口物资支撑的，这就导致了投资膨胀和消费膨胀情况的加剧，投资增长和消费增长都大大超过了国民收入增长的速度，加剧了"国民收入超分配"现象，以致货币流通量增加过多，部分商品物资供应紧张和价格上涨。

正因为这样，创造良好的经济环境，对于推进改革来说有十分重要的意义。在这次讨论会上，凯恩克劳斯、埃明格尔根据英国、联邦德国在第二次世界大战后从严格控制物资分配的统制经济转向市场经济的经验，特别强调消除过度需求是改革成败的关键。他们指出，在过度需求十分强烈的情况下，任何改革实际上都无法进行。所以一定要防止经济发展的"过热症"。科尔奈认为在社会主义国家经济体制改革过程中往往会出现超越实际可能的经济高速增长的危险。因为在传统的经济模式中就有一种使经济过热、增长过快的倾向，数量驱动和投资饥饿并存，而新体制的自我抑制和间接调节机制又尚未形成，因此各级政府在制订年度计划或是五年计划时，都想追逐过高的目标，想以最快的速度增长。如果计划实施顺利，增长越快，雄心越大，追求增长的欲望越强，增长欲望和能力之间的鸿沟也越深。这就有可能导致通货膨胀加剧，使短缺加重，出现投资挤消费和比例失调。而为了克服这些困难，往往会重新集中权力，使改革出现反复和逆转。科尔奈说，东欧各国改革的经验表明，当遇到困难而需要克服时，官员们往往本能地趋向于采取行政措施。这种临时性应急措施一旦出台，往往会由于不断出现短期困难而使之成为永久性的通用对策。改革中的短期困难以及不恰当的解决措施，很可能危害改革的长期目标。

讨论会上提供的各国经验和其理论说明给我们的启示是，第一，控制经济增长的"过热"，是在改革过程中时刻要注意的。经济增长和经济改革从根本上来说是互相促进的，但两者又存在着矛盾。追求过高的速度，经济生活各方面都绷得很紧，会使改革难以顺利进行。在高速增长和顺利改革两者不可兼得的情况下，应该在一定时期内让增长服从于改革，有意识地放慢增长速度。为此必须控制投资规模，避免大幅度地提高工资和奖金，使总需求与总供给相适应，从而创造有利于改革进展的经济环境，为今后十年以至几十年的经济持续稳定发展奠定良好基础，取得长期的增长效益。

第二，为了防止出现总需求膨胀和经济增长过热，一个关键问题是控制货币供应。对于西方有效需求不足的经济来说，货币供应的超前增长可以起到增加有效需求的作用，往往可以作为反萧条的有效措施，阻止危机出现或者刺激经济回升。非社会主义的发展中国家在经济处于停滞状态时期，也需要通货膨胀的刺激，才能从沉睡中苏醒。但是社会主义经济经常处于亢奋状态，对于我国这样供不应求的短缺经济来说，货币的过多供应只能加剧经济的紧张程度，并使长期存在的卖方市场难于向买方市场转化，这样就不利于形成一个使市场机制能够正常发挥作用的经济环境。

第三，经济增长和货币供应是否适度，主要看对物价总水平的影响。但是物价究竟应当控制在什么水平上是要探讨的课题。南斯拉夫经济学家白特根据南斯拉夫经济改革的经验提出，要求物价上涨率为零，经济改革就无法进行；但如果上涨率过高，改革也无法进行。美国经济学家托宾认为要兼顾经济改革和经济增长，可以保持3％~7％的通货膨胀率，但最好使通货膨胀率不超过2％。看来，在改革过程中因调整不合理的价格结构而导致物价水平上升是不可避免的，但要考虑经济和社会的承受能力，谨慎地分阶段地进行，以免震动过大。至于不是由于调整价格结构而是由于货币供应过量而发生的物价上涨，则应尽力避免，在小步调整中争取物价水平基本稳定，为改革创造良好环境。

三、关于宏观经济管理

我国过去实行指令性计划，实行物资切块分配，对企业经济活动进行直接控制，这种以行政手段直接控制的宏观经济管理曾经有效地控制了经济运行。这几年进行经济体制改革的实践证明，放弃直接控制手段并不困难，难就难在需要相应地及时地建立起间接控制手段，保证国民经济有计划按比例地发展。如果不能及时跟上，便有可能在新旧体制模式交替过程中出现某种失去控制的真空状态。而且要使得间接控制手段能够起到其应有的作用，还需要创造必要条件，并且要理顺各种经济参数。正因为这样，转换到间接控制为主的经济体制是极其复杂、极其艰难的事情。在这次讨论会上，对于如何建立间接的宏观控制进行了较多的议论，外国学者专家介绍了他们的经验，并提出了一些可供思考的建议。

（一）直接控制与间接控制

我国经济改革的方向是逐步减少行政手段，由直接控制为主转向间接控制为主，主要运用经济手段控制和调节经济的运行。但必要的行政手段始终是不可缺少的，特别是在新旧体制更替过程中还需加强必要的行政手段，以保证经济生活正常运转、改革有秩序地进行。

关于在某些情况下直接的行政控制是不可缺少的这一点，即使来自西方国家的学者也是强调的。凯恩克劳斯根据英国的经验说，大企业想要生存必须用行政手段，中小企业运用行政手段也有好处，因此国家就更有理由采用行政手段。直接控制的运用与经济发展水平是密切相关的，阿尔伯特介绍说，法国经济增长的初期阶段计划经济的余地很大，国内计划控制和市场经济的结合很有效；但随着经济的发展，需要减少行政控制。经济增长的结果必然是削弱直接计划控制的作用，直接控制更适用于半发达国家而不是发达国家的经济。美国经济学家琼斯认为，不发达国家组织经济活动绝不能放松政府的行政干预。完全竞争的市场只有在具备许多卖方与买方并有充分的信息流动的条件下，才能获得高效率。但自由市场会出现垄断，因而并不总是竞争市场。如果政府让垄断者自行其是，那就会出现少生产、多提价、效率低的现象。而在不发达国家里，市场竞争的不完全程度比发达国家要严重得多，因此，不发达国家政府完全有必要进行某种干预。托宾也强调说，即使在西方发达国家里，行政手段有时也比财政货币手段更有效，因此财政货币控制必须同行政控制结合起来。

在凯恩克劳斯等人看来，需要采用硬性行政控制的原因在于：

1. 货币控制依赖高度发达的财政金融机构。如果银行很少，又缺乏完善的金融市场，那么，货币政策就没有支配力，预算控制的影响也极有限，因此必须借助行政控制。

2. 市场力量控制主要依赖价格对供求的影响。如果供求对价格变化的反应过于缺乏弹性，那么，行政办法可以起到价格刺激所不能起的作用。

3. 间接控制依赖于完全竞争的市场。如果在市场上竞争不充分甚至缺乏竞争，就必须采用行政控制。

行政控制是采用计划手段的。但人们往往把计划等同于行政控制。科尔奈指出，这种看法是不对的。他认为，所谓计划有两种含义。一种是直接的行政控制。另一种是对经济发展的可能性进行探索，为决策做出准备，并协调社会各方面的利益。后一种意义的计划工作与市场协调是不矛盾的，它可以保证市场协调的顺利实现；而前一种意义即直接行政控制意义的计划工作与市场协调则是不相容的。因此，经济体制改革要扩大市场的协调，就必须缩小行政的计划控制，但后一种意义的计划工作在经济体制改革中不仅不能削弱，而且还应当加强。提高计划工作的水平，有助于提高宏观控制的效率，同时发挥计划协调与市场协调各自的以及结合的效应。在这方面，法国计划工作的经验是值得注意的。阿尔伯特说，1950—1975年法国的经济增长率比其他西欧国家高0.5%~1%。这一成就很大程度上是由实行计划协调带来的。法国的计划对国家行政机构是指令性的，但对企业则是指示性的。在实现计划时根据不同的情况，既重视运用市场关系，又不放弃必要的行政手段的直接控制。法国计划的独特之处是注重与民众和政府通气，通过解释和教育，把国家与民众联系起来，以取得民众的支持。计划工作者需要破除那种自以为比民众更知道哪些对他们最需要的假设，提倡加强市场的作用。

根据上述意见，我们认为，在我们这样一个社会主义发展中国家，在宏观经济管理由直接控制为主向间接控制为主的转换过程中，计划工作不仅不应放松，而且应该加强，这里的计划工作，不仅指第二种含义的计划，而且也包括必要的第一种含义即直接行政控制的计划，也就是通常所说的指令性计划。保持并加强必要的直接行政控制，不仅仍然能够给市场机制留下充分余地，而且可以弥补市场力量的不足和防止市场机制的消极后果。总之，在原有体制的运行机制还不能完全废除的情况下，必须明确在逐步建立竞争性的市场体系，学会用价格、税率、利率等经济参数来调节经济活动的同时，仍不能放弃必要的行政手段。

（二）财政政策和财政手段的运用

我国过去实行直接控制，主要是对实物资源分配的控制。今后转入间接控制，控制的重点放在哪里呢？托宾认为，宏观经济管理的目标有三个：一是维持总需求与总供给的平衡；二是保持物价总水平的稳定；三是维持国家对外经济关系的稳定。三者之中第一条即维持总需求与总供给的平衡是首要的。由于对总供给难以实行集中控制，因而宏观经济管理的重点是对总需求的调节。在不发达国家，防止总需求的大起大落比控制总需求膨胀更为重要。

运用间接手段控制总需求主要是通过财政政策和货币政策进行。目前，对于实现间接的宏观控制，人们往往强调货币政策，但应该看到，财政预算是控制需求稳定经济的基础。凯恩克劳斯说，第二次世界大战后，英国在避免过度需求方面没有使用货币政策，因为这需要利率有较大变动，利率变动后反映到投资上仍比较慢，而财政预算一旦出现盈余，整个局面就能改善。特别在没有资金市场的国家，政府的财政赤字只有靠发票子而别无其他方式弥补，拉美国家财政赤字有多大，货币发行就有多大，这是许多不发达国家长期遭受通货膨胀的原因，同时也说明了保持财政平衡在这些国家里更加重要。

财政政策的主要手段是政府支出、税收和补贴，而短期内强有力的调节手段是增加或者削减政府支出，通过平衡的、有盈余的或有赤字的财政政策来调节总需求。随着经济体制改革中财权的分散及间接控制的扩大，财政政策运用得当与否，就不仅与财政收支在总量上是否平衡有关，而且会对财政收支结构是否合理提出更高的要求。托宾说，在美国，总统和国会各有一个200人以上的智囊团专门分析预算项目，以保证财政政策能有效地调节总需求。

专家们关于政府开辟财源的不同办法对总需求所引起的政策交叉效应的分析，是值得注意的。政府如果用"创造货币"（包括向中央银行透支和借款）的办法来开辟财源，那就会增加总需求。如果用增税的办法（减少个人和企业拥有的财富）来开辟财源，那就可以抑制总需求。如果采用发行政府公债的办法，把个人和企业的购买力转移给政府而又不减少购买债券者拥有的财富，则其对总需求的效应比较复杂：派购性质的、事实上政府不予偿还的政府公债类似税收，而自愿购买的公债则介乎税收和"创造货币"之间。会上中外专家一致认为，在任何情况下，政府都不宜采用"创造货币"的办法来筹措财源，而应着力于健全税收制度，发挥税收的调节作用，必要时用发行公债的办法来调剂。社会主义国家政府往往发行派购性质的债券，人民把它和征税等同起来，难以产生应起的政策效应，因而在我国如何改善债券的发行和管理，把债券手段应用起来，转向自愿购买，是很值得探讨的。

（三）货币政策和信贷杠杆的运用

从直接的宏观控制转向间接的宏观控制，货币金融手段所起的作用将比以往重要得多。但是，我国目前在货币政策方面可以运用的调节手段还不多，或者作用有限，或者尚未建立，因而目前还不能放松贷款指标管理，也就是不能放弃必要的行政手段。同时，要抓紧研究其他国家运用金融货币政策的经验，结合我国国情，着手建立我国的金融货币控制机制。

运用货币政策进行间接的宏观控制，其核心是控制货币的总供应量。据埃明格尔介绍，西方国家控制货币供应总量有两个主要问题。一是选择什么货币供应指标作为宏观控制的目标，二是用什么手段来控制货币供应总量。货币供应量可以只指流通中的现金，也可以包括各种存款（活期存款、定期存款、储蓄存款）。各国在不同时期、不同场合选择不同口径的货币供应量作为政策控制的目标。有的国家在使用广义的货币供应指标时，对于各种存款和信用货币视其与真正的货币（流通中的现金）距离远近而给予不同的权数。据托宾介绍，货币供应总量作为宏观管理指标的有效性，在西方国家和西方经济学者中间也是有不同看法的。他怀疑包括中国在内的社会主义发展中国家是否适宜用货币供应总量作为总需求管理的主要指标。因为，第一，这些国家货币流通速度的影响因素很复杂，因而不稳定性很大；第二，缺乏中央银行影响货币总量所必需的金融机制；第三，广义的货币供应总量还包括储蓄存款，这些国家需要鼓励储蓄，如果把广义的货币供应总量作为宏观控制指标，会限制储蓄的增长。托宾和埃明格尔都认为中国用信贷总额代替货币供应总额作为宏观控制指标，可能更为现实。

过去，我国用以衡量货币供应量的唯一指标是投放于流通过程的现钞。近几年来，我国货币流通量的增长率大大超过了经济增长率，但其差额并未完全反映到物价上涨率上，就是由于这几年货币流通速度减缓，其原因大体是农村由自然经济向货币经济转化，在所有制结构调整中非现金结算范围缩小和现金流通范围扩大，还有居民手持货币增加引起的现金的沉淀。现金流通量指标不包括非现金结算代表的需求，它作为总需求管理指标是有缺陷的。但是，由于目前影响货币流通速度的因素十分复杂，难以确切掌握，因而即使把活期存款包括在内的货币供应量指标（M_1）作为宏观管理的主要指标，也有较大的困难。所以，托宾等人提出我国当前应以信贷投放总量代替货币供应总量作为宏观管理的一项主要指标，是有一定道理的。

据会上专家们所说，西方国家中央银行控制货币供应总量主要也是通过控制银行贷款来进行的。其具体方法不外以下三条：

1. 规定商业银行要在中央银行存入存款准备金；

2. 调整再贴现率；

3. "公开市场"买卖有价证券的操作。在我国，由于缺乏金融市场的条件，"公开市场"操作目前是行不通的。

利率是实现货币和信贷政策的重要杠杆，是调节资金的供给和需求的重要手段。但是，要使利率杠杆发挥作用，必须使名义利率不低于通货膨胀率，否则实际利率会是负数，人们将不愿意存款，而贷款者则由此受到鼓励和滥用。我国目前名义利率与物价上涨率的关系是不利于发挥利率的积极作用的。而且对于使用贷款的企业来说，在资金"大锅饭"状况下，利息负担对企业实际利害影响不大，因而要发挥利率杠杆作用，还需要使企业的财务预算约束硬化。

实现货币政策的另一杠杆是存款准备金制度，要根据存款流通性的大小确定不同的存款准备金比例，如对于随时会支付的支票存款要规定高的存款准备金率，而对于储蓄存款则可以实行低的存款准备金率，而且对存款准备金不应付给利息。目前我国不分存款种类实行统一的准备金率。并对准备金付给利息。因而中央银行如何运用存款准备金率和再贴现率调节专业银行的信贷和货币供应，还需要研究加以改进。在银行利率和准备金制度这些间接手段还未能很有效地发挥作用以前，由中央银行规定信贷总额指标，通过专业银行逐层下达的直接控制手段，还是有必要继续运用。同时，要探索建立和健全银行体系和金融市场，逐步硬化企业财务预算约束，以便逐步过渡到间接控制为主的货币和信贷管理。

（四）财政政策和货币政策的配套及其选择

对调节社会总需求，实现社会总需求和总供给的平衡，维持经济的持续、稳定、协调的发展来讲，单纯运用财政政策或货币政策是难以达到预期目标的。特别是在主要靠间接调节控制经济运行时，更有必要将财政政策和货币政策配套，以获得两者的结合效应。

从与会的外国学者的介绍来看，一些主要国家财政政策和货币政策的结合，归纳起来大体有四种形态：第一种是松的财政政策和松的货币政策的结合，这是刺激经济增长和扩大就业的手段，由此往往会带来通货膨胀的后果；第二种是紧的财政政策和紧的货币政策的结合，这是实行紧缩性政策、制止需求膨胀的有效手段；第三种是紧的财政政策和松的货币政策的结合；第四种是松的财政政策和紧的货币政策的结合。后两种政策结合除了旨在从总量上平衡需求与供给外，还有调节需求结构和生产结构的作用。例如，有的发达国家实行紧的财政政策和松的货币政策，是为了使资源配置有助于资金积聚，因为紧缩财政能够限制公共的消费和私人的消费，而放松货币则能够鼓励投资，这是有利于经济增长的。当然松紧结合不当，也会造成"滞胀"。至于松的财政政策和紧的货币政策的结合，其对需求结构和生产结构的影响正好相反。这种政策结合虽然可以缓和赤字财政造成的通货膨胀，但长期执行这种政策会使财政赤字居高不下，对汇率和外贸也会带来一系列恶果，这是美国近几年的经验教训充分证明了的。

以上四种不同形式的财政政策和货币政策的组配及其效应，是就西方发达国家来说的，但对我国财政与信贷平衡问题的研究也有启发。当前，在中国，由于旧体制固有的"扩张冲动""投资饥饿""进口饥渴"等倾向依然存在，而微观经济放活后由于企业和职工追逐短期利益行为而引起的"消费饥渴"又起着作用，形成了需求膨胀的强大压力。在这种情况下，财政政策和货币政策应如何结合呢？在讨论中托宾、凯恩克劳斯和埃明格尔等人都认为，当前中国应该采取的是紧的财政政策和紧的货币政策相结合，并说他们三人属于不同的学派，从20世纪60年代以来在讨论各国经济问题时经常有各种意见分歧，但是现在对中国的这一问题却取得如此一致的意见，希望中国方面加以重视。他们强调的这一点，与中国经济学家一再强调不但要实现财政平衡，而且要组织财政信贷的综合平衡，以制止过度需求，为改革创造一个供给略大于需求的良好经济环境的意见，基本上是一致的。

财政与信贷的综合平衡不仅是为改革创造良好环境所应采取的政策，也是为使我国经济长期持续、稳定、协调地增长所应采取的政策。会上有些专家提出，从长期来说，中国今后也要实行紧的财政政策和松的货币政策的结合，以利于经济增长。但是，如前所述，社会主义经济经常处于亢奋状态，经常要注意控制包括消费需求和投资需求在内的总需求的问题。是否可以用松的货币政策来刺激投资需求，即使从长期来看，这也是有疑问的。当然，中国需要实行灵活的货币政策，需要运用灵活的利率杠杆与建立资金市场，否则也有可能出现基础货币供给过多的状况。

（五）工资控制与个人收入分配政策

在我国经济体制改革过程中，工资增长要不要控制，奖金发放要不要封顶，一直是有争议的问题。从1984年出现的工资失控、消费基金膨胀来看，个人收入分配政策是进行宏观经济管理必不可缺的重要一环，控制工资增长是战胜成本推动型物价上涨的有效武器，正如托宾所说，最有效的财政货币政策也只能对付需求牵动型通货膨胀，而战胜工资（成本）推动型通货膨胀的武器是个人收入分配政策。中国在改革过程中不能放弃对工资增长的直接干预。

会上学者们交谈了各国在工资控制上的得失。大家知道，不少人认为，匈牙利改革是比较成功的。究其原因，匈牙利从经济体制改革一开始就紧紧抓住了工资控制这个关键。在日本高速增长时期和当今的南斯拉夫，企业投资资金90％都是来自银行贷款，但南斯拉夫出现了高度的通货膨胀，而日本却基本上保持了币值稳定。其主要原因之一是南斯拉夫缺乏对个人收入分配的宏观控制，而日本实行了有效的工资控制。因此，中国要成功地控制货币量，首先必须控制在现金货币供应量中占很大比重的工资。

确定合理的个人收入政策，搞好工资控制，需要在理论上弄清工资（成本）推动与物价上涨的关系。根据联邦德国的经验，从逻辑上讲，名义工资增长率是由劳动生产率的增长率和通货膨胀率这两个因素共同确定的，但在实践中工会总要求工资上涨还应当包括补偿预期通货膨胀的因素。通货膨胀率很难事先准确预计，如果工资增长率要考虑预期的通货膨胀率，那么这实际上是为未来的通货膨胀率定下基调，会造成工资与物价螺旋式上升的局面。在这个问题上，由于我国过去长时期里工资和物价都相当稳定，经济学界对于成本推动型通货膨胀以及工资与物价螺旋式上升的理论曾持否定态度，但如今已有工资增长引起成本升高形成涨价压力的势头，故对此应该给以足够的重视。会议期间，托宾听说1984年年底中国的名义工资增长曾失去控制，他一再强调对名义工资的控制是宏观经济管理的一个重要条件，中国千万不能放松这方面的控制；并且指出，中国迄今工资是由中央政府决策而不是由市场机制决定，这对于执行有效的收入分配政策是极其有利的条件，今后的改革中应当注意使名义工资的增长不要超过劳动生产率的增长。这是很有见地的意见。

当前在我国经济体制改革实践中工资方面有两个问题需要注意。一是维持工资水平稳定和调整工资结构的矛盾问题，二是企业实行工资增长与税利挂钩问题。正如凯恩克劳斯所说，目前中国面临着类似英国所面临的问题，那就是一方面要维持工资水平的稳定，另一方面要调整工资结构，如何把两者结合得好，是极为棘手的事情。一部分商品价格上涨，并不一定会引起整个物价水平上升，但一个部门工资的提高，会很快波及其他部门，这种要求收入均等的趋势会导致整个工资水平的上升。因此，要慎重地对待工资水平结构的调整。专家们认为对国营企业实行工资增长与税利挂钩不一定是好办法，国营企业税利的增长，同国家投资多少和资源条件等外部因素有直接关系，而扭曲的价格也造成了利润的悬殊，如果由此而使部分企业工资增长过快，其他企业的工人会认为是不公平的，这就不可避免地会蔓延到其他企业，一些企业就会把工资成本的提高转移到产品价格上去。这样就会在社会上形成一股强大压力，相互攀比，推动工资全面上涨，导致通货膨胀。上面讲的两种情况，事实上在我国已经在一些地方出现，亟须加以重视，并研究采取有效的对策。

因此，在工资改革中，国家要对全社会工资水平的增长幅度严格加以控制，并防止企业追逐短期利益，相互攀比，造成失控。但国家的控制不应当是控制工资总额，而应当是控制平均工资或小时工资。企业和职工的平均工资的增长超过社会平均增长水平的，必须是真正做出了超额贡献的。为此需要改进宣传教育工作，消除那种认为改革将立即使人们富起来、使收入大大增长的错觉，认识到通过改革发展生产并在生产发展基础上提高人民生活，这需要做出努力并经过一定的过程，从而使广大群众自觉地支持控制个人收入分配的各项措施。

（六）对外贸易管理和国际收支平衡

控制对外经济关系是国家对经济进行计划管理的极其重要的方面。布鲁斯指出，中国在改革中决不能放弃这方面的控制，控制对外经济关系不一定是国家垄断对外贸易，但国家必须保持应有的支付能力，保持国内经济的独立自主，使国外经济的变动不能自动地全部地输入并影响国内经济，而是经过国家评价、过滤之后，有选择地把国外的先进技术和管理经验引进来。在对外经济关系的管理上由直接控制转向间接控制为主，是一个更长的过程，取消外汇控制是放弃直接控制的最后标志。尤其像中国这样一个大国，经济不能时刻受到国外经济变化的影响，保持经济独立自主是必要的。因而，放弃直接控制而转向间接控制外汇平衡，对中国来说，还不是目前或近期的事，而是未来的事。凯恩克劳斯介绍英国经验时说，像英国这样一个主要的国际金融中心，也是直到1979年才废除对外汇的控制。由此联系到我国前些时候人们曾经议论能否发行一种自由兑换外汇的货币，使外资能够自由进出，便于吸引外资，这一设想看来是不现实的，不利于宏观控制的。在可以预见到的相当长的时间内，中国经济发展的程度都不具备放弃外汇控制的条件，都不可能实行自由兑换外汇。

我国1984年以来出现外汇收支从顺差转为逆差，进口增多，出口减少。之所以产生这种状况，除了投资膨胀和消费膨胀增加了进口、影响了出口等原因外，放松甚至放弃对外贸易的直接控制也是一个重要原因。在这种情况下，调整关税税率和改进出口补贴会起到一定作用，而在出口不景气、人民币币值高估情况下，调整汇率也是影响进出口水平的一个重要手段，但这要在国内过度需求得到控制的条件下才能发挥作用。我国这几年的实践证明，调整汇率在当时确有好处，但很快会被国内价格上涨所抵消。在出口货源有限而且国内外都有需求的状况下，在对进口饥渴没有得到遏制的状况下，对进出口实行许可证制度，实行数量上的直接控制，仍然有其不容忽视的意义。对于这一点，与会的中外专家的看法是一致的。

从今后较长时期来看，我国作为一个发展中国家，对外汇的需求总是大于供给，因而外汇收支出现顺差是暂时现象，而外汇收支逆差则很可能经常发生。因此，通过有计划地举借外债来弥补合理的外汇短缺，是可行的。对外借债的界限是借款投资项目的收益要高于借款利率，特别是借来外债不能用于消费性支出。会上琼斯打比喻说，以12％的利率借款举行婚礼同以25％的利率借款进行投资，其作用完全不同。由此涉及我国在对外经济关系中将实行什么样的发展战略。过去我国主要实行进口替代型的发展战略，引进的生产线所生产的产品主要用于满足国内消费，以致引进生产线越多需要进口的原材料、零部件也越多，而产品对外没有竞争能力，打不出去，这样生产虽然发展而外汇的消耗和外汇的需求却日益增多。因此，很有必要逐步向出口导向型的发展战略转换，把鼓励出口放在处理对外经济关系和组织外汇收支平衡的首位。我国与国际市场联系的程度如何，决定于我国创汇能力的大小，只进不出是难以为继的，必须有出有进，以扩大出口来支持进口。为此，需要很好研究实现外贸发展战略的转换及相应的政策措施。目前我国出口仍是以原料性的初级产品和粗加工制成品为主，这里有技术、设备等方面的原因，但是更主要的还是体制方面的原因，扭曲的价格、出口产品生产过程中层层征税交利，造成了我国出口产品加工深度越高越不划算，表面上的经济效益越差。此外，由于多头出口所产生的国内抢购和国外竞销影响出口效益问题，也未妥善解决。因此，要研究改进外贸出口体制，改善工业、税收、银行、内贸等方面同外贸的关系，以利于由主要出口原料性的初级产品向主要出口制成品转变，由主要出口粗加工制成品向主要出口精加工制成品转变。出口多了，再辅之以发展旅游、劳务等增加非贸易外汇收入，组织外汇收支平衡也就有了基础，我国的对外经济贸易往来和技术引进就将会有更大的发展。

（七）宏观调节的微观基础和前提

宏观经济运行与微观经济行为有着紧密的联系，经济活动的总量及其变化终究是由个量及其变化组成的，宏观的管理意图要通过微观的经济活动来实现。在我国要建立一个有效的宏观经济间接控制体系，不仅取决于宏观经济管理机制是否科学合理、政策措施是否得当，而且也取决于微观经济单位能否对宏观间接控制措施做出及时和灵活的反应，以及宏观经济管理的必要前提是否具备并与之相适应。在这次讨论会上，与会的外国学者专家都十分强调建立有效的宏观经济管理的微观基础及必要前提；正如托宾所说，许多发展中国家包括中国宏观经济管理效率低下的原因，是缺乏一些发达国家宏观调节得以成功的必要前提。科尔奈说，许多西方分析家认为，社会主义国家政府可以运用已经在私有市场经济中被证明是可行的某些方法，去贯彻他们的宏观政策，但需要使宏观政策手段和微观体制结构（例如所有制形式、刺激办法和行为动力等）协调起来才行。他们的这些意见是很值得思考的。这几年我国曾采取了一些宏观调节措施，如基本建设投资拨款改贷款、提高固定资产投资贷款的利率等，但"投资饥饿症"并未因此而治愈，地方、部门、企业还是争项目、争投资，这主要是资金"大锅饭"还没有打破，投资经济责任制还没有真正建立，因而需要从宏观控制的微观基础及必要前提角度去进行分析研究，然后才能找出解决问题的正确途径。

1. 硬化企业的预算约束。企业软预算约束这个概念是科尔奈在《短缺经济学》中首先提出和使用的，现在已经为越来越多的东西方经济学家包括中国经济学家所接受和使用。在英文中，"预算"和"家计"是同一个词，就是指量入为出，收支责任自负的意思。在科尔奈看来，企业的软预算约束是造成社会主义国家长期短缺的最重要原因。企业的决策不能超出自己的预算约束历来是西方经济学的公理，甚至连非均衡学派创始人克洛沃也把预算约束的存在看作经济学中的"热力学第二定律"。但科尔奈对此提出了质疑。他认为在传统社会主义经济中，预算约束并不能在事前真实地约束企业的行为，因为在传统体制下存在着可以讨价还价的软行政价格、软补贴、软税收、软信贷等各种导致企业预算约束软化的途径。

科尔奈提出软预算约束对描述传统体制下企业行为及其特征来说是有益的。的确，在国营企业里一旦放松量入为出的原则，收支之间不发生直接的利害关系，便会出现预算约束的"软化"。在这种情况下，企业开支的增加能够从减免税赋、增加补贴、拖欠贷款或者由行政调整产出任务或调整价格以取得补偿。在企业预期遇到财务困难时"上面"一定会向它伸出援救之手或者它自己可以用涨价手段把困难转嫁出去的时候，间接的宏观调节手段如税率、利率、汇率等的变化都不会引起企业真正在经营活动乃至决策上做出反应，因而企业并不真正关心自己的经营成果和经济效益。在社会主义国家里，经济单位的预算约束"软化"是一个值得倍加重视的问题，它决定了微观经济行为的准则，使企业只考虑完成任务而不去注意怎样完成任务，不注意投入与产出的比较，从而体现了国家对微观经济组织的"父爱式"的社会关系。只有"硬化"预算约束，才能使企业把眼睛盯住市场，在市场竞争的压力下提高质量改进技术，改善经营管理。也只有在这时候，间接的宏观调节手段才能起到作用。

我国以搞活企业为中心环节的城市经济改革，在微观搞活方面，偏重于下放权力和奖励制度，而忽视增强责任和惩罚鞭策，只给动力，不给压力，这样，企业就只能负盈，不必负亏，企业活力就不能真正得到增强。在宏观控制方面，偏重于如何发出调节信号，而对如何使调节对象做出反馈，则诸多忽视，这样，宏观控制也难以落到实处。因此，硬化企业财务预算约束，就成为微观搞活和宏观控制的基点或关键。

但是，由软预算约束转变为硬预算约束，使企业真正自负盈亏，是经济体制改革中一项极为艰巨与复杂的任务。这不仅是个经济问题，而且是涉及政治法律、社会文化、意识形态和道德规范等方面的问题，需要多方研究，综合治理。在实施步骤上，先从中小企业做起，再推及大企业，可以减少阻力，容易获得成功。

2. 建立和完善市场体系。实行有效的宏观经济间接管理，另一个重要条件就是必须有比较完善的市场机制，特别是要建立健全商品市场与资金市场，然后才能对宏观调节措施做出积极反应。这也是这次讨论会上中外经济学者共同的看法。

我国过去在生产资料不是商品的理论影响下，商品市场仅仅限于消费品，而对生产资料一直实行调拨分配办法。这种控制实物分配的办法，排斥了竞争，窒息了经济发展的刺激力量，使生产者成为被动的"算盘珠"，而消费者丧失了选择权，付出了昂贵的代价。因而随着条件的具备，逐步扩大包括消费品和生产资料在内的商品市场的开放范围，让企业自主地进行产供销，并且按照市场提供的信息来改进这种活动，乃是政府运用各种间接的调节手段，通过市场机制作用来实行宏观经济管理的极为重要的前提。

与会专家都强调中国要建立资金市场，以媒介资金的供给和需求。它可以广泛动员社会闲置资金用于那些收益最高的投资项目，又可以成为政府调节宏观经济活动的有效手段。布鲁斯认为中国需要在投资方面建立中间金融机构，以帮助组织企业与不同部门之间的横向资金流动，投资的很大一部分应通过资金市场分配。专家们说中国有些人常常把资金市场等同于资本主义国家的证券交易所，并且认为交易所里进行的无非是投机和赌博，其实这是一种误解。应该看到，资金市场在中国早就存在，虽然很不完善，那就是组织资金融通调剂的银行。专家们考虑到中国对私人持有股票还存在着种种顾虑，因此建议先建立债券市场，买卖政府和企业的债券。托宾指出，在国内可以建立一个非货币的政府债券市场，使人们能够在政府债券和银行存款之间进行选择。没有这样一个债券市场，货币政策只能服从于财政政策，这不利于压缩财政赤字，控制通货膨胀。专家们强调的债券发行在使财政政策同货币政策脱钩上所起的作用，在宏观调节上所起的作用，对我们很有启发。我国虽然突破了既无内债又无外债的理论禁区，但是现在对债券的认识和运用还很不够，债券发行带有派购性质，削弱了发行债券所能起的调节作用，因而亟待改进债券的发售、利率、贴现、买卖等方面的规定，有了真正的债券，才能逐步建立和发展债券市场。

讨论中还涉及劳动力市场问题。布鲁斯指出，中国在相当程度上没有劳动力市场，这使得对国营企业的宏观管理中市场机制作用受到限制，利用传统的金融货币的间接控制手段的有效性也受到影响。他说苏联在劳动力流动方面还比中国灵活一些，值得中国考虑借鉴。这个问题在会上没有展开讨论。

3. 积极果断地改革价格。上面所讲的硬化企业预算约束，健全完善市场机制，都要求有一个合理的价格体系。在价格扭曲的情况下，将没有正确的信息，从而不能对不同部门、不同企业找出一个具有普遍适用性的衡量标准。有的专家指出，在价格不合理的情况下，对于"预算约束"的任何程度的加强都是非常可疑的，这时"硬化预算约束"有可能损害而不是增进效益。专家们的这些意见，已经为我国这几年的实践所证实。在我国要使间接的宏观调节体系发挥作用，必须把扭曲的不合理的价格体系理顺，否则，市场机制作用越大，长线将更长，短线将更短，盲目重复建设将更难制止，而且企业间的苦乐不均也将更加突出。因此，应当在控制总需求的基础上抓紧时机，积极果断地改革价格，逐步建立合理的价格体系和价格形成机制。

4. 建立健全经济信息与经济监督系统。专家们指出，在现代化的经济中，要进行有效的管理，必须建立一个完善的信息系统。如果没有可靠的统计资料和经济分析作基础，就不能做出准确的经济预测和正确的宏观决策，离开准确信息所做出的计划往往是盲目的计划。专家们还提出必须加强有关的经济立法，建立全国统一的会计制度和独立的审计系统，然后才有可能使宏观经济间接管理得以有效实施。这些意见都是极为宝贵的。我国现在统计人员少，统计手段落后，横向信息传递还刚刚开始，因而不论是进行宏观控制还是通过市场关系协调，都是在信息不足、不准、不深的状况下进行的，这就难以避免工作中的盲目性与事后诸葛亮。而从这几年财务税收大检查所发现的违犯财经纪律事件看，地方、部门、企业往往为了局部利益而侵犯国家利益，因而监督极为重要，否则企业就不会对宏观调节做出积极反应。

历时六天的"宏观经济管理国际讨论会"是一次难得的盛会。上述几个方面的讨论成果有不少对我国的经济体制改革具有一定的借鉴和参考意义。以城市为重点的整个经济体制改革是一项十分艰巨复杂的社会系统工程，有许多新问题要解决。我国经济学界应该坚持从我国实际出发，认真探索，锐意创新，为建立有中国特色的、新型的社会主义经济体制做出努力。

对 "六五" 时期建设和改革问题的回顾与思考*

（1985年10—12月）

1. 邓小平同志提出建设有中国特色的社会主义，纠正了以往脱离中国实际，从定义和概念出发，照抄照搬外国经验等错误，这是我国社会主义现代化建设理论的一个重大发展。在这一理论的指导下，"六五"时期我国在经济建设方面取得了显著的成就。到1985年年底止，原定计划指标大部分都已完成和超额完成，国民经济有了重大的和新的发展，产业结构明显改善。在经济体制改革方面，首先是农村推行联产承包责任制获得巨大成功，城市经济体制改革在进行了许多探索和试验之后，也逐步地全面展开，使经济生活出现了前所未有的活跃局面；同时在思想、文化建设等方面也有显著的进展。所有这些都为"七五"计划奠定了良好的基础。回顾和思考"六五"时期的成就和历程，将使我们的思想更加明确，方向更加坚定，行动更加自觉，在建设中国式社会主义的道路上取得更大的成绩。

---

* 本文是在刘国光主持下，组织中国社会科学院有关研究所部分研究人员分工负责、集体写成的。各部分负责人分别为董辅礽、周叔莲、张卓元、陈吉元、何建章、李惠国。参加写作的有沈立人、张曙光、戴园晨、杨圣明、汪海波、陈栋生、袁钢明、刘福垣、陈佳贵、郭冬乐、刘溶沧、王玲玲、杜海燕、王锐生、夏渟、张琢、邵道生、单光鼐、贺兴安。李兰亭、陈荷夫参加了本文的讨论和组织工作。原载《中国社会科学》1986年第2期。

一、经济建设

2. "六五"时期是新中国成立以来最好的时期之一，也是我国经济发展战略的转变时期。1981年即"六五"计划的第一年，赵紫阳在向人大五届四次会议所作的《政府工作报告》中，总结我国经济建设的历史经验，提出了以提高经济效益为中心发展国民经济的十条方针，标志着我国经济发展开始从片面追求高速增长的传统战略向着新的发展战略转变。5年来，我们的发展战略在一些方面确实有所转变，但仍处于转变的初期，转变的自觉性不高，在执行中甚至有反复。我国"六五"时期的经济就是在这样一种情况下发展的。我们在经济建设方面取得的成绩，如农业和轻工业的高速发展和人民生活的明显改善等，都同实行新的发展战略有关；而出现的失误和发生的问题，如投资过多、速度过快等，又同传统发展战略继续发生作用相连。转变的程度不同，取得的成就和存在的问题也不一样。这就充分说明，我国经济发展的唯一出路，就是要进一步实现战略的根本转变，真正走上一条速度比较实在、经济效益比较好、人民可以得到更多实惠的新路子。

3. "六五"计划原定工农业生产在提高经济效益的前提下，平均每年递增4％，在执行中争取达到5％。这样的决策是在总结30年经济建设经验教训，对高积累、高速度、低效率、低消费的传统赶超战略进行批判的基础之上提出来的。而且在确定主要产品产量的增长时，首先注意到能源、原材料的平衡；安排固定资产的投资规模时，考虑了财力、物力的平衡，等等。因而体现了发展战略转变的思想和要求。当然，现在看来，"保四争五"也说明我们对形势估计不足，未料到农业生产能够如此迅速恢复和发展，能源生产能有较大增长。

"六五"的前两年抓了经济调整，收到了一定成效，经济增长比较平稳，达到了计划要求。1981年、1982年，社会总产值、工农业总产值、国民收入的增长速度分别超过4％、5％和8％；经济结构有所改善，经济效益有所提高，出现了有限的买方市场势头，形成了比较宽松的经济环境。自从1982年把工农业总产值翻两番作为2000年经济发展的战略目标以后，由于没有认真贯彻执行以提高经济效益为前提的指导思想，追求产值和攀比速度之风重新抬头。1982年末就出现了膨胀的迹象和过快的苗头，1983年调整中想压也未能压住，以至形成过热倾向，而且越来越热。1984年，上述三个指标的增长速度分别达到13.8％、15％和13.9％。有人把这样的速度看作是我国经济进入"起飞"阶段的标志，或者看成是即将"起飞"的征兆。这是一种错觉。

"六五"增长速度实绩大大超过计划，其中既有正常合理的部分，也有不正常不合理的部分。由于结构调整，一些主要比例关系趋于协调，加上实行改革和开放政策，为经济生活注入了一定的活力，这必然使速度加快；但是也有虚假因素和水分在内。如有的产品质量过次或长期积压，最后只能报废，应当计入负增长之列。某些年份某些部门的增长速度起伏过大。如轻工业由1981年的14.1％降至1982年的5.7％，又升至1984年的13.9％，同期重工业则由-4.7％变为增长9.8％，再上升到14.2％。这里表现为一种周期性：每次控制投资规模、压低速度之后，接着而来的便是一次更大更猛的增长。这种高速增长的形成，在相当大的程度上是靠投资膨胀，靠以小企业挤大中企业，以落后挤先进，靠大批进口原材料和散件组装。从这些情况看来，今后要继续实现持续、稳定、协调发展，还有大量工作要做。

以上情况还说明我国的经济发展尚未完全摆脱旧的经济增长观念和传统发展战略的影响。这种传统观念和战略采取的是数量增长型的发展模式，其特点是以产值增长为目标，以增加积累和投入为手段，以外延发展为方式，而对于提高质量和经济效益、平衡协调和结构改造、技术进步和技术改造，则诸多忽视。一些发展中国家曾经实行这种模式，付出了很大的代价，效果并不好。经济发展有它的系统性，不仅仅是一个速度问题，还有比例、结构、质量、效益等问题，它们是互相依存、互相制约的。当前世界的经济发展已经进入质量增进时代。一个国家的经济如果只有数量的增长，而无质态的优化，增长速度虽快，也无法走向现代化。"六五"的经验表明，我们应该确立新的经济成长观念，尽快过渡到效益提高型的发展模式。

从"六五"的实践中可以看到，要完成由数量增长型发展模式向效益提高型发展模式的转变，首先要充分认识工农业总产值指标的缺陷和弊端，不再把产值增长速度作为衡量经济发展成绩的主要指标和考核、评选干部的依据。应当寓速度于效益之中，采用能够全面反映经济活动及其效益的指标，同时禁止层层加码和互相攀比速度。更不能不经调查研究，不作切实的计算，随意提出各种增长指标。否则，就会形成一种无限度的扩张冲动，使经济生活陷入无计划、无秩序状态。计划留有余地，具有弹性，并不都是为了让下面超过，而是在加强计划的科学性的基础上预防不测，便于及时调整。如果是短线部门（产品）超额完成计划或通过提高资源利用效率使计划超额完成，当然是好事；如果是长线部门（产品）超额完成计划或通过增加投入使计划超额完成，则会打乱计划，破坏平衡，造成新的紧张和浪费。因此，要改变不加区别地提倡和号召超额完成计划的习惯做法。

4. 速度和效益是经济发展的两个侧面。"六五"时期提出把经济发展转到以提高经济效益为中心的轨道上来，是正确而富有远见的。在一些方面，我们也这样做了，如注意了能源节约，一些经济效益指标，如社会劳动生产率、能源利用率、百元积累增加的国民收入、流动资金利用率、固定资产交付使用率等，比

"五五"时期有了不同程度的提高。但是近两年来过分强调了速度，放松或挤掉了对提高效益的要求。在一些同志的心目中，提高效益这个前提是虚的，产值翻番才是实的。结果，大部分指标同"一五"时期曾经达到的水平相比还有较大差距。有些指标，例如物耗、成本和产品质量，甚至是下降了。由于"五五"时期是我国经济从崩溃边缘转向恢复和发展的时期，经济效益很差；"一五"时期是我国建设的初期，经济效益也不高；"六五"期间某些宏观经济效益指标的改善，主要是产业结构调整的结果，而企业微观经济效益则改进不大；因此，对"六五"时期经济效益的估计要切合实际。总的来看，我国的经济发展还处在从低效益的粗放经营向高效益的集约经营过渡的起步阶段。

有同志把近两年实现了"三同步"（工业产值、实现利润和上缴国家税利同步增长）看作企业、部门、地区和全国走上以提高经济效益为中心的轨道的集中表现。其实，"三同步"并不一定说明经济效益有了应有的提高，而且近年来的"三同步"在很大程度上是通过价格上涨实现的，"三同步"与质量下降、成本升高同时存在。这说明上述看法并不一定科学。

从以速度为中心到以效益为中心的转变，是经济发展战略转变的核心，不抓住这一条，其他转变都难以实行，也难见成效。而转变的关键在于抓住提高质量和降低成本。这是一件非常困难的事情。因为我国的短缺经济本身就存在着追求数量的巨大压力，劳动力过剩的状况又使外延扩张和粗放经营具有可能性，技术进步和技术改造的难度和风险明显存在，同时现在也缺少提高质量和效益的经济机制。在这种情况下，如果从上到下对以提高经济效益为中心的指导思想不是十分明确，政策措施不是非常坚决有力，经济机制和企业行为没有显著的改变，那么，"六五"期间存在的经济效益不理想的状况在今后还会继续下去，从而无法加快实现向以提高经济效益为中心的轨道转变，我国的经济形势也就存在着逆转的可能。

5. "六五"时期的结构调整，带动了我国经济发展开始从不平衡发展战略向平衡发展战略转变，并取得了一定成效。主要表现是，改变了过去长期挖农业补工业、重重工业轻轻工业的做法；执行了抓紧农业、确保轻工业的方针政策；农业生产取得了突破性进展，轻工业也有了迅速发展；重工业的服务方向开头两年也有所转变；农业和工业、轻工业和重工业的比例和结构比过去有了合理的调整。但是，这种调整是为了改变长期以来农业的发展大大落后于工业、轻工业的发展明显落后于重工业而形成的结构状况。"六五"期间带有经济大调整的明显印记。农业快于工业、轻工业快于重工业的增长格局，并不适合我国经济的未来发展和产业结构改造的长期要求。今后应当在坚持抓紧农业、确保轻工业的同时，根据情况变化做出正确的安排。可以考虑，在今后一定时期内，逐步形成工业快于农业、重工业快于轻工业，而它们的差距又不过大的增长格局。

产业结构是一个多支多层多方面的复杂系统。农轻重的结构分析既反映不了全部物质的生产结构，更反映不了包括非物质生产在内的全部产业结构，有很大的局限性。随着现代化建设的发展，"六五"时期国民经济对建筑业、运输业、通信业以及各种服务性产业提出了越来越大、越来越高的要求，这些部门已经成为我国经济发展及其结构改造的焦点。把产业结构的改造仅限于农轻重结构的调整，已不适应我国经济全面发展的需要。实践要求我们寻求一套新的理论和方法，从更广泛、更全面的角度来观察产业结构的调整及其合理化问题。

长期以来，我国"第三产业"发展缓慢，1953—1980年平均增长5.3%，在国民生产总值中所占的比重大大下降。"六五"时期对发展"第三产业"有所重视，其增长速度开始加快，1981—1984年平均每年增长11.5%，但只是开始扭转长期以来的萎缩之势。从"一、二、三次产业"增长速度对比关系看，1961—1982年，低收入国家为1∶2.3∶1.9，中收入国家为1∶2∶1.7，发达国家为1∶2.4∶2.3；"六五"时期我国为1∶0.68∶1.05（11%∶7.5%∶10.5%）。这几年由于农业生产增长较快，"一、二、三次产业"结构的变化带有明显的暂时性。"第一产业"的比重不是降低而是提高；"第二产业"的比重不是提高而是降低；"第三产业"的比重虽有上升，但速度不快，比重太低，处于应大上而又上不去的境地。从"第三产业"的发展状况看，我国还远远落后于很多低收入国家，具有明显的不合理性。因此，要实现产业结构的合理化，走上平衡协调发展的道路，必须把大力发展"第三产业"作为产业发展和结构改造的一个关键。要认识到，加快发展"第三产业"是实现战略转变，提高效益，改善结构，实现小康水平和走向现代化的必由之路。要打破对发展"第三产业"的各种不适当的限制，在一个时期内保持"第三产业"既快于"第一产业"又快于"第二产业"的增长格局。还要注意"第三产业"内部结构的合理化，逐步建立发达的服务网络。

　　"六五"时期向平衡发展战略的转变并不顺利。我们把能源、交通、通信的建设作为发展重点，对原材料工业也给予了一定的注意，因而能源的生产和节约取得了出人意料的成绩，客货运输和邮电业都完成了计划指标，原材料工业也有一定增长。但是，随着追求翻番和互相攀比速度之风的兴起，不平衡发展战略在实际生活中又有所表现。由于直接生产部门特别是加工工业发展过快，大大超过了基础设施的承受能力，因而重点不重，投资被挤，旧账未还，又添新债。能源供应紧张的局面没有根本改变，交通运输、邮电通信和原材料供应更有进一步全面紧张之势。基础设施和直接生产部门的结构以及原材料工业和加工工业的结构中存在的不合理状况进一步加剧。"六五"的实践再一次证明，要转向平衡协调发展，实现结构合理化，在现代化建设的一定时期，必须保持基础设施的超前发展。我国的基础设施欠账过多，更需加快建设。"六五"时期基础设施和原材料工业更趋紧张的主要原因不在于它们本身发展缓慢，而在于直接生产部门，特别是加工工业增长过快，因此，为了完成向平衡发展的转变，必须注意控制工业特别是加工工业的过快发展。要把直接生产部门的增长速度限制在基础设施的承受能力之内，把加工工业的发展放在原材料工业增长的基础之上，并用基础设施的建设来带动直接生产部门的发展。

6. "六五"时期，我国农业劳动者向非农业领域的转移开始加快。1983年，全国农村非农业劳动者人数五千多万，占农村劳动力的15%左右。在"农转非"的过程中既发展了乡镇企业，又加强了集镇建设，从而走出了农业劳动者向非农业部门转移、"离土不离乡"的新路子。这是我国经济结构现代化改造的一个重要内容。

"农转非"是一个长过程。粗略估计，目前我国仍有一亿多农业劳动力过剩，等待转移；随着现代化事业的推进，我国"农转非"的任务更加艰巨。"六五"期间，"农转非"直接促进了农业劳动生产率的提高。从长远的发展来看，"农转非"的速度取决于农村经济的专业化、社会化、商品化和现代化的发展。在"农转非"过程中，要防止发展中国家常见的损害农业和农业萧条的"发展病"。因此，应正确把握转移的速度，以免造成转移进程的反复。

"六五"时期"农转非"过程中出现了一些盲目性，主要表现在有些地方的乡镇工业发展过快，而"第三产业"发展缓慢；一些乡镇工业的发展方向也有问题。1983年农村工业产值中，食品工业只占8.1%，饲料工业只占1.1%；不少农民在户口、粮食等控制松动之后，盲目流入大中城市，造成很多社会问题。"农转非"实际上有两种选择：一是单纯往工业中挤，走目前有些地方超高速发展农村工业的路子，或者往大中城市挤；一是在农业稳定增长的前提下，全面发展农村和集镇的"第二、第三产业"，走"一、二、三次产业"协调发展的路子。农村集镇和乡镇企业一定要大发展，但一般应着重于农副产品加工和农业生产的产前、产中、产后服务以及小资源的开发；在城市郊区和经济发达地区也可与大工业协作配套。此外，在乡镇企业的发展中，有些地方对技术进步和生态环境注意不够；一些落后工艺和淘汰产品重新在乡镇企业中使用和生产；资源破坏比较严重；很多地方的污染与乡镇工业成比例发展；不少乡镇企业经营管理混乱。有鉴于此，国家应对乡镇企业的发展加强管理和指导，使这些问题及早解决。

7. 产业结构的另一个问题是地区布局。"六五"时期纠正了过去偏重三线建设、忽视东部地区的倾向，在战略上转为一面发挥东部沿海地区的潜力，一面有步骤地开发中西部资源，向经济布局的合理化迈出新的一步。东部地区通过建立经济特区、开放城市和开放地带，把门户打开，使建设速度加快；中部地区开始能源大规模开发和"三线"企业的调整，出现了好势头；西部地区有的初步摆脱贫困面貌，有的初步解决温饱问题。这对提高宏观经济效益，为长远建设准备后劲，起了很好作用。"六五"时期，东部和中西部的经济比重大体上维持原状。

战略转变中存在的问题：一是在东部地区经济的增长仍然主要依靠发展传统产业和增加一般产品的数量，没有着力于开发、引进、采用新技术来改造传统产业和建立新兴产业，加快实现技术升级。这不仅在内地工业发展起来后，使东部的优势正在逐步削弱或消失，并且加剧了东部地区能源、原材料供应和交通运输的困难，激化了东、中、西部三个地区在原材料供应和市场销售上的矛盾。二是中西部地区在1982年后出现攀比速度之风，提出提前实现翻两番的战略目标和"逆梯度发展""后进地区跳跃发展"等战略口号，不顾具体条件，急于缩小与沿海地区的差距，把注意力转向争投资、上项目。这虽然使增长速度快了一点，但经济效益不仅没有提高，反而有所下降。

在我们这样一个疆域辽阔、经济发展不平衡、经济实力比较薄弱的国家，调整地区结构，实现地区均衡发展，需要长时期的努力，不是在一两个五年计划期间就能显著改观的。在财力、物力有限的情况下，当务之急是充实、提高和充分发挥有多方面经济技术优势的沿海地区以及大型能源和原材料工业基地的作用，而不是过早地在地区布局上进行新的战略展开，尽快实现"平衡配置"。齐头并进，全面开花，只会降低宏观经济效益，影响整个国民经济发展。区域的"梯度发展"有其客观规律，相当时期内的区域性倾斜是难免的。当然也不能对"梯度发展"作机械的理解。三个地区的发展条件各有优劣，加强东西对话，实行合理分工和资源互换，防止各自形成封闭的体系，有利于扬长补短，提高全国的和地区的经济效益。沿海地区要把某些耗能多的行业和传统产品向内地转移，有所不为才能有所大为，才能有更好的条件向高、精、尖进军。中西部地区应继续打好农业基础，发展交通和文教事业，利用军工优势，扶助地方中小企业、集体企业和乡镇企业，化"输血"为"造血"，增强自己的内在活力，同样能够提高经济效益，改善人民生活，并为今后的大规模开发创造必要条件。真正在财力、物力使用上把建设重点推向西部，很可能是20世纪末21世纪初的事情。

8. "六五"期间，一面开始纠正过去以抑制人民消费来维持高积累、高投资进而换取高速度的做法，一面注意保持适度的积累率，并在发现投资规模过大时就加以紧缩和控制。1981—1984年，积累率比"五五"时期有了较大幅度的下降，人民消费水平有所提高，都表明战略有所转变。

但是，这个战略转变是有限的，并未完全解决积累需求和投资规模过大的传统倾向。（1）"六五"时期仍然出现国民收入的超分配现象，虽然积累率保持在30%左右，不算太高，但是在国民收入使用过程中，积累需求过大，带来了挖用库存、扩大物资进口和通货膨胀、物价上涨、外汇短缺等问题。这种超分配不同于过去财政上的虚收实支，其特点是财政挤银行，企业用贷款，银行发钞票，导致货币供应过多，缺乏对应的物资保证。（2）"六五"时期的积累率逐年上升，主要是固定资产增长过多、规模过大。前三年投资平均每年增加156亿元，1984年和1985年增加的投资各相当于前三年增加投资的总和。其中全民所有制单位基本建设投资，1984年比上年增加149亿元，是历史上增加最多的；1985年上半年完成312亿元，比上年增长43.5%，也是历史上最快的。1982—1985年固定资产投资每年增长22%，超过了国民收入、工农业总产值和财政收入的增长率。投资增长具有不同于过去的特点是：财政拨款比重下降，预算外投资猛增，加上流通渠道增加、外贸权限下放，这就减弱了中央直接控制的效力。（3）"六五"期间发生两次投资失控，形成两起两落。由于采取紧急措施，投资规模终于得到或开始得到控制。但是，每次高涨时都有盲目投资和挥霍浪费，每次紧缩时又有大量损失。从建设项目的序列分布看，重点项目多，"钓鱼"项目多，即使当年投资没有超过国力的承受度，仍旧潜伏着投资累加性扩大的态势；一旦形势好转，又有可能一哄而上，使投资规模迅速膨胀、积累率重新上升，出现又一个大起大落，为"七五"投资控制和项目安排增添难度。这说明只控制年度的投资规模而不控制长期的投资总规模是不行的。

积累需求和投资规模过大，除了传统经济体制上的原因外，还由于传统的经济发展战略，习惯于采取以外延型为主的扩大再生产方式，没有坚决地及时地转到以内涵型为主的新路子上来。

在我国，外延型的扩大再生产还是需要的。通过新建扩建，增加能源和原材料的投入，尤其是充分利用丰富有余的劳动力资源，仍是发展经济的一条途径。但是，在经济建设已有一定基础后，如果主要仍是外延型的扩大再生产，各种资源的利用效率没有提高或提高不多，不仅会遇到越来越大的人力、财力、物力的限制，而且会降低投资效益，使整个经济处于技术落后和畸形状态，不能适应新技术革命的挑战。应当承认，由外延型为主转到内涵型为主是一项十分艰难和复杂的工作，不亚于一场革命，必须摒弃很多传统的观念、方法和组织方式，学会一整套新的思维、技术和管理。

9. "六五"时期，对现有企业的技术改造有一定的进展，固定资产投资中技术改造和设备更新部分的投资不断增加，前四年平均每年增长超过18%，约占全部投资的1/3。技术改造中注意了利用外资和引进技术。某些重点行业和重点企业如鞍钢、二汽和上海市纺织工业的技术改造效果显著。全部改造项目包括中小企业在内已有几千个。

问题是我们还没有完全扭转重基建轻技改的传统战略。计划规定的更新改造投资中有相当部分实际上用于添置设备、扩建厂房甚至修建宿舍，技术改造的贷款也有很大部分用于基建，甚至企业自有的大修理基金和生产发展基金也未真正用到更新改造上来。在市场供不应求的条件下，落后设备、落后工艺和落后产品不仅没有被淘汰，有的甚至还增加了。例如机床，平均每年增加近九万台，而三十多年更新过的累计还不到两万台，更新率低于设备本身的老化速度；1984年生产机床13万台，其中属于五六十年代水平的占86.3%，较先进的数控机床不到2%。最近两年一些已经淘汰的小炼铁炉、小火电机组、小电解槽等，又复活起来了。

技术改造进展不快的原因主要是，外延发展的战略思想尚未根本转变，体制上和政策上没有给企业进行技术改造的压力、动力和实力，有些方面不是鼓励而是限制技术改造的大规模进行。技术改造主要应当依靠企业，因此必须调动企业的积极性。由于竞争和市场机制没有充分发挥作用，现在企业对产品是否适销、品种是否对路、质量是否优良、价格是否低廉，很少有直接的利害关系。新产品价格固定，档次过小，优质不优价，既保护了落后，也打击了先进，使进行技术改造的企业好处不多，甚至吃亏。经济发展速度过快，短缺加重，也将导致扩大低级产品生产能力的投资活动，造成产业结构和技术结构的低级化。这些都与现代化建设目标背道而驰，是要设法纠正的。

10. "六五"时期，城乡各阶层人民的收入有不同程度的增加，人民的物质和文化生活有不同程度的改善。这与过去长时期内采取的重积累轻消费的传统经济发展战略相比，确是明显的转变。

在战略转变中，由于对消费问题的复杂性及其客观规律认识不足，也出现了若干矛盾：（1）消费基金曾失去控制，与积累基金相挤压，成为国民收入超分配的另一因素。有支付能力的消费需求的过快增长，似乎有刺激生产发展并促使经济结构合理化的积极作用，但是当这种增长超过了消费资料供给的增长时，就不仅会加剧经济生活和经济关系的紧张状况，而且会引起物价上涨，使人民应当得到的实惠不能完全兑现。（2）在人们收入增加，消费水平提高，消费结构变化的同时，行业结构、产品结构未能作相应的改变，这也进一步扩大了供需矛盾。（3）收入增加后，银行储蓄增长更快。1978年以前每年增加储蓄几十亿元，1984年、1985年各增加三五百亿元。这虽然可以成为积累资金的一个重要来源，问题在于疏导方面，例如可以考虑实行住宅商品化，以吸收闲散的和沉淀的资金；组织民间信贷和社会集资，发展直接融资手段。这些都可以减轻货币流通量过多对消费品供应的压力。

此外，对于人民生活水平也要防止估计过高。随着生产发展和收入增加，初步解决了多数人的温饱问题，开始转向小康水平，这是一项巨大成就。但是，当前农村仍有大约10％的农民没有解决温饱问题，城市居民也有一部分存在困难。尤其是物价上涨使一些人感到生活还缺乏保障。

在对待消费问题上，我们既要不断提高人民生活水平，不能冻结工资，以免助长平均主义；又要控制消费基金的增长，使之与劳动生产率的提高和消费资料的增长相协调。

11. 总结"六五"时期经济建设的经验，集中到一点，就是必须继续推进经济发展战略的转变。"六五"时期有转变，但没有完成这种转变，有种种主客观原因。例如有经济体制方面的原因。经济体制与发展战略是密切相关的，在经济体制没有完成改革前，发展战略也不可能完成其转变。又如有思想认识方面的原因。长期以来把发展速度作为考核经济工作成绩的主要标准，要把这套旧观念彻底改变过来要有个过程。再如有管理方面的原因。由于经营管理水平和科学文化水平不高，转到新的发展战略上来也要有一个提高的过程。还有经济结构方面的原因。长期形成的以重工业为主体的产业结构转到"一、二、三次产业"相互协调，也不是一朝一夕所能完成的。此外，政治、社会和国际等因素，也都不能忽视。

为了完成经济发展战略的转变，我们必须做到：

（1）结合总结"六五"的经验，组织干部重新深入学习邓小平同志和胡耀邦同志在党的十二大的开幕词和政治报告以及赵紫阳在五届人大四次会议上的《政府工作报告》，联系实际，提高对经济发展战略的认识，真正把各项工作逐步转到以提高经济效益为中心的轨道上来。同时改进经济宣传工作，彻底肃清"左"的影响。不要赞扬而要批评那种盲目追求产值增长的想法和做法，不要突出产值增长而要突出提高经济效益。在价格、工资、消费等问题的宣传上也要防止片面性，造成一种专心致志于提高经济效益的舆论和风气。

（2）研究和制定一套能够保证贯彻执行新的经济发展战略的经济政策、措施和法规。在组织各部门、地区编制"七五"计划时，一定要充分体现这个要求，并力争在"七五"时期付诸实现。

（3）坚定地把经济体制改革作为"七五"时期的首要任务，使经济体制模式的转换与经济发展战略的转变紧密结合，以促进新的发展战略的彻底实现。

二、经济体制改革

12. "六五"期间我国经济体制改革取得了显著进展。首先是农村家庭联产承包责任制获得了巨大成功，并进而推动了城市经济体制改革的逐步展开。在城市，围绕增强企业活力，对计划、财政、信贷、税收、物资、劳动工资等方面的管理体制都进行了一些相应的改革，成绩是主要的。

但是改革过程中也出现了许多矛盾，当前尤其值得重视的是微观放活与宏观控制的矛盾。迄今为止，微观放活不是过头了，而是不足，还要继续放活。可是在宏观控制方面，由于调节机制不健全，加上我们缺乏经验，出现的问题也比较明显。今后我们面临的重大任务是在继续放开搞活的同时，相应地实施有效的宏观控制。因此，总结"六五"期间经济体制改革的经验，主要应当总结微观放活与宏观控制的经验，并探索如何把两者有机地结合起来。

13. 我国在微观经济方面放开搞活，首先表现在所有制结构上突破了国家所有制和集体所有制两种公有制模式。在全民所有制经济继续发展壮大和发挥主导作用的条件下，集体经济、个体经济、中外合资企业以及外商独资企业都有不同程度的发展。同时，由于明确了全民所有制经济的所有权同经营权可以适当分开，由于冲破了公有制经济只有一种经营方式的传统观念，在实现公有制经济经营方式多样化方面也取得明显的成绩。

我国农村的经济体制改革已取得了举世瞩目的成就。实践证明，家庭联产承包责任制是适合我国农村生产力现状的社会主义合作经济新形式。它是在坚持土地等基本生产资料公有的条件下，以家庭作为基本的生产经营单位，从而在农村合作经济中充实了家庭经营方式的物质内容。随着家庭联产承包责任制的建立，还对延续二十多年的"政社合一"体制进行了改革。这样就使农村集体所有制不再具有变相的国家所有制性质，同时也避免了来自上面的"瞎指挥"。但是，从目前情况看，在农村政权组织和经济组织的分离，特别是变官办乡镇企业为民办乡镇企业方面，还有许多工作要做。

虽然农村家庭联产承包责任制取得了很大成果，但是如何保持农业发展的后劲，是一个值得研究的问题，应该早做准备。根据东欧有的经济学家的介绍，小块土地经营体制大体只能在五至八年内保持年平均增长5％的势头，此后将逐渐同发展商品经济的要求产生矛盾。目前我国有些地区农村中已经出现的农不如工、工不如商、土地撂荒等现象，除了价格扭曲等原因之外，也是小块土地经营体制下农业规模狭小、效率低下的一种反映。从长远来看，我国农村合作经济还是要发展和提高的。今后要在商品经济发展的基础上，使土地承包逐渐集中于善于耕作的农民家庭，通过发展多方面多环节的合作，把现阶段的家庭经营方式与正在萌芽的联合经营方式结合起来。目前广大承包户和专业户在种植、养殖和加工等基本生产环节上采取家庭经营方式，而在灌溉、发电、植保、某些农田基本建设、供、销、储运、信息交流等环节上则实行联合经营。这样，既能发挥联合经营的优越性，又能发挥个体经营的积极性，有利于冲破小块土地经营的束缚，为现代化农业技术的运用扫除障碍，使农业的发展有持续的后劲。

由于这几年对集体经济、个体经济、中外合资合作企业以及外商独资企业，实行了扶植发展的优惠政策，而对全民所有制经济放活的步伐相对较慢，从而出现了不平等竞争、落后技术挤先进技术、小企业挤大企业等不正常现象，在收入分配中则出现了全民低于集体、集体低于外资和个体的现象。这种情况并不是实行多种所有制形式和多种经营方式必然会带来的，而是改革措施不配套造成的。国营企业竞争不过其他经济成分的企业，出路在于增强国营企业活力。不合理的价格提供了利用价格落差获取大量流通利润的机会，解决的办法在于理顺价格。各种经济成分之间的不平等竞争，则需要通盘考虑调整税收、信贷和其他各项经济政策来解决。

近几年来城乡个体经济中出现的雇工经营，有的已经逾越了七个人的规定界限，逐渐分泌出资本主义性质的私营企业。如果这不影响公有制的主导地位而又有利于发展生产力，我们似可允许其存在，同时开征累进税，加强管理，以限制其消极因素，并探寻把私营经济引导到合作经济或者国家参股经营的途径。鉴于公有制经济特别是国有经济目前在整个经济中占压倒地位，我们可以不必忙于定出不同所有制成分之间的合理比例，而让平等的市场竞争来从容决定各种所有制成分的数量界限。这样做，对目前数量上占绝对优势的国有经济不但不是一个威胁，而且还是促使其加速改革和提高效率的强大动力和压力，从而可以一直保持它在整个经济中的优势地位。

14. "六五"期间，城市经济体制改革始终抓住了增强企业活力主要是国营企业活力这一中心环节，逐步扩大了企业自主安排生产的范围，扩大了企业自主销售产品的比重，开始留下一部分利润归企业自主支配，在资金使用、劳动人事和机构设置等方面，企业也有了一定的自主权。这样，就使过去立足于把整个国有经济当作一个大工厂的旧体制模式，开始向以企业为经济实体的新体制模式转变。

国营企业管理体制改革的进展是不平衡的。小企业通过承包、租赁乃至出售转让，使企业具有了自主经营、自我发展的能力，活力确实增强了。可是，扩大企业自主权的一些规定在大中企业则还没有很好落实，出现了大中企业活力不够和在竞争中处于不利地位的问题。"六五"期间推行的利改税特别是对大中型企业按照盈利多寡逐个确定调节税率的做法，虽然保证了国家得大头，但也存在着"鞭打快牛"的弊病。这些企业承担的财政上缴任务重，可是技术改造资金一般都少。只有少数大中企业进行了承包经营的试点，把国家和承包者的关系用承包合同固定下来。如首都钢铁公司、第二汽车厂等实行利润递增包干办法，在企业利润增长较快的条件下，企业自留部分多了一些，企业可以有较多财力用于本身技术改造。但这种办法对于利润增长不快或者有所下降的行业如纺织行业等则不易推行。因而对于不同的做法要进行认真的研究，比较利弊得失。在政策措施上要改变对大中企业只使用不改造，技术日益老化的状况，使其在国内外市场上具有竞争能力。

现在，大中企业自负盈亏的问题并没有解决。企业有了盈利有权留一部分支配使用，而发生亏损则仍需国家包下来；企业的发展仍然靠国家投资或者提供优惠条件，企业对投资风险则不承担责任。在这种情况下，有的同志对全民所有制企业能不能自负盈亏一直存有疑问。这需要从理论上加以澄清，并解决经营权和所有权分开之后经营者的责任及其与所有者的关系等问题。

这几年集资合股联营等股份经济雏形的出现，有可能成为国营企业改革的一种新的形式。在我国实行股份制经济，除了可以筹集社会资金、促使持股职工关心企业经营外，还可以改变过去那种谁都是全民企业所有者，谁都对企业资产不负责的状态，在企业的所有者、生产经营者和劳动者之间建立一种互相制约的关系，促使企业经营行为的合理化。股份制可以容纳不同的所有关系。国营企业股份化如果是以个人股份为主体，则会导致公有制主导地位的丧失，这不符合改革方向；如果以企业持股为主，则会导致全民资产的集团化，可能妨碍劳动力与资金的合理流动。看来应以国家股份为主体。至于由何种机构——专业部门、综合部门或金融组织——来代表国家持股，则应本着一方面防止它们对企业日常经营活动的行政干预，另一方面又能切实保证国家资产所有者的利益的原则来解决。

15. "六五"期间，我国社会主义市场变化很大。集体、个体商业迅速发展。长期以来形成的独家经营、多环节、封闭式的市场流通体系，正在向多种经济形式、多条流通渠道、多种经营方式、少环节、开放式的市场流通体系转变。在生产资料流通方面，由于突破了生产资料不是商品的旧观念，国家也减少了统一分配的生产资料品种，在由国家统一分配的重要生产资料中又划分出一定比例允许企业自销，这样就开始出现了一个在国家计划指导下的生产资料购销市场。

但是，目前我国社会主义市场还很不完备。地区封锁、条块分割的状况仍然比较严重。许多重要生产资料仍然继续由国家统一调拨，没有进入市场。企业还未真正感受到市场竞争的压力，缺乏强烈的市场观念。由于市场机制不能很好发挥作用，国家也难以充分利用经济杠杆，对宏观经济进行有效的间接控制。

过去对投资实行由上而下、纵向分配的财政无偿供给制，很少有横向的资金融通。近年来，社会闲散资金逐步增多，合资经营、民间借贷、商业信用等多种直接融资方式相继产生，国库券、票据、股票、债券、抵押契约等多样化金融工具相继出现，加上集体、个体金融机构的建立，对调剂各部门、各单位的资金余缺，促进社会资金使用效果的提高，起了积极作用。这表明我国资金市场有了一定的发展。

发展资金市场，必须充分发挥国家银行的主导作用。建立两级银行体制后，中央银行要逐步理顺与专业银行的关系。现在中央银行尚未成为真正的中央银行，专业银行也未成为真正的商业银行。专业银行基层组织吃专业银行"大锅饭"，专业银行吃中央银行"大锅饭"的情况，还未根本改变。专业银行特别是基层专业银行企业化的问题，有待进一步探索解决。

鉴于推行股份制还有一系列问题没有解决，开放资金市场可以先从开放债券市场做起。要改进现在带有派购性质的国库券发行办法，参照发行金融债券的办法，在还本期限、利率以及市场流通等方面加以改进，使之成为私人和企业短期投资的一种方式。还可考虑发行较长期的政府公债和大中型企业债券，以较好地发挥债券在筹集资金、调节宏观经济活动中的作用。

"六五"期间，已出现了技术市场、劳动力合理流动的雏形。但技术产品价格的决定、劳动力合理流动等方面仍有一些理论和实践问题需要研究解决。

16. "六五"期间，我国经济出现两次总需求过度膨胀的局面。第一次是1981年。那时对宏观经济的控制，主要采取传统的行政办法，压缩基建指标。当时由于预算外资金不多，在削减各项预算支出特别是猛砍了预算内基建投资后，投资需求从而社会总需求立见收缩。当时还采取了向地方财政借款和向企业派购国库券的措施，这些仍属于直接控制。第二次是1984—1985年。这时由于预算内投资占投资总数已不到1/4，大量预算外资金不能用直接的财政手段进行控制，除了努力消除财政赤字，实现财政收支平衡外，需要更多地通过银行信贷手段来对总需求施加影响。但是由于企业自负盈亏的机制尚未真正建立，利率等经济杠杆的调节作用也很有限，因而运用信贷手段还不得不主要通过信贷额度控制。这两次强化宏观控制的过程表明，从总的发展趋势看，我国的宏观经济管理已经开始从直接控制资源分配的机制，转向以需求管理为核心的、以财政信贷手段为主体的控制机制，但在财政信贷手段的运用中，目前仍须以指标和额度控制为主，亟须创造条件，逐步向运用间接的经济手段过渡。

一些经济发达国家往往把财政政策和货币（信贷）政策作为宏观经济控制的两个主要法宝，有时采取松财政、紧货币或紧财政、松货币的政策（一松一紧），有时则采取紧财政、紧货币或松财政、松货币（双紧或双松）的政策。在新形势下，我们也应该高度重视财政、货币（信贷）政策及其调节机制的作用，实现财政、信贷、外汇、物资的综合平衡，特别要改变长期以来财政向银行无条件透支，以及笼统地把信贷差额作为货币发行依据的做法，克服由此造成的财政超分配和信用膨胀的弊端。我们既要防止由于宏观经济失控导致微观经济的盲目性，又要防止微观需求膨胀给宏观控制造成困难，要双管齐下地保持总需求与总供给的大体平衡。当前，为了克服经济过"热"、社会总需求膨胀的问题，以采取紧财政和紧货币的双紧齐下政策为宜。当然应该"紧"得适度，以免造成人为的衰退。有人认为，从长期来看，我国应实行紧财政与松货币相结合的政策，以控制公私消费，刺激投资和经济增长。这种主张是否可行，值得怀疑。与总需求经常不足的西方发达国家和处于停滞状态的发展中国家不同，我国社会主义经济经常处于亢奋状态，无须通货膨胀的刺激；松货币的政策，往往带来需求膨胀的恶果，这是需要经常注意的。

如何把微观经济放活与宏观经济控制恰当地结合起来，是"六五"期间尚未妥善解决的问题。每当企业放活一分，市场机制扩大一分，国家的直接控制也就减少一分。这时候先放活再控制容易乱，先建立间接控制体系再放活也不切实际。较妥善的做法，是在放活的同时建立起相应的间接控制手段；如果还没有条件建立有效的宏观控制手段，则不宜采取新的放权放活措施。1985年的经验证明，在企业行为对间接控制手段的灵敏反应能力还没有形成以前，运用间接的宏观控制手段也是难以生效的。因此，今后宏观经济管理的改革必须与微观经济机制的改革互相配合，同步进行。在宏观经济管理由直接控制为主向间接控制为主的转换过程中，在原有体制的运行机制仍在起作用的情况下，仍须继续运用行政手段来维持经济活动的有秩序运行，尽力防止自发势力对经济活动的冲击。

17. "六五"期间的收入分配政策突破了过去长期存在的严重的平均主义，较多地体现了按劳分配原则。农村实行的新的分配制度，拉开了收入差距，一部分人开始富裕起来，由此激发了广大农民的生产积极性。在城市，企业与企业、行业与行业、部门与部门以及不同所有制之间劳动者的收入差距，也有不同程度的扩大，平均主义有所克服。少部分人收入增长较快，促进了经济效率的提高。城乡之间开始改变了二十多年来的职工与农民家庭人均收入差距扩大的趋势，使差距有所缩小。这有利于城乡关系和工农关系的协调发展。

但是，在经济体制改革的过程中也出现了工资、奖金失控和消费基金膨胀的问题。从过去几年的情况来看，制定和实施个人收入分配政策，是进行宏观经济管理不可缺少的重要一环。一些国家的宏观经济管理经验表明，最有效的财政货币政策也只能对付需求牵动型通货膨胀，而战胜工资（成本）推动型通货膨胀的武器则是收入分配政策。如果个人平均收入增长速度长期超过劳动生产率增长速度，那么，势必出现成本推动型的物价上升。"六五"的前期我们放松了控制工资总额，已被证明是不行的；1985年开始银行恢复对工资性支出的额度控制，已见成效。

1985年工资制度改革突出地反映出调整工资结构与维持工资水平相对稳定之间的矛盾。为了改革不合理的工资结构，需要较多地提高一部分人的工资水平，但这又会引起其他人攀比而提出增加收入的要求，从而使整个工资水平的提高超出预计的幅度。而国家限于财力，又不可能大幅度提高工资总水平。认真总结这次工资制度改革的经验，对处理好调整不合理的工资结构与维持工资总水平相对稳定的关系，是十分必要的。

近年来在我国部分企业试行的工资总额与税利挂钩的办法，存在不少问题。企业税利的增长，不仅取决于自身的主观努力，而且同国家投资多少、技术装备和资源条件等外部因素有直接关系；在价格扭曲的情况下，还会带来不同企业利润水平的悬殊。实行这种办法，会使部分企业工资增长过多，并引起其他企业的不满。它们相互攀比，有可能把工资成本的提高转移到产品价格上去，从而可能推动工资和物价的轮番上涨。这种情况急需加以研究并采取有效的对策。

对工资奖金的增长封不封顶，是"六五"期间争论的一个问题，封顶会限制职工积极性的充分发挥，不封顶又会导致消费基金增长失控情况的发生。从"六五"期间取得的经验看，开征累进工资税、奖金税是一种比较切实可行的办法，但税率的制定既不能挫伤劳动者的积极性，又要能有效控制个人收入的增长幅度。

在居民收入与零售物价的关系上，"六五"期间多数年份都是收入增长速度高于物价上升幅度，因而居民不但名义收入增加，实际收入也有所增加。1984年下半年由于投资过大，消费、外汇失控，货币发行过多，1985年零售物价上升速度可能达到9％。这就冲销了工资制度改革的相当一部分成果。这说明工资改革要达到预期的效果，必须与保持物价水平相对稳定的措施相配合，或者在物价水平上升时给予适当补偿。

"六五"时期出现了部分个体劳动者收入高于集体所有制职工，部分集体所有制职工收入高于全民所有制职工；在全民所有制内部，部分小型企业职工收入高于大中型企业职工，先行改革企业职工收入高于较晚改革企业职工；企业职工收入高于机关、事业单位职工等现象。这些问题集中到一点，就是社会收入分配差距没有真正反映出劳动贡献多少和经济效率高低上的差距，高收入者的贡献并不一定大，低收入者的贡献也不一定小。这显然不符合按劳分配原则，也妨碍经济效率的提高。为了改善收入分配与经济效率的关系，需要在经济政策上通盘考虑，通过税收如奖金税和个人所得税等进行调节，并允许劳动力的合理流动。

18. "六五"期间对价格体系实行一些改革，放开和调整了部分产品的价格。但是，价格不合理的问题还远未解决，能源、原材料价格偏低和加工工业产品价格偏高等问题仍严重存在。由于价格扭曲，价格反映的经济信息失真，价格诱导的方向和计划要求的发展方向往往背离，"长线压不短、短线拉不长"，有时还形成逆方向调节。因此，理顺价格关系仍然是经济体制改革中的最突出问题之一。

价格改革的难度，主要在于如何处理好理顺价格与稳定价格的关系。近几年来，每当采取一些调整价格的措施，总是或多或少地引起物价的上升，遭到了各方面的责难，于是又不得不停止调价，强化物价检查监督；但不合理的价格又不可能长期不动，需要加以调整，调整又遭到责难。照理说，进行结构性价格改革，可以把偏低的价格提高、把偏高的价格降低，使物价总水平保持稳定。但由于偏低的农矿产品价格属于基础价格，调整这些产品价格会引起一系列产品价格上升；而偏高的多数是最终产品价格，所以调整价格往往是提价容易降价难。进行结构性价格改革的结果，会引起价格总水平的上升。加上前几年货币增加过多和需求膨胀，更加剧了价格的扭曲状况，增加了价格调整的难度。看来，在价格改革过程中要求物价上涨率为零是不现实的，过于强调价格的稳定将使价格改革难以进行。但是，从这几年的实践看，物价上升指数过高，也会带来社会的不安定和其他许多问题，也不利于改革。因此，必须严格控制社会总需求量和货币供应量，保证社会的总需求和总供给基本平衡，保证货币流量的增长同经济的增长相适应。同时，为了把物价上涨控制在一定幅度，价格结构的调整也需要分步走，以免引起过大的震动。

"六五"期间对价格管理体制所作的改革，主要是改变了单一由国家定价的形式，实行国家统一定价、浮动价格和自由价格等多种价格形式，价格管理的僵化状况已有所改变。在价格改革过程中，国家有计划地调整产品的价格，能够比较有效地控制物价总水平，但可能含有主观性，不能充分反映社会劳动消耗和供求关系变化；而放开产品价格虽有利于产品比价的合理化，能够灵活反映社会劳动消耗和供求关系的变化，但又往往带来价格的大幅度上升，不容易控制物价总水平。

"六五"期间在价格的调与放的关系上，生产资料的价格调多于放，而消费品的价格则放多于调。这种做法失去了理顺生产资料价格的一些时机，而又使消费品价格上涨过多，因此今后不宜采用这种做法。根据我国实际情况，生产资料产品的价格似可实行放调结合、以放为主的方针。在宏观经济比例逐步协调，社会总需求得到控制的条件下，除少数关系国民经济全局的最重要的原材料和燃料的价格主要由国家有计划地调整外，其余产品价格都可逐步放开，以便尽快地把这部分产品价格理顺。这样调准了价格信号，可以引导产业结构和产品结构朝着合理化方向发展，同时又不至于马上引起消费品物价的过大波动，连锁反应较小。对于消费品则似可实行调放结合、以调为主的方针。因为消费品价格是市场价格的主要部分，同人民切身利益息息相关，必须采取十分慎重的态度。一部分非基本生活消费品如小商品，以及较长时期内供求能够平衡的基本生活消费品的价格，是可以放开的，但是某些基本生活消费品价格则只能采取逐步调整的办法使其合理化。如果在短期内把价格统统放开，风险太大；在物资供不应求的条件下，容易使市场物价失去控制。实行以调为主的方针，可以使物价的波动不那么直接受市场供求变动的影响，比较容易稳定人民基本生活消费品的价格水平，防止工资物价轮番上涨。

19．"六五"时期在经济组织体系的改革上也作了一些探索。主要是政府主管部门从行政性的部门管理开始转向行业管理；地区管理开始转向以大中城市为中心的经济区管理；打破条块分割的旧体制，初步形成了纵横交错的经济组织网络；开始发挥了中间层次对于宏观经济的调节作用。几年来，在机械工业、商业、外经三个部试行行业管理，试办了一批行业协会，有六十多个大中城市进行综合改革，都摸索到一些经验。实践表明，这个试验的大方向是对的。

但是，由于新旧体制并存，政企职责没有分开，因而试点未能深入。三个试行行业管理的部搞了一些行业规划，机构却没有精简，权限下放也很少，仍旧用老办法管理企业。行业协会受到各方面的限制，还没有成为同行业实行民主自治的经济团体。城市的综合试点，在沟通横向联系上取得一定成效，而在其他改革上却没有跟上，宏观管理还是以行政手段为主。尤其是实行指令性的计划单列，在一定程度上形成新的"块块"，甚至增加了与地区管理的矛盾。

上述情况表明，要把组织体系的改革推向前进，在以行业管理逐步替代行政性的部门管理的过程中，必须搞好各分支系统的合理组合与同步改革。国家对企业的纵向管理系统是个有机的整体，它由若干个各具特性的子系统组成，它们之间互为依存，相互制约。对各分支系统进行合理组合和同步改革，会大大增强整个系统的作用；但是如果各行其是，就会互相牵制，给全系统作用的发挥带来不利的影响。为了防止形成新的"块块"，要随着完整的统一的商品市场的形成和计划、物资等管理体制的改革，在条件成熟时取消城市企业的主管部门，逐步实现真正的行业管理。

20. "六五"期间进行的许多单项改革，孤立看都是必要的，并具有这样那样的优点。但是，有些单项改革存在着互不衔接、互不配套的情况。

这几年进行的奖金、工资、价格、利改税、信贷管理等改革，都属于单项改革。由于过分注重某些经济杠杆的单项运用和单向调节功能，不仅使这些杠杆本身的作用因"孤军作战"而得不到充分发挥，还往往因其单向调节而产生某种消极后果。同时，综合运用经济杠杆进行宏观调控的目标不具体、不明确，也难以使经济杠杆体系形成有效的"合力运动"，甚至发生相互抵消的作用。比如拨款改贷款的目的是强化投资责任制，而税前还贷的制度又抵消了拨改贷的这种作用。在改革中，本来应以经济手段为主，使经济、法律、行政手段结合起来进行调节。可是现在不仅经济手段是单项的局部的改革，经济立法也没有跟上。这会给一些不法分子造成许多可钻的"空子"。

以上情况表明，需要尽快制定经济体制改革的总体规划，包括明确改革的目标模式和实现目标的步骤。

在《中共中央关于经济体制改革的决定》中确认了社会主义经济是有计划商品经济的理论后，从总体来说，改革的方向是进一步明确了。对于《决定》中的提法应予以高度的估价。但对有计划的商品经济的理解可以有相当大的弹性，有的强调"商品经济"的一面，有的强调"有计划"的一面，从而对经济体制改革的目标模式仍有不同的设想。因此，这一理论仍有深化的必要，经济体制改革的目标模式仍有深入探索的必要。

在我国，人们对匈牙利的经济体制改革表现出相当大的兴趣，有的同志甚至认为匈牙利的现行体制对我国选择目标模式有直接的借鉴价值。而匈牙利经济学家则认为他们的经济体制仍然基本上属于间接的行政协调体制。国有企业的典型行为是一只眼睛盯住上级，一只眼睛盯着市场，形成了对上级权力机构和市场力量的双重依赖，而且前一种依赖往往还是主要的。在这种体制下，即使取消日常生产经营活动的指令性计划，仍然不足以完全改变企业在传统体制下的习惯行为。显然，我们不能满足于以匈牙利的现存体制作为经济体制改革的目标。

确定我国经济体制改革的目标模式，既不能轻率地照抄国外经济学家提出的各种理论模式，也不能照搬其他国家改革实践中形成的经济体制。原则上说，我国经济改革的目标模式，应当是从中国实际出发的，有计划指导和宏观控制的，更多地通过市场机制进行协调的经济体制。这种目标模式应能保证不断地再生产出来公有制占主体和实现共同富裕目标的社会主义生产关系。

目标模式确定之后，如何实现从传统体制向新的体制的模式转换，就成了关键。我国原有经济体制在集中化、实物化、封闭化和平均主义化的程度方面，都远远超过其他实行传统的集中计划经济模式的社会主义国家。这一方面表明，中国的经济体制改革更加必要和紧迫；另一方面也表明，中国改革要走的路子将更长些，遇到的阻力也会更多些。

由于我国地广人众，经济文化相对落后，发展极不平衡，加之改革的理论准备和干部准备都很不够，因此不可能采取除旧布新、毕其功于一役的"一揽子"方式，只能采取"渐进"方式。但是"渐进"不应当采取各行其是的单项局部改革，而要在改革的总体规划的驾驭之下，走"渐进式"加"小配套"的道路，即整个改革的进程是渐进的、分阶段的，而每个阶段的改革则要在相互联系的方面配套进行。"渐进式"时序长短的选择和每一次

"小配套"的内容，都要从实际出发，灵活掌握。

"六五"期间的实践表明，体制改革要以理论的突破为先导。而理论认识上的反复，也会影响改革进程的反复。因此在有关改革的理论问题上，应该展开充分的讨论。对不同见解既不要随便扣"保守"的帽子，也不要随便扣"自由化"的帽子。只有通过敞开思想的、实事求是的讨论，才能在集思广益的基础上，比较正确地解决改革理论和实践中的一系列难题，把改革推向前进。

21. 经济体制改革与经济建设既有互相促进的方面，也有矛盾的方面。例如1979年和1980年共出现近300亿元的赤字，货币发行过多，物价上升加快，经济建设潜伏着危险，这里面固然有1978年"洋冒进"的后遗症，特别是基本建设投资过多的原因，也同1979年农副产品收购价格提高的幅度过大、财权下放过快过多有一定的联系。"六五"期间既有改革步子过大使改革与生产建设不相适应的情况，又有生产建设"过热"使改革所需的良好环境逆转，使改革不得不放慢的情况。例如1984年下半年开始经济增长速度过高，投资规模过大，信贷、外汇和消费基金失控，就使一些原定的改革（如价格改革）方案不得不推迟出台，并用一定的时间和力量去治理经济环境，以便为进一步改革创造条件。

"六五"前几年，鉴于当时的经济条件，必须把调整放在首位，把改革放在次要地位。随着"六五"计划的胜利完成，经济体制全面改革的社会经济条件业已成熟，改革正上升为主要任务。因此，"七五"期间必须把改革放在首位。在改革与建设发生矛盾的时候，生产建设的安排要服从于改革，有利于改革，为改革创造条件。当然，改革也不能孤军突出，而要适应经济环境并促使良好的经济环境进一步发展。

三、思想文化建设和社会问题

22. "六五"期间党中央提出，建设一个现代化的社会主义强国，不但要有高度的物质文明，而且要有高度的社会主义精神文明。为了建设高度的精神文明，还提出了"五讲、四美、三热爱"和"有理想、有文化、有道德、有纪律"等口号，在全体人民中广泛进行了社会主义公德、爱国主义和共产主义的教育。在思想文化领域中，初步出现了一个人们思想活跃、学习空气浓厚、文化出版事业蓬勃发展的局面。

当前，我国政治、经济等各个方面正在发生深刻的变化，这对精神文明建设和政治思想工作提出了更高的要求。建设社会主义精神文明要以共产主义思想为核心，而在开展共产主义理想教育时，又要同当前社会主义阶段的政策和实践相衔接。我们既要用共产主义思想来提高人们的思想境界，反对"一切向钱看"，又要从当前现实出发，坚持按劳分配，贯彻物质利益原则。这两者之间如果衔接得不好，往往会出现不同时期因强调角度不同而来回摆动的情况。目前各行各业职工在生活和劳动、工作条件上仍有这样那样的困难，宣传共产主义远大理想要同关心他们的疾苦和尽力解决他们的实际困难很好地结合起来，才能收到扎实的效果。这就要求我们改进党的政治思想工作。前一时期振兴中华的爱国主义教育，激发了广大人民群众为建设祖国献身的精神，收到了很好的效果；但在宣传上没有注意把爱国主义同狭隘的民族主义区分开来，这对于思想不成熟、眼界不开阔的青年学生，容易产生某种副作用。爱国主义教育要着重于面向现在和未来，坚信中华民族有自立于世界民族之林的能力，既要看到我国悠久历史形成的中华民族的优秀文化传统，又要看到我们同世界其他民族相比的不足之处，从而树立迎头赶上世界发达国家的使命感和民族自豪感。

为了建设社会主义精神文明，还要十分重视社会主义的文化建设。既要吸收外来文化的精华，又要发扬中国传统文化中有益于社会主义的东西，走自己的路，形成有中国特色的社会主义新文化。这是一个十分艰巨的任务。近几年来我们在国际文化学术交流方面取得很多成果，必须继续鼓励和发展这种交流。但是在对外开放中，要把学习、引进西方发达国家的先进技术和管理经验同国外资产阶级的一些腐朽、没落的东西区别开来。

创造性地发展马克思主义是进行精神文明建设的柱石。近几年有人提出"马克思主义还灵不灵"的疑问，这既同"十年动乱"中歪曲和肆意践踏马克思主义有关，也同把马克思主义当作封闭式体系的教条主义态度有关。在新的历史条件下创造性地发展马克思主义，是时代赋予我们的历史任务。一切马克思主义者都要吸取20世纪以来人类文化发展的积极成果，面向我国当前经济体制改革这个政治经济生活中最重要事件，对于这个庞大的社会系统工程进行多学科的综合性研究，敢于突破过时的传统观念，重新认识当代世界，敢于回答实践所提出的新问题，才能使马克思主义焕发出青春的活力。

近年来，我们在建设社会主义精神文明的过程中，强调注意防止资产阶级腐朽思想的传播，克服违反四项基本原则的言行，克服资产阶级自由化倾向，这是完全正确的。这方面的工作做得还很不够，需要加强。但是也要把搞资产阶级自由化同发扬学术自由、坚持创作自由严格区别开来。过去在处理思想领域中和学术领域中的问题时，常常习惯于发动一场大规模的运动，结果问题未能解决，反而伤了很多人，后遗症很大。党的十一届三中全会后，中央决定不再搞这种群众性的批判运动。但在贯彻"双百"方针中还发生过不适当的行政干预的情况。这说明贯彻执行"双百"方针不仅需要作为政策问题严肃对待，而且需要注入一种在真理面前人人平等的精神，养成认真地自由讨论的习惯，避免匆忙做出结论。要通过不同学派、不同观点之间的争论，发展马克思主义，鼓励科学的批评和反批评，提倡自我批评，互相帮助。

"破字当头，立在其中"的说法违背科学发展的规律。新中国成立三十几年搞了那么多的批判运动，可是批来批去学术建树甚少，教训极为深刻。在思想文化领域中只要不是触犯宪法和法律，应当允许有不同的认识；应当根据四项基本原则，划清是非界限。

23. 在深入进行经济体制改革过程中进行精神文明建设，要防止商品经济的等价交换原则支配精神生产和渗入政治生活领域。近年来确实出现一些这类问题，例如出现一些庸俗、格调低下的文艺作品；优秀的学术著作，甚至学校的教科书的出版被毫无价值、社会效果极坏的出版物所排挤；党政机关、军队有些人以"创收"名义经营商业，有的甚至执法犯法、利用职权从事各种非法经济活动，使党风和社会风气败坏，人心涣散，严重损害社会主义精神文明建设和经济建设。这还可能造成一种假象，似乎发展商品经济，进行经济体制改革，是导致上述情况的渊薮。因此有必要明确两个问题：一是在社会主义条件下，精神生产不能完全由商品价值规律来调节。虽然某些精神生产的产品可以成为商品（如电影、报刊），生产时也要适当考虑到市场需要（所谓票房价值、报刊销路），但是必须把社会效益放在首位，而不应当把利润放在首位。否则，就会导致迎合低级趣味，粗制滥造，给科学教育和文化事业的发展带来难以估计的消极后果。那种要求所有精神生产的单位都要自给自足、自负盈亏，对基础研究和应用研究不加区别地统统要求"创收"的设想和措施，都是不妥当的。二是在物质生产领域和精神生产领域及党、政、军部门，要采取不同的物质鼓励形式。对于工厂企业，实行个人或集体报酬同企业经营成果挂钩的办法是可行的；而对于党、政、军部门和科学、教育、文化与出版事业等单位来说，就不能照搬这种办法。例如，让警察、边防和海关检查人员从查获的赃物中提取奖金，允许出版社编辑向作者索取报酬，允许学校在接纳转学或借读的学生时索取高价，这只能败坏这些单位的名声，产生很坏的社会效果。

24. 在我国进行精神文明建设，一个非常艰难的任务，是如何摆脱封建主义的思想桎梏。我国是一个有几千年封建主义传统的国家，"五四"以来反封建的启蒙运动进行得并不彻底，因而必须对封建主义思想流毒的严重性有足够的认识。新中国成立以来，我们在思想战线上主要是反对资产阶级思想，而没有着重反对封建思想，结果资产阶级的东西并没有反掉，封建的东西倒保存下来不少。在现实生活中封建主义的东西到处可见。把商品经济当作资本主义来反对，很大程度上也根源于人们头脑中的封建意识。

在我国继续前进的道路上，不论是实现政治民主，还是制止不正之风，完善法制，克服有法不依（诸如"宪法大还是县委大"的种种奇谈怪论）；不论是冲破各地区、各部门那种盘根错节的"关系网"，还是克服经济生活中种种割据、封锁和超经济关系，打破在人才使用中的单位所有制，都在一定程度上和肃清残留在人们头脑中的封建意识有直接的关系。因此，我们在实行开放、改革过程中，除了要抵制资产阶级腐朽思想以外，也要注意批判封建主义。这样才能完成建设具有中国特色的社会主义的伟大事业。

25. 提高国民的文化素质不仅是现代化的重要目标，而且是实现现代化的必要前提。"六五"期间，我国的教育事业获得了相当大的发展。但由于过去基础差，我国文化水平仍然很低，智力开发和人才培养还很不适应经济建设发展的需要。目前，我国

35％的人口具有小学程度，24％的人口具有中学程度，0.6％的人口具有大学程度，23.5％的人口是文盲和半文盲，而发达国家的文盲和半文盲平均占2％。我国每万人中有大学生13人，而美国为509人，日本为212人，苏联为195人，印度为52人。目前在世界上140多个国家的财政支出中，教育经费所占比例我国名列倒数第12位。要使全社会充分认识到，智力投资，从长远看可以导致巨大的社会经济效益。高质量的劳动力是通过长期教育培养起来的。我们现在普遍存在的产品质量差、经济效益低、服务态度差，其重要原因之一就是职工的文化教育水平过低，缺乏职业素养。因此，增加智力投资，对于实现我国现代化的宏伟目标有重要的意义。

提高国民文化素质，必须发展各项教育事业，特别是要抓好初等和中等教育。国际经验证明，初等教育的投资收益高于中等教育，中等教育的投资收益又高于高等教育。通过良好的初等和中等教育不仅可以在国民中普及基本科学文化知识和基本技能，而且能够在国民中造成一种勤奋好学的精神和进取、独创精神，严格纪律性，增强社会责任感和使命感。这是国家繁荣昌盛之本。现在我国尚有6％~7％的农村儿童不能入学，农村落实生产责任制后，不少地区的家长只顾眼前收入，迫使儿童辍学。在城镇，由于脑力劳动者同体力劳动者的报酬倒挂，知识分子工资偏低，在一些青少年中产生了新的"读书无用论"。因而中小学流失生增多，1981—1984年北京达26万人。这说明推行小学和初中的义务教育应尽快实现。还有，我国知识结构中存在的由"十年浩劫"造成的断裂带，在各行各业中普遍存在青黄不接的现象，其后果已日益明显。因此加强成人教育、业余教育也是当务之急。但这方面的工作要讲求实效，防止走补发一张文凭的过场。

26. "六五"期间，为进一步落实知识分子政策，调动知识分子的积极性，中央除了设立专门机构以外，还组织了三次知识分子工作的大检查。知识分子社会地位有所提高，许多冤、假、错案得到平反，"入党难"的问题初步解决。人尽其才、才尽其用的问题开始受到重视。党中央依据文艺创作的特点，提出了文艺"创作自由""评论自由"。知识分子的生活物质待遇也有所改善。部、省级领导干部中有三分之二以上具有大、中专文化程度。有的地区为了吸收人才，还采取了工资、住房优惠待遇的措施。知识分子心情舒畅，精神振奋。但也要看到，我国长期存在的压制、歧视知识分子的陋习，不是短时期所能扭转的。各地区、各单位执行知识分子政策的情况很不平衡，打击、迫害、压制人才的事件还时有发生。在知识分子生活物质待遇方面，存在着宣传多、落实少的现象。对于知识分子和科学技术人员的职称往往是简单地套一般干部的级别，但他们又享受不到相应级别干部的待遇，而职称评定又长期中辍，困难重重。据统计，1984年高级职称的科技人员中，50岁以上者占88.35％，中级职称的科技人员中，41~55岁占88.99％。高级职称的比例限制和某些规定，使得有真才实学的中、青年知识分子难以晋升，不利于克服老化现象。知识分子住房拥挤并没有得到完全解决。这些都说明从鄙视知识、轻视人才转变到尊重知识、尊重人才，是一件很不容易的事情。只有持之以恒地克服各种阻力，才能收到应有的效果。

27. 党的十二大明确提出，建设高度的社会主义民主，是我们的根本目标和根本任务之一，并且要求把社会主义民主扩展到政治生活、经济生活、文化生活和社会生活的各个方面。这对我国社会发展产生了广泛而深远的影响。"六五"期间，加强了人代会、政协及群众团体的职能和活动，报刊、电台等舆论工具传达了人民的不少呼声，人民的民主权利和民主观念都有了显著的增强。然而，也应当看到这些年在社会主义民主的宣传方面存在着忽冷忽热的现象。经济体制改革就是要扩大经济生活和社会生活方面的民主，它也必将推动政治生活和文化生活的民主化。同时，政治生活和文化生活的民主化，又是实现改革、开放、搞活的根本保证。当前，整个政治生活的民主化还相当欠缺，离高度的社会主义民主的差距还很远。我们应该排除一切干扰，坚定不移地高举社会主义民主的旗帜前进。

目前在部分干部中还存在着以权谋私、官僚主义和封建家长式作风，而群众的监督作用和民主权利又未得到充分的发挥和实现。例如，对于那些不称职和犯有重大过失的干部，群众很难行使罢免权，致使一部分群众感觉不到自己是国家和本单位的主人。在一些官僚主义及其他不正之风严重的单位，往往形成涣散的局面。

在改革中，实行首长负责制明显地加强了各级人员的责任制。但对于首长的职权范围和职代会、工会等组织的地位与作用尚需进一步明确。群众参与管理、监督的规章制度还有待健全。在这种情况下，如果首长的素质差，民主观念不强，就容易出现滥用权力，搞不正之风，或者主观武断做出错误决策等问题。群众的积极性甚至起码的民主权利就更难保障。实践要求我们建立和健全民主管理和监督的法律制度，以保证群众民主权利的实现和改革同步发展。

28. "六五"期间国家重视法制建设，除了颁布新宪法以外，还相继制定了《刑法》《刑事诉讼法》《民事诉讼法》、新的婚姻法及一系列经济法规，使我国社会主义法制建设进入一个新阶段。但是，现有的法律尚不完备。对于已经提到日程上来的关于结社、游行、出版等方面的立法还未引起重视。这些方面不能只用宣传教育和临时性措施来代替法制功能。

现在无论是干部还是群众，法制观念还相当淡薄。有些重大决策常常出现程序性颠倒。以党代政、以政代法的现象还相当普遍。在目前法制尚不健全的阶段，有些做法是不得已的，但是必须尽快改变这种状况。

法律监督还未真正制度化，有法不依、执法不严的现象相当严重和普遍。"法律面前人人平等"虽然提出来了，但并没有真正兑现。现在，某些干部利用职权庇护子女和关系网中的违法犯罪行为，由于得不到应有的法律制裁，已经引起社会公愤。这种现象严重地损害了法律的尊严和严肃性。这个问题必须予以重视和解决，否则，它将成为中国法制建设的突出障碍和社会不安定的根源。要坚持司法独立，绝不允许同级党政部门干预司法机关独立行使自己的职权。

在干部任期上废除了终身制，这是有深远历史意义的。但干部的晋升、奖惩还未制度化。干部的提拔、晋升要通过实践考验，自然涌现，并且应有一套严格的考核、举荐和选拔制度，否则就难免个人失察，助长任人唯亲的腐朽作风。

公检法队伍在"六五"期间有了恢复、发展和提高。可是素质仍然较低，亟待充实、提高。今后，一方面要抓紧现有人员的培训、考核；另一方面要把培训工作做在前面。通过严格考核，按实际水平定职、定岗位，这样才能保证公检法队伍的充实和素质的提高。

29. 社会治安的核心是违法犯罪问题，是党和政府在"六五"期间主要抓的问题之一。1983年8月，党中央做出了严厉打击刑事犯罪活动的重大决策以后，两年来共摧毁流氓团伙13万多个。从1983年9月到1985年6月的22个月内，全国共发生刑事案件75万多起，一般治安案件150多万件；与前22个月相比，刑事案件下降了36.4%，治安案件下降了32%。全国出现了一大批社会治安好的单位和地区，全国农村80%的地区治安情况良好。

从严厉打击刑事犯罪活动后的情况来看，一般性的、普通的案件的发案率相对来说下降幅度较大，而大案和要案则压不下来，有的案件类型如强奸、伤害、杀人、流氓和大宗盗窃，从其占案件的比例来说，反而有所上升。当前在犯罪统计上存在的问题是，有些地方为了追求犯罪发案率和破案率指标，采取"不破不立"的做法，隐报、漏报的案子占一定数量。青少年犯罪问题也日趋严重，1985年1—9月比上年同期增长37.9%。当前青少年犯罪呈现三大特点，即犯罪低龄化、犯罪手段成人化、犯罪性质恶性化。近年来，经济犯罪呈上升趋势。经济犯罪的特点是：

（1）发案数量直线上升，而且大案要案的发案越来越多；

（2）参与人数越来越多，包括县以上的干部和国家工作人员参与经济犯罪的越来越多；

（3）经济案件立案后的免诉率很高，典型调查为50%~60%，存在着打击不力的现象；

（4）由于存在"关系网"和"保护伞"，查处经济犯罪案件十分困难。

今后社会治安的重点要转向青少年犯罪的预防和狠抓经济犯罪问题上。1983年、1984年严厉打击刑事犯罪活动中被捕、判刑的青年犯罪分子，大多数将在"七五"期间陆续解除劳改、劳教，那些注销城市户口的也将浪迹城镇，这个问题要高度重视，及早采取妥善措施。"七五"期间应制定出具有我国特色的、切实可行的《青少年保护法》，并切切实实地解决当前我国青少年面临的许多实际问题。要彻底扭转对经济犯罪打击不力的现象，并且狠抓劳改、劳教单位的改造质量，加强犯罪学的研究力量和机构。这是使我国治理犯罪问题从经验型向科学型转化的重要措施。

30. 行政机构臃肿是一个突出问题，虽然多次下决心"减肥"，但成效甚微，甚至越减越"肥"。这种状况继续下去，不仅使我们的社会管理机构运转不灵，效率低下，还会因庞大的机构和冗员吃掉经济发展的成果，抵消经济体制改革的效益。因此，精简机构实在是一项刻不容缓的任务。必须使机构的设置、任务、定编、定员法律化。同时安置好裁减下来的人员，吸引他们有计划地主要转向"第三产业"。自然，这需要做好有关人员的职业培训和思想工作，以尽可能减轻这方面的阻力。如果工作做得细，这就不仅是消极的"减肥"，而且会收到发展第三产业的积极效果。

这里需要特别提出的是，自解放以来，干部在某地区一扎下根，就往往多年不动甚至三十多年不出圈，就地升迁。天长日久，就会形成封建色彩很浓的"关系网"，成为搞不正之风的渊薮和人事管理制度改革的巨大障碍。这种弊病一定要坚决革除。要限定行政官员在同一地区担任领导工作的任期（职员不限）。要制定公务人员的法规。

31. "六五"期间，把实行计划生育定为我国的一项基本国策，在控制人口方面取得了显著的成绩。人口自然增长率由1972年的22‰下降到1985年的11‰左右，五年来平均生育率为11.7‰。可是要保证在2000年时全国人口控制在12亿左右，"七五"期间计划生育工作绝不能放松。这是因为：（1）某些地区人口自然增长率已下降到10％以下，有的甚至达到零度增长，继续降低生育率就十分困难了；（2）从现在起到1995年前后我国面临着生育高峰期，平均每年进入育龄的妇女人数达1100万人以上；即使生育率有较大幅度下降，仍将造成人口总数的增长；（3）农村实行生产责任制后，生育率有上升的趋势；（4）边远山区和少数民族地区生育率较高。根据以上情况，"七五"期间必须继续坚持一对夫妇只生育一个孩子的政策，舍此别无他途。在少数民族地区和边远地区，也应大力提倡计划生育。这些地区的环境质量决定了人口容量十分有限。

近年来在计划生育方面还出现了出生性别比上升速度较快，男性多于女性的现象。为了防止未来我国人口性别比例的严重失调，在实行计划生育和一对夫妇只生育一个孩子的同时，要严厉制裁溺弃女婴的违法行为，并通过宣传教育破除封建观念。在升学、招工等方面坚持男女平等，严格实行男女同工同酬。目前各地普遍规定，第一个孩子患有非遗传性疾病的家庭，可以生育第二胎。但由于检测手段落后，对是否为遗传性疾病的识别能力差，造成患遗传性疾病的二胎率很高，致使一些地区低能儿比例上升，出现一种"逆淘汰"现象。因此，对第一胎患有各种新生儿疾病的是否可以再生第二胎，应从严掌握，不宜放宽。同时积极开展遗传学和优生学研究，加强和完善监测手段，以达到减少不良个体出生和促进优秀个体产生的目的。

建设有中国特色的社会主义经济*

（1985年12月）

　　党的十一届三中全会实现了新中国成立以来历史性的伟大转折，把党和国家的工作重点转移到社会主义现代化建设上来。党的十二大提出了全面开创社会主义现代化建设新局面的宏伟纲领，制定了到20世纪末经济发展的战略目标、战略重点、战略部署和一系列的正确方针。1984年10月召开的党的十二届三中全会通过了《中共中央关于经济体制改革的决定》，以及党的全国代表会议通过的《中共中央关于制定国民经济和社会发展第七个五年计划的建议》，为改革明确了方向、性质、任务和各项政策。这些重要会议和重要文件中贯穿的一个指导思想，就是邓小平同志所说的："把马克思主义的普遍真理同我国的具体实际结合起来，走自己的道路，建设有中国特色的社会主义。"这既是对我国过去长期进行社会主义建设经验的科学总结，又是我们今后长期进行社会主义现代化建设的出发点和奋斗目标。建设有中国特色的社会主义，包括经济、政治、文化等许多领域，其中首要的是建设有中国特色的社会主义经济。研究和宣传建设有中国特色的社会主义经济的重大理论问题和实际问题，是摆在我国经济界和经济学界面前的一项义不容辞的任务。

---

* 原载刘国光主编：《中国经济建设的若干理论问题》，江苏人民出版社1986年版，作为"代序"。

正确地理解社会主义、认清我国国情

我们要建设的有中国特色的社会主义经济，既是社会主义性质的，又是具有中国特色的。从这两个基本点出发，就要掌握以下两条：一条是坚持马克思主义的基本原理，坚持社会主义方向；一条是认清中国的基本国情，走我国自己的道路。

坚持社会主义方向，必须正确理解什么是社会主义。马克思主义的认识论和实践论告诉我们，人们对客观事物的理解，要经历一个实践、认识、再实践、再认识的逐步全面化和深刻化的过程。对于社会主义的理解，对于社会主义建设规律的掌握，也是这样。35年来，我们在经济建设中学习建设，创造和积累了不少成功经验，也遭遇和克服了不少或大或小的挫折。在此过程中，出现过一些盲目性，像党的十二届三中全会的《决定》中指出："对社会主义的理解上形成若干不适合实际情况的固定观念"，也就是对社会主义存在这样那样的误解或曲解，是难以完全避免的。重要的是坚持实事求是的精神，在实践中总结经验，正确地理解社会主义的真谛，在马克思主义指导下，逐步掌握社会主义现代化建设的客观规律。

过去，我们对社会主义有哪些误解？现在，应当怎样正确理解呢？可以举出下列几个主要点：

（一）关于社会主义的根本任务问题

这本来是明确的，过去搞革命，推翻三座大山，以及实行社会主义改造，是为了解放生产力、发展生产力。1957年，当社会主义改造基本完成时，曾经提出阶级斗争基本结束，要进行一场新的战斗——向自然界开战的口号，发展我国的生产力。但是后来，把这个口号忘了，又代之以"以阶级斗争为纲"，以至到

刘国光

经济论著全集

第

6

卷

"文化大革命"，更走到了极端。党的十一届三中全会之后，全党把工作重点转移到社会主义现代化建设上来，在坚持四项基本原则的基础上，集中力量发展社会生产力。这就是最根本的拨乱反正，把这个曾经被颠倒了的问题再颠倒过来。社会主义作为共产主义的初级阶段，它的根本任务就是发展社会生产力。因为只有发展生产力，才能改变旧中国的贫穷落后面貌，使国家繁荣强大、人民富裕幸福；只有发展生产力，才能逐步改变落后的生产关系和上层建筑，把我国建设为高度文明、高度民主的国家；只有发展生产力，才能创造比资本主义更高的劳动生产率，为将来过渡到共产主义准备条件。一句话，只有发展生产力，才能显示社会主义制度的优越性。不发展生产力，那是空谈社会主义。所以，我们党在现阶段的政治路线，概括地说，就是一心一意地搞四个现代化；只要不发生大规模外敌入侵，在整个社会主义阶段都要坚持发展生产力，把它作为长期的根本任务。这才是正确理解和身体力行社会主义。

（二）关于社会主义经济的本质特征问题

按照科学社会主义创始者们的提示，人们一般把社会主义经济的本质特征理解为生产资料公有制，在公有制基础上实行按劳分配，以及在公有制基础上实行计划经济，这种理解大体上是不错的。但是，无论是对公有制、对按劳分配、对计划经济，后来都出现了不少片面的、绝对化的理解。至于经典作家当时不可能预见到的社会主义商品经济问题，则长期争论不休，莫衷一是。所有这些，现在都需要重新认识。

1. 生产资料公有制，这是社会主义的基本生产关系，没有这一条就不能有社会主义经济。但是，长期以来出现的观念：一是认为公有制越大越公越好，因此实行不断"过渡"的政策；二是认为公有制应当是纯而又纯，其外部不能存在补充的非公有制形式，其内部也要迅速统一到高级形式，也就是只承认单一的经济形式。这不符合我国当前的实际情况。生产资料所有制是劳动者与生产资料相结合的社会形式，取决于不同程度的生产力发展水平。社会主义社会的生产力是多层次的，特别是像我国这样属于发展中的社会主义国家，生产力的多层结构十分明显。与此相应，社会主义社会的所有制结构也不能不是多层次的，而不应当是只有一种经济形式。我们必须坚持公有制占绝对优势，其中全民所有制是社会主义经济的主导力量，但它不该限制和排斥其他经济形式；集体经济也是社会主义公有制经济的重要组成部分，与公有制相联系的个体经济也是社会主义经济必要的、有益的补充；此外，在我国还允许属于国家资本主义经济形式的一些中外合营和外资独营企业，这对于引进外资和引进先进技术是必要的，也是一种有益的补充。积极发展多种经济形式和多种经营方式，做到国家、集体、个人一起上，对于发展社会生产力是必不可少的。

2. 实行按劳分配，这是社会主义平等原则在个人消费品分配中的体现。但是，在具有农民小资产阶级历史背景和实行过军事共产主义供给制革命背景的国家，人们往往把社会主义的平等曲解为平均主义，长期不能正确实行按劳分配原则，甚至把按劳分配当作"同旧社会差不多"的资产阶级原则来看待。在这种思想指导下，只能是干多干少、干好干坏甚至干和不干一个样，大家吃"大锅饭"，严重地抑制着劳动者的积极性。科学社会主义的平等是指消灭剥削、人们都有劳动权、可以各尽所能的平等，在此前提下要实行多劳多得、少劳少得、不劳不得的原则。消灭剥削不是消灭差别。必须承认劳动的差别和收入的差别。《中共中央关于制订国民经济和社会发展第七个五年计划的建议》中指出，"七五"期间，必须进一步贯彻按劳分配原则，继续落实鼓励一部分地区、一部分企业和一部分人先富起来以促进大家共同富裕的政策，着重克服平均主义的弊端，以调动劳动者的积极性、主动性、创造性，对于发展社会生产力是必不可少的。

3. 实行计划经济，这是社会主义经济运行的基本原则和基本形式，它是资本主义市场经济的无政府状态的否定。但是，长期以来，人们往往把社会主义的计划经济同商品经济对立起来，认为这两者是互相排斥的，社会主义经济只能是计划经济，不能是商品经济，从而在经济计划工作中忽视甚至否定价值规律的作用。并且，把实行计划经济等同于指令性计划或等同于指令性计划为主，认为指令性越多就是计划性越强，等等。在这种思想指导下，计划体制以至整个经济体制越来越僵化，不能适应进一步发展社会生产力的要求。应当看到，社会主义经济不仅由于公有制基础上人们根本利益的一致而具有计划性，同时，由于不同所有制、企业、个人之间局部利益的差别，必须按照等价交换、等价补偿的原则来处理不同部分人们之间的相互关系，因此不可避免地带有商品经济的属性。把计划性与商品性两者有机地结合起来，就是十二届三中全会决议中所说的"有计划的商品经济"。所以，在社会主义的计划经济中必须自觉依据和运用作为商品经济基本规律的价值规律。在商品经济条件下实行计划经济，就不能把一切社会经济活动统统纳入指令性计划，也不能以指令性计划为主，而必须采取多种计划管理形式。对社会主义计划经济和商品经济的正确理解，是改革经济体制的一个极其重要的理论前提。

（三）过去关于社会主义国家管理经济的职能和国家与企业的关系等问题，也有不少误解

例如，把社会主义的生产社会化看成是一个大工厂或一架大机器，把政府机构管理经济的职能看成是以政代企，可以包办一切的。在存在着商品经济的条件下，社会主义的生产社会化绝不是像一个工厂内部技术分工系统中一个个车间组成的，而是由社会分工体系中众多的自主经营、自负盈亏、相对独立的经济实体所组成。社会主义国家的政府机构，作为政权的体现者和全民财产的所有者，应当有广泛的管理经济的职能，但不应包办一切，不应直接经营企业，或者过多地干预企业的经营管理，使企业成为行政机关的附属物，不能发挥其应有的活力。

对社会主义的种种误解，除了由于缺乏经验、需要有一个认识过程外，还由于我们对马克思主义的理解有简单化、教条化的倾向，从本本出发而不是从实际出发。革命导师当时设想革命首先将在资本主义最发达的国家取得成功，革命之后的社会主义经济不再存在商品、货币关系；而实际情况是，革命首先在资本主义世界薄弱部位的不发达国家取得成功，这些国家的商品经济极不发达，不能逾越发展商品经济的历史阶段。即使将来社会主义革命在高度发达的资本主义国家取得胜利，是否能够立即取消商品货币关系，还有待历史实践的验证。这也告诉我们，建设社会主义必须坚持马克思主义的基本原理，但是科学社会主义的理论随着历史的发展而发展，不会停滞不前；更重要的是，对马克思主义基本原理的具体应用必须从各国的实际出发，建设社会主义必然具有各国自己的特色。我们要善于通过实践来检验和发展社会主义的理论，把马克思主义的基本原理与我国社会主义建设的实际情况密切地结合起来。为此，在澄清对社会主义的种种误解的同时，应当正确地认清我国的基本国情，以利于建设有中国特色的社会主义经济。

所谓国情，是指一个国家不同于其他国家的经济、社会、文化、民族、地理、历史和时代等条件。我国的国情是什么？邓小平同志提出，中国实现四个现代化，至少有两个重要的特点：一个是底子薄，一个是人口多、耕地少。陈云同志也指出，我国是十亿人口、八亿农民的国家，我们是在这样一个国家中进行建设。这些就是我国的基本国情和主要实际，是建设有中国特色的社会主义经济的又一个根本出发点。根据改革经济体制和制定经济发展战略的要求来分析我国的国情，应当考虑下列几个方面：

1. 我国的底子薄，经济文化比较落后，商品经济很不发达。这就是我国的生产力发展水平。我国是一个发展中国家，无论按人口平均的国民生产总值、社会总产值、国民收入和基本消费资料（粮、布、住宅面积等）、基本生产资料（能源、钢铁、化肥等）以及国民教育水平（每万人拥有的大学生、教育普及率等）计算，大多低于世界平均水平，有的甚至相差很大。但是，由于生产力落后，我们既要力争尽快地发展生产，又要看到现代化建设的长期性，不能急于求成。发展生产力，也就是发展社会主义的商品经济，必须冲破自然经济对生产力的各种束缚，按照大力发展商品生产和商品交换的要求来组织社会化大生产，农村是这样，城市也是这样。只有经过发展商品经济阶段，才能逐步实现社会主义的现代化，建成社会主义强国，走向发达的社会主义。

2. 我国的人口多、耕地少，人口中农民占绝大比重。这就是我国生产力要素中的劳动力状况，并反映了当前产业结构的基本状况。人口多，劳动力资源丰富，本来是一个有利条件；但是也给社会经济带来负担和困难，尤其与自然资源，例如耕地、矿产等相对照，就显得并不多了。这要求我们充分重视人口问题，正确处理人口和资源的关系，努力解决人口多与劳动就业、资金积累、生活改善等的矛盾。当前，80%以上的人口住在农村，必须十分重视农民、农业和农村问题，逐步改变现代化工业与手工农业并存的"二元结构"和"八亿农民搞饭吃"的局面。这几年来，农村改革首先突破，农业持续的全面的发展推动了整个国民经济的发展，在许多地方曾经出现了粮棉等农产品"卖难"的现象。但这是一种在低消费水平上的"过剩"，不等于说农村经济问题已经完全解决了。陈云同志在党的全国代表会议上指出，

"十亿人口吃饭穿衣，是我国一大经济问题，也是一大政治问题。'无粮则乱'，这件事不能小看。""对于粮食生产，我们还是要抓紧抓好。"从长期看，八亿农民中的剩余劳动力怎样从有限的土地上摆脱出来，转移到其他部门去，以促进整个经济的"起飞"和走向现代化。这是我国今后国民经济发展和产业结构变化的一个极其重要的问题。

3. 我国幅员广大，经济文化发展很不平衡，并且交通不便、信息不灵。这就是我国在地理条件和生产力布局上的基本情况。作为一个大国，要保证国民经济有计划按比例地协调发展，必须从宏观上进行调节和控制，做到"全国一盘棋"，以发挥大国的优势。另一方面，正由于幅员广大、发展不平衡，在强调统一性的同时必须与多样性、灵活性相结合，防止统得过多过死，以调动各地、各级的积极性，做到因地制宜，充分挖掘各方面的潜力。与一些国土较小而经济又比较发达的国家不同，我们要更加注意发挥地区、部门、行业，特别是城市等中间层次的作用。在我们这样的大国，光制定全国的经济发展战略是不够的，还要有各地区的经济发展战略，明确各地区的战略目标、重点和部署，才能使整个国家的经济发展战略具体化和充实化；同样，光有全国的综合平衡，也是不够的，还要有各地区的经济平衡，才能使整个国民经济的协调发展落到实处；我们不但需要国家与基层之间的多层纵向联系，更要有各个地区、各个行业、各个企业之间的横向联系，发挥大中城市的枢纽作用，组成一个纵横交错的经济网络。

4. 我国已经建立了社会主义制度，在这种制度下，我们已经有了三十多年组织社会经济活动的实践，并且取得了不少成就。但是，由于经验不足和前述对社会主义的种种误解，我们的社会主义制度还是很不成熟的、不完善的。为了完成四个现代化的任务，建立有中国特色的社会主义，就必须通过改革，把过去不成

刘国光

经济论著全集

第

6

卷

熟的、不完善的、包含着对于社会主义种种误解的经济模式，逐步改造成为比较成熟的、比较完善的，更符合社会主义本性的经济模式，把社会主义制度的优越性充分发挥出来。

5. 我国正处于世界范围兴起新技术革命的时代。这对我国经济的发展，既是一种挑战，又是一种机会。自从资本主义的发展开拓了世界市场以来，各国经济越来越国际化，即使国际关系错综复杂，有时显得动荡不安，但国际性的经济技术联系还是越来越密切。面对这样的时代，无论是制定经济发展战略或改革经济体制，都必须在自力更生的基础上，坚持对外开放，引进和吸收当代最新、最先进的科技成果和管理经验，适应我国的社会主义现代化的任务。

从正确地理解社会主义和认清我国国情出发，我们就可以进一步探讨建设有中国特色的社会主义经济的某些基本内容。

建立有中国特色的社会主义经济体制模式

建设有中国特色的社会主义经济，包含很多方面的问题，我曾把这些问题概括为两个方面：一是经济体制问题，一是经济发展战略问题。社会主义经济建设的路线和各项方针、政策，大多可以归入这两方面。首先讲讲建立有中国特色的社会主义经济体制问题。

我国当前正在进行的经济体制改革，不是局部的、枝节性的对生产关系或上层建筑某些具体环节的改善或改良，而带有整体性、根本性，即《决定》所说对"生产关系和上层建筑中不适应生产力发展的一系列相互联系的环节和方面"的全面改革。但是，当前的改革又不是社会主义基本经济制度的改革或变革，而是"在坚持社会主义制度的前提下"进行改革。那么，究竟应当如何表达这一改革的确切含义呢？我以为，应当把它理解为社会主义经济模式的改造，即把原有的与社会生产力发展不相适应的旧经济模式，改造成为适合于生产力发展的新模式。所谓经济模式，不是指某一国家的具体经济体制，而是从实际存在的经济体制中，排除了具体的细节而得到的理论抽象。它包括对某种经济体制的基本规定性的概括、它的基本框架，以及它的主要运行原则的总和。党的十一届六中全会的《决议》指出，社会主义生产关系的发展并不存在一套固定的模式，我们的任务是要根据我国生产力发展的要求，在每一阶段创造出与之相适应和便于继续前进的生产关系的具体形式。《决定》提出经济体制改革，就是要从根本上改革束缚生产力发展的原有僵化了的经济体制旧模式。经济体制改革，首先要把模式搞对头，从总体上明确性质、方向和目标，使各项具体体制的改革能够成龙配套，前后有序。否则，改来改去，往往会走弯路，事倍功半。通过改革要建立新的经济体制模式，不是否定社会主义基本经济制度，而是使它更加完善，充分发挥它的优越性。

十月革命以来，各个社会主义国家先后采取过不同的经济模式，大体上可以分为军事共产主义供给制模式、传统的集中计划经济模式、改良的集中计划经济模式、与市场机制有机结合的计划经济模式和"市场社会主义"模式等。我国原有的经济体制属于什么模式？国内外不少人士认为是"苏联模式"即传统的集中计划经济模式。这是不够确切的。我国原有的经济模式的最初形成，有四方面的来由：一是新中国成立后由于缺乏经验，向苏联学习；二是革命根据地带来的供给制因素；三是在对私改造中某些做法，如统购包销等，保留了下来；四是旧中国自然经济思想有深厚基础，这种思想同后来传入的"产品经济"思想融合起来，对旧经济体制的形成有很大影响。基于以上几方面历史条件而形成的我国原有经济体制，基本上属于传统的集中计划经济模式，又带有明显的军事共产主义供给制因素。这种模式，在新中国成立初期经济发展水平较低、经济结构比较简单、经济发展目标以增强国家实力和解决人民温饱的简单需要为限的情况下，有其适应于生产力发展要求的一面，曾经起过积极作用。但是，这种模式的种种弊病，如十二届三中全会《决议》所指出的，政企职责不分，条块分割，国家对企业管理得过多过死，忽视商品生产和价值规律的作用，分配中的平均主义，等等，后来显得越来越不适应生产力发展的要求。现在，我们改造旧模式，建立新模式，就需要按照发展"有计划的商品经济"的要求，在以下几个主要方面进行改革：

1. 在生产资料的所有制结构上，把过去盲目追求"一大二公"、越来越单一化的公有制结构，改革为以全民所有制为主导，包括集体经济、个体经济、各种经济联合体等在内的，多种经济形式和多种经营方式共同发展的所有制结构。

建立什么样的生产资料所有制结构是建立有中国特色的社会主义经济体制必须首先着力解决的基本问题。长期以来，在"越大越公越是社会主义"、"割资本主义尾巴"和搞"穷过渡"等口号下，排斥多种经济形式和多种经营方式，使城乡经济形式和经营方式越来越单一化。这种对社会主义所有制的狭隘理解和实践，既妨碍了整个经济的发展，又不利于扩大劳动就业、方便人民生活。改革的方向，是在公有制占绝对优势、发挥全民所有制经济的主导作用的前提下，坚持发展多种经济形式，恢复和发展集体经济和一定范围的个体经济。这样，使城乡经济形式多样化，就能弥补全民所有制经济的不足，丰富社会主义经济的内容。城市和乡镇的一般工业、手工业、零售商业、饮食服务业和某些建筑业、运输业，要大力发展集体经济；在以劳务为主和适宜于分散经营的活动中，要大力发展个体经济。另一方面，所有权和经营权、所有制和经营方式是既有联系又有区别的。同样的所有制，根据行业、产品等具体情况，可以采取不同的经营方式，例如对一些小型企业可以实行国家所有、集体经营或承包、租赁等方式。同时，要在自愿、互利的基础上广泛发展全民、集体、个体相互之间灵活多样的合作经营和经济联合。此外，在经济特区、开放城市和其他各地，还可以按照法令规定，举办中外合资企业和特许办的外资独营企业等。这与三大改造以前，社会主义公有制尚未在城乡占绝对优势，谁战胜谁的问题还没有解决的情况下的多种经济成分并存的局面，是大不相同的。

2. 在经济决策结构上，主要在全民所有制企业内部，把过去过度集中于国家一级的经济决策权力，改革为以增强企业活力为核心的国家、企业和劳动者多层次决策的经济决策结构。

社会主义经济是一个大系统，经济活动是多层次的，主要分为国民经济范围的宏观经济活动、企业日常产供销等微观经济活动和家庭个人在就业和消费等方面的经济活动。过去，经济活动的决策权高度集中于国家一级，除了农村推行政社合一、城镇集体经济事实上实行地方国营化外，全民所有制企业的主要经济活动由国家决策，企业自己没有多少经营自主权。另外，个人的就业和某些消费品的选择也由国家决策。经济活动的决策权过于集中，统得过多过死，是旧经济模式的主要弊病，使本来应当是生机盎然的社会主义经济在很大程度上失去活力，挫伤了企业和劳动者的积极性，不利于提高生产效率和经济效益。改革的方向，是建立国家、企业和劳动者三个层次的经济决策结构，其中心环节在于增强企业活力，尤其是增强全民所有制的大中型企业的活力，使有充分的、必要的经营活动的自主权，真正成为相对独立的经营实体和商品生产者。近年来，实行利改税的第二步，试着用税收的形式处理国家与企业在分配上的关系，促使企业走向自主经营、自负盈亏，不再躺在国家身上吃"大锅饭"，也为正确处理企业和职工的关系提供了条件。企业搞活了，企业和脑力劳动者、体力劳动者的积极性发挥出来了，整个经济才有无穷无尽的活力。

3. 在经济调节体系上，即在计划与市场的关系上把过去排斥市场机制的、以指令性计划为主、以行政手段为主的计划体制，改变为指导性计划为主，自觉运用价值规律和经济杠杆的计划体制和经济调节体系。

所谓调节，是指社会资源分配的调节，即财力、物力、人力资源用于什么方面，实现什么样的比例，以保证社会再生产过程各环节和国民经济各部门之间的协调发展。过去我们片面强调计划调节，无视市场机制的调节，并且把计划调节等同于指令性计划的调节，主要依靠行政手段加以实施，这就往往造成主观和客观相分离、计划和实际相脱节，难以保证经济发展的平衡性。改革的方向，首先是突破把计划调节与市场机制对立起来的传统观点，把计划经济放在自觉地依据和运用价值规律的基础上，在计划的指导下注意运用市场机制的调节作用，主要依靠经济手段来实现计划的目的。在具体做法上，对于用经济手段一时难以解决短缺问题的某些重要产品，在保证重点需要的部分，继续实行指令性计划，但随着短缺问题的解决，要逐步缩小指令性计划的范围；对于大量的经济活动改为实行指导性计划，适当扩大其范围，主要依靠运用经济杠杆和市场机制的作用来实现；还有一部分生产和交换不搞计划，在国家宏观计划、经济政策和工商管理的指导下实行完全的市场调节。这样，调节体系既有统一性，又有灵活性，通过计划的综合平衡和经济手段的调节，做到大的方面管住管好、小的方面放开放活，保证积累和消费、两大部类、农轻重等的重大比例比较适当，国民经济大体上按比例地协调发展。

建立自觉运用价值规律的计划体制，一个极其重要的改革是从依靠行政手段为主转到依靠经济手段即运用经济杠杆为主。经济杠杆包括财政、税收、信贷、利率、汇率等，尤其价格是"最有效的调节手段"。我国原有的价格体系相当紊乱，价格管理制度相当僵化，不少价格与价值和供求关系脱节，造成某些商品积压或脱销，而未能用价格来调节其生产、流通和投资。现在，价格改革成为当务之急，成为整个经济体制改革成败的一个关键。改革价格要按照先易后难、循序渐进的原则，该放的放，该调的调，把价格体系改革好。与此同时，采取计划价格、浮动价格、自由价格等不同形式，把价格管理体制改革好。当前，以浮动价格为主，并扩大市价、议价的范围，可以比较灵敏地反映成本和供求的变化，有利于逐步实现整个价格体系的合理化。

4. 在经济利益体系上，即在分配制度上，把过去过分强调国家利益，忽视集体（企业）、个人（劳动者）利益以及"大锅饭"的分配制度，改变为国家、集体、个人三者利益兼顾，经济收入与经济效益密切联系的经济利益体系。

经济利益是经济发展内在的、根本的动力。在社会主义制度下，国家、集体、个人的利益在根本上是一致的，但三者之间又有差别。旧模式的弊病在于片面强调利益的一致性，忽视或无视其差别性，反映在分配制度上就是搞平均主义，企业吃国家的"大锅饭"，职工吃企业的"大锅饭"，不利于调动各方面的积极性。改革的方向，就是切实贯彻按劳分配的原则，充分体现脑力劳动和体力劳动、复杂劳动和简单劳动、熟练劳动和非熟练劳动、繁重劳动和非繁重劳动之间的差别，做到奖勤罚懒，奖优罚劣，多劳多得，少劳少得。在具体形式上，企业采取工资、奖金与企业经营成果、经济效益直接挂钩的办法，例如净产值工资含量和计件工资等；国家机关和事业单位也应采取适当办法使工资、奖金与各人所承担的工作和做出的劳绩联系起来。总之，要让一部分单位和个人依靠勤奋劳动和善于经营而先富起来，吸引和鼓舞越来越多的人走向共同富裕。与此同时，还要改革劳动就业体制，推广招考、招聘和合同工办法，在计划指导下，给企业

刘国光

经济论著全集

第
6
卷

以择优录用、择劣淘汰的人事自主权，给脑体劳动者以适当的择业权和定向流动权，以利于人尽其才、才尽其用，并促进智力投资和智力开发。

5. 在经济组织体系上，把过去政企职责不分、以纵向隶属关系为主、以条块分割为特征的经济组织结构，改革为政企职责分开、以横向联系为主、以中心城市为枢纽的、纵横交错的、网络化的经济组织体系。

国民经济由很多部门、行业和千万个经济细胞（企业）所组成，分布在各个地区和城乡，相互之间发生千丝万缕的联系。如何按照经济的内在联系组织好社会化大生产，是实现前几方面改革的组织保证。这也是如何正确发挥政府机构管理经济的职能的问题。过去，政企职责不分，以纵向隶属关系为主，削弱了产供销之间的横向联系；过去进行的一些改革，大多用下放、上收企业的办法来处理集权和分权的矛盾，又出现了条块分割，使经济组织体系越来越封闭化。改革的方向，一是实行政企职责分开，政府机构管理经济的主要职能不是直接管理企业的产供销，而是制定经济社会发展战略、计划和方针、政策，协调各方面的关系，掌握经济调节手段，汇集和传布经济信息，搞好对企业的监督尤其是各项服务；二是加强横向联系，充分发挥中心城市的枢纽作用，逐步形成以大、中城市为依托的、不同规模、不同特色的、与广大农村密切联系的、开放式、网络化的经济区。在此同时，还可以考虑以行业管理代替部门管理。另一方面，企业从条块束缚中解放出来之后，有利于实行改组和联合，发挥专业化协作的优越性。在此过程中，要防止形成新的条条和块块，防止以"公司"名义出现而实质上仍是行政性的管理机构的进一步强化。

经济体制改革的内容不限于上述方面，还有农村经济体制、商品流通体制、财政金融体制、科学技术和对外开放的有关体制等，在本书各章中都有所涉及，有的将在发展战略问题中结合提到。

这样改革之后，将形成一种什么样的新模式呢？这就是，基本上奠定有中国特色的、充满生机和活力的社会主义经济体制。它的主要特色：一是坚持计划经济，在计划经济为主的前提下，发挥市场机制的辅助作用；二是把大的方面管住管好，把小的方面放开放活；三是经济、行政、法律各种手段相互配合，主要通过经济政策、运用经济手段来指导经济活动，实现计划目标。这种新的社会主义经济模式，不仅与资本主义国家的那种完全由市场调节的市场经济模式不同，而且与其他社会主义国家也有很大差别。60年代以来，不少社会主义国家也进行了不同程度的改革或"改进""完善"。他们的做法大体有两种：一种是对传统体制基本不动，局部改善；一种是使企业成为完全独立的商品生产者，基本上靠市场机制来调节经济活动。我们的目标模式，与这两类都不一样。还有一种是在计划经济中注意运用市场机制，力求把市场机制与计划经济有机地结合起来。这种做法尚不成熟，采取这种办法的国家还在继续探索和改革之中，其中有可资我国借鉴的东西，如强调运用经济手段管理经济等。但是我国地广人众、经济发展很不平衡的基本国情，决定了我国通过改革建立的新体制，要更加重视基层经济单位的多样性和灵活性，更加重视国家的计划指导和宏观控制，还要重视发挥地方、部门等中间层次的作用，特别是重视发挥中心城市的枢纽作用，等等，这些都与实行这一种办法的欧洲国家有不少差别。

制定和实行有中国特色的社会主义经济发展战略

建设有中国特色的社会主义经济，一个重要方面是制定和实行有中国特色的经济发展战略。这里，谈谈以下几个问题：

（一）关于我国产业结构的改造问题

党的十一届三中全会以来，贯彻执行以调整为中心的八字方针，取得了比原来预期更好的成果。"六五"计划已经提前和超额完成。在经济增长较快的同时，积累和消费、农轻重等重大比例关系严重失调的现象已经得到纠正，国民经济走上了健康而稳定地发展的道路。但是，这不等于说，经济调整的任务已经全部完成了。从根本和长远的观点看，我们还要继续理顺各种经济关系，其中一个重要问题是改造长期以来形成的、不合理的产业结构。"七五"计划的建议中指出，为适应我国国民经济现代化的要求，适应人民消费水平的提高和消费结构的变化，必须进一步合理调整产业结构。这个问题具有非同小可的战略意义。逐步解决这个问题，我们才能迎接90年代的经济振兴，实现到20世纪末既定的战略目标。

产业的发展及其结构的改造不是几个主要经济比例的简单总和，而是与社会再生产和经济周转、循环的各个要素、各个环节都有十分密切的联系。产业的含义，包括物质生产的产业与非物质生产的产业。改造产业结构，要从社会最终需求出发，使能适应社会需求、消费水平、消费结构的变化；要考虑资源和环境条件，有助于资源的合理利用和生态环境的改善；要符合科学发展的趋向，实现技术进步，提高经济效益；要面向世界市场，参与国际分工和国际交换，以他人之长，补自己之短。我国产业结构的改造必须从中国的实际出发，有自己的特色。

进行社会主义现代化建设，在某种意义上，正是对我国产业结构的彻底改造。这个改造涉及各个领域、各个部门，有着非常丰富的内容，这里只能概略地谈谈。

改造农业和工业的结构。我国本来以农立国，农民人数多，农业比重大，这是走向现代化的基础和起点。我国的工业化和工业现代化，与传统农业的现代化是同步的，并以农业劳动生产率的不断提高和农业人口中剩余劳动力的不断转移为前提。过去，这个过程开展得很不顺利，近几年来势不可遏，使工农业结构发生了质的变化。工农业结构的合理化，不能只看工农业在总产值或净产值中各占多少份额，而要看这两大物质生产部门的内部联系是否协调。这几年来，农业提供的粮食和工业原料已能基本上适应城市人口和工业生产的需要，工业向农业提供的生产资料和向农民提供的消费品也日益增多，反映了两者之间的生产联系和商品交换基本上按比例了。但是，在具体结构上还有矛盾，例如林产品、畜产品、水产品还供不应求，工业消费品还不完全适销对路。

因此，在调整工农业结构的同时，要进一步调整工农业内部的行业结构和产品结构。农业结构是多层次的：首先在种植业，要全面安排粮食作物、经济作物和其他作物（饲料作物、蔬菜等）的关系，并从只是追求增加数量转向更加重视提高农作物的质量；其次在农林牧渔副业，要不断提高林牧渔业的比重，并全面安排例如用材林和经济林、食粮牲畜和食草牲畜、捕捞和养殖等的关系；最后在整个农村经济中，要处理好农、工、商、建、运等的关系，既加强农业基础，又有计划地扩大其他的产业部门。工业内部的结构也有许多侧面，除了重工业和轻工业的关系外，目前仍要着重调整采掘工业、原材料工业和制造工业的关系，尤其是其中能源工业和耗能工业的关系；并且在具体产品上，要使能适应消费结构和投资结构的变化。

改造传统产业和新兴产业的结构。基础设施部门是指为直接生产服务和直接生产过程在流通领域里继续进行的能源电力、交通运输、邮电信息、物资仓储、城市公用事业等，这些部门长期以来落后于直接生产部门的发展，形成整个经济发展的阻力。今后，要化阻力为促进力，就要有一系列突破性的新措施。

改造物质生产和非物质生产的结构。当前，流行采用第一、二、三产业的概念。这个提法，是从西方经济学借用来的，本来带有庸俗的成分，特别是所谓"第三产业"是一个十分混杂的概念，我们要作具体分析。作为社会主义国家，我们对第一、二、三产业的划分尤其是第三产业的内容，要与资本主义国家有所区别。但是，这不排斥我们的视野必须从局限于物质生产领域而解放出来，充分认识"第三产业"中的非物质生产的服务部门对物质生产和人民生活的积极作用。大力发展"第三产业"就是不断提高生产和生活的社会化程度和现代化程度。在发展"第三产业"的过程中，我们要重视商业、金融业、服务业，也要重视教育、科学、文化等事业。

（二）关于我国科学技术的发展问题

科学技术，作为"物化的知识"，是生产力的要素之一。随着经济的发展，它越来越显示出巨大作用，成为衡量一个国家的弱和强、落后和先进的重要标志。在四个现代化中，科学技术的现代化是关键。如果说，我国这几年农业和工业的发展，在很大程度上是由于制定了正确的政策、实行了合理的改革的结果；那么，在进一步发展中，就将更多地有赖于科学技术的进步，在生产中推广先进的科学技术成果。因为无论是提高劳动生产率、提高经济效益或开发新的产业和产品、改变落后的经济结构，总的历史趋势是从主要依靠增加劳动力和生产资料转变为主要依靠提高劳动者的科学技术水平与采取更先进的劳动手段和劳动对象。特别是面对着汹涌而来的技术革命新潮流，我们必须迎接这个挑战，并作为一种机会，努力发展科学技术，彻底改变落后面貌，使我国逐步自立于世界先进之林。

新中国成立35年来，我国科学技术的发展走过曲折的道路，曾经缩短了与先进国家的差距，又一度拉开了差距，然后是这几年，重新以较快的步伐赶上去。就目前而言，大体上还落后二三十年，虽然在各个部门很不平衡。在经济发展战略中，科技发展是一篇大文章，有的同志就叫它为经济、社会、科技发展的战略。这篇文章的题目，同样是走出一条有中国特色的科学技术发展的道路。为此：

明确我国科学技术发展的战略目标。这是在提高经济效益的前提下实现工农业总产值翻两番的总目标的组成部分和保证措施。现在的设想是到20世纪末，把经济发达国家在70年代或80年代初已经普遍采用了的、适合我国需要的先进科学技术，在我国生产领域里基本普及，并争取在某些领域达到90年代的新水平。这是实事求是的。从当前形势看，也有可能提前或超额实现这个目标。

正确选择技术类型、调整技术结构。我们不应当也没有条件机械地仿效发达国家的模式，而要从实际出发，在相当长时期内，形成尖端技术、先进技术、中等技术、落后技术并存，劳动密集型技术、资金密集型技术、知识密集型技术并存的多层次的技术体系，争取不断提高其中先进技术和知识密集型技术所占的比重。

正确处理传统技术和新兴技术的关系。这与改造生产结构，正确处理传统产业和新兴产业的关系，是密切联系着的。在这个问题上，重要的是把两者结合起来，既要在保持和提高传统技术的基础上发展新兴技术，又要以新兴技术来改造传统技术，防止各搞各的，达不到相互促进的作用。其结果，既有利于建立新兴产业，又有利于传统产业走向现代化。

为了发展先进的科学技术，我们要有一套正确的科学技术政策和合理的科学技术体制。其中，承认科学技术是商品，开辟各种形式的科技市场，以促进科技的开发，使科技成果尽快转化为生产力，已经成为当务之急。这也有利于扩大智力投资，不仅国家财政要逐步增加科学、教育事业的拨款，中央和地方政府教育拨款的增长，要高于财政经常性收入的增长。而且还要把社会投资和家庭投资引导到这个方面来。当前最重要的是坚决贯彻执行中央关于改革科技和教育体制的两个决定，进一步落实知识分子政策。必须继续克服轻视知识、轻视人才的偏见，要尊重知识、尊重人才，充分发挥我国知识分子在社会主义现代化建设中的重要作用。要提高他们的社会地位和生活待遇，为他们创造比较好的工作条件、学习条件和生活条件。

（三）关于我国的人口、劳动和消费问题

当代世界，尤其是在人口占首位的我国，人口问题始终是现代化过程中的一个突出问题。正视现状，展望前景，控制人口数量还是必须坚持的。因为这几年虽然人口增长率已经下降到较低水平，但是从60年代中期到70年代初期生育高潮形成的年龄结构看，现在起到90年代中期正潜伏着又一个生育高潮，并且由于乡村人口比重大、生育率高，增加了计划生育的难度，一定要把计划生育工作放在更加重要的地位，力争"七五"时期内人口年平均增长率控制在2.5‰左右。另一方面，提高人口质量主要即提高人民的文化水平，显得越来越重要。这关系到今后科学技术的进步、生产结构的调整以及整个社会生产力的发展。这两个问题相互关联：控制人口数量，有利于提高人口质量；提高人口质量，也有利于控制人口数量。研究和对待人口问题，在战略上，应当从继续重视控制人口数量逐步转向控制数量和提高质量并重。

与人口问题直接有关的是劳动问题即就业问题。本书除了在人口问题一章中从经济、生产、年龄、人口的增长研究了就业战略重点的转移外，有一章专门论述劳动就业问题，并在其他章节中也有所涉及。所谓经济生产年龄人口，大体上即进入劳动力年龄的人口，在我国所占比重较高，并将继续提高，越来越增加

建
设
有
中
国
特
色
的
社
会
主
义
经
济

了社会就业的压力。在此情况下，确定适当的就业率，而不是片面追求提高就业率，把不可缺少的家务劳动也考虑在内，是值得研究的新问题。与此同时，随着生产结构的变化，相应地调整就业结构，特别是提高脑力劳动者的比重，提高非物质生产者的比重，将成为现代化过程中的一种必然趋势。另一方面，实行劳动力的流动和转移，特别是农业劳动力逐步转向非农业领域，广泛建立和发展小城镇以吸收这种转移的劳动力，在我国更有它的独特意义。为了解决这些问题，必须改变某些传统观念，彻底打破统包统配即"铁饭碗"等劳动体制，确立有中国特色的社会主义劳动就业新体制。

随着生产发展，消费的问题显得越来越重要。前面，我们提到了扩大消费者的自主权，建立有中国特色的消费模式，更多地通过市场而不是依赖实物分配即配给制，维护消费方式的多样性，以及要有一套完整的、互相衔接的消费者组织等。这也是调动广大群众积极性，保证和增强群众利益的一个方面。在消费领域，同样要有一套战略。在社会主义的经济发展中，应当承认消费在国民经济中的重要地位。在经济和社会发展战略中，要有一个明确的消费目标，以体现社会主义生产的目的。要分析"小康"水平的具体内容，并对生产、分配、流通提出相应的要求，并寻找实现这个目标的有效途径。当前，加强对消费的科学指导，使生产和消费互相适应、互相促进，使消费结构和生产结构相协调，并努力讲求提高消费效果，正确处理各种消费关系，以及建立社会主义的消费观、储蓄观等，都是值得研究和亟待解决的理论问题和实际问题。

（四）关于我国的商品流通和财政金融问题

我国目前的社会主义经济是从半封建半殖民地的旧中国经济中脱胎而出的，不仅在广大农村中自然经济占有统治地位，就是在城市经济中也存在不少传统的痕迹和影响。在这个基础上发展社会生产力，必然要经历一个使自然经济解体而向社会主义商品经济转化的长过程。因此，应当重视商品生产特别是商品流通的问题。在社会化生产的条件下，无论生产或消费，对流通的依赖性都日益增强。在宏观经济上，要由重生产、轻流通转变为生产和流通并重；在微观经济上，企业要由单纯的生产型转变为经营型、开发型。这些都是战略性的转变。为了适应和促进这个转变，在各项经济工作中都要加强商品观念和市场观念，制定和实行一系列的新战略，正确对待积累、消费和农、轻、重的关系，防止再出现片面强调积累而不倾听消费的呼声和片面发展重工业而抑制农业、轻工业的倾向。同时，还要进行全面和系统的改革，把社会主义商品关系从旧体制的束缚下解放出来，使商品流通体制由封闭式、分配型转向开放式、经营型。社会总产品和个人消费品的生产和分配都要遵循和依据社会主义经济的客观规律特别是价值规律。随着农副产品统购统销和生产资料调拨分配的体制的变化，商业工作的重点将逐步转向组织和参与越来越广泛的市场调节。

　　商品流通与资金、货币的运动不可分割。在商品经济蓬勃发展的情况下，作为宏观经济杠杆的财政金融面临不少新课题。随着财政的下放和非财政资金占国民收入比重的提高，相继而来的新任务是如何组织全社会的资金融通和资金平衡，以达到社会需求总量和供给总量在价值形态上的协调发展。这不能仅靠预算来调节，而要通过资金市场或金融市场来实现。我们要建立全国的和地区的、不同层次的和不同类型的、以资金横向流动为主的金融中心，要重视财政资金和信贷资金、外汇资金的统一平衡，充分发挥银行的活力和作用。归根到底，要有一个社会主义的金融政策和货币政策。资本主义国家的中央银行掌握公开市场活动、贴现率、存款准备金制度等所谓"三大武器"来实现它的金融政策和货币政策。我国的中央银行也应当掌握有效的手段来融通资金、控制通货。不言而喻，这有赖于财政金融一系列的战略转变和体制改革。

（五）关于我国的对外开放和经济特区问题

实行对外开放是我国一项长期的基本国策。这是由于当代世界是开放的世界，任何一个国家发展民族经济，如果与世隔绝，绝不能赶上先进。尤其是发展中国家，更要积极开展对外经济技术交流，通过引进资金、技术、人才和信息以及对外贸易，以人之长补己之短，来解决经济发展中的各种困难，达到加强重点建设、促进科技进步、开拓新兴产业、调整经济结构、扩大劳动就业、改善人民生活等目的。这几年来，我国实行对外开放，成绩很大；但是与我们这样一个大国开展经济建设的需要相对照，仍旧感到非常不够。这方面，同样要在战略上和体制上有所突破，以加快步伐、扩大规模，充分挖掘潜力，在自力更生的基础上推动国民经济的开放化即外向化，从积极参与国际分工和国际协作中获得更多的实际效益。

当然，由基本上囿于闭关锁国走向对外开放，要有一个在实践中不断总结经验、逐步发展的过程。这个总趋势就是从南到北、从东到西、从沿海到内地，形成一个阶梯式的层次。在首先实行"特殊政策、灵活措施"的广东、福建两省建立4个经济特区，处于对外开放的第一线。尤其是面积较大和起步早、发展快的深圳经济特区，作为一个"窗口"，使我们看到世界、世界看到我们，其鼓舞作用是难以估量的。接着，进一步开放沿海14个港口城市和海南岛，并将形成以这些大中城市为中心的经济开放地带，成为对外开放的桥头堡和跳板。在此基础上，通过"外引内联"，把沿海的开放和内地的开发密切地联系起来，预示着对外开放在向纵深发展，有利于把国外、沿海的资金、技术、人才等优势引向与内地的能源、资源等优势相结合，也有利于最终解决我国的南北关系、东西关系和生产力布局的问题。

"七五"期间，我国还要发展劳务出口，对外承包工程。

除了上面几个问题外，本书还有专章论述我国的社会主义工业化等问题。有一些问题，例如固定资产投资、城乡关系和教育、卫生事业的发展等，在有关章节中适当联系，但未形成专章，可能是个缺陷。对待这些问题，同样要注意有中国特色，有我们自己的体制和战略。

建设有中国特色的社会主义经济将是几代人的毕生事业。我们现在的认识，将来回过头来看，总不免是肤浅的。尽管如此，我们还是应当大胆探索，把即使是不够成熟的意见，奉献给正在投身于我们前人没有从事过的伟大的社会主义现代化建设的创造者。

最后，我想说明一下，本书章目虽然大体上有个体系，但各章体例和文字风格，则本着百花齐放的精神，并不强求一致，各章作者，也可以抒发自己的观点。这一点，希望读者注意。再者，本书的编纂，是江苏人民出版社为适应读者要求而提出的，编辑工作基本上是沈立人同志做的。作为被邀请担任的主编，我要为本书的问世向沈立人同志、江苏人民出版社的同志以及所有参加写作的同志表示谢意。

建设有中国特色的社会主义经济

杂谈宏观控制*

（1986年1月）

　　这几年由于我国经济发展和经济改革的需要，经济学文章中出现了不少新的词汇。其中有自创的，也有"引进"的。"引进"的当中，有来自"东方"的，也有来自"西方"的。人们对于从西方经济学中借来的东西，自然更加警惕。例如，当"宏观""微观"的概念最初用于我国经济问题的分析的时候，就遇到过不以为然的意见。其实，"宏观""微观"的概念并非"西方"经济学专有，它们原来在自然科学里面就有，在20世纪三四十年代，才在"西方"经济学中开始盛行起来。60年代后，"东方"经济学者的论著中，也逐渐多地碰到这对概念。我国经济学开始使用这对概念，是在20世纪七八十年代之交的时候，时间稍微晚了一点，这也从一个侧面反映了我国经济科学发展的实际状况。

　　在我国，宏观经济和微观经济问题，起初是在讨论经济决策权力结构问题时提出来的。我国经济学者在分析旧的经济体制的弊病时，察觉到经济决策权力过于集中在国家行政机构手中，遏制了基层经济单位和生产者的积极性，于是提出要把这种一元化的决策权力结构改变为多层次的经济决策结构，国家机构主要管理宏观经济，而微观经济中的产供销活动则主要让企业自主经营管理。几年来的改革，大体上是沿着这条思路前进的。随着简政

_130_　　* 　原载《财贸经济》1986年第1期。

放权措施的逐步实施和市场机制作用范围的逐步扩大，企业在微观经济活动中的活力逐渐展现出来。但是，在国家减少对微观经济直接控制范围的同时，宏观管理的措施没有及时配套跟上，以至于近年来发生了宏观经济的某些失控的现象，于是又提出了加强宏观控制的任务。最近许多经济学文章都在着力探讨如何加强宏观控制的问题，这是一个可喜的现象，反映了我国的经济体制改革正在步入一个新的阶段。

　　"宏观管理""宏观控制"这些概念，虽然是这几年经济体制改革过程中应运而生的，但是我们过去不是没有这类问题，对于这类问题我们过去也不是没有相应的概念。宏观经济问题是指国民经济总体的、全局性的问题。宏观经济管理也就是从总体上、全局上管理国民经济。就这个意义来说，相应于"宏观经济管理"，我们长时期以来使用的是"国民经济计划管理"的概念；相应于"宏观控制"，我们在长时期中使用的是"国民经济综合平衡"的概念。

　　既然过去长时间里我们已经实行了并且现在还在实行着"国民经济计划管理"，而且"国民经济综合平衡"这一套武器从来没有人明言放弃，那么为什么还要"标新立异"，提出什么"宏观管理""宏观控制"那一套概念呢？

　　问题在于，传统的国民经济计划管理不只是从总体上对国民经济全局的管理，而且还直接管理到基层企业的产供销、个人就业和重要消费品分配这样一些非全局的经济活动。也就是说，它不仅管理宏观经济活动，而且还直接管理微观经济活动。在改革中，我们要把微观经济活动的决策权力逐步放到下面去，逐步缩小国家对微观经济活动直接控制的范围，这就有必要在整个国民经济计划管理中突出宏观经济方面的问题，把宏观经济管理作为国民经济计划管理的主要内容。

　　至于传统的国民经济综合平衡，其内容也是多层次的，它包括社会总产品和国民收入的生产和分配的综合平衡，财政、信贷、物资的综合平衡；也包括众多的实物产品的"综合平衡"，而且往往以实物产品的分配作为综合平衡工作的主要内容。在改革中，随着指令性的实物产品生产分配计划范围的缩小和市场机制作用范围的扩大，越来越需要强调价值总量及其构成的平衡，首先是社会总需求与总供给之间及其主要构成之间的平衡，把对于社会经济活动价值总量的宏观控制作为国民经济综合平衡的主要内容。

所以，对于改革传统的国民经济计划管理和综合平衡工作来说，突出经济活动的宏观方面，提出宏观管理和宏观控制的概念，是必要的、有益的。这不是对于社会主义计划平衡工作的否定，而是使计划平衡工作更加科学化、现代化，符合我国经济改革和经济发展的要求。

由此也可以看到，在探讨如何加强宏观管理和宏观控制的问题时，应当放到如何改革我国的计划平衡工作这个大角度下面来考虑，而不应撇开国民经济计划管理来谈这个问题。"西方"经济学（宏观经济学）却不是这样的。他们在讲到宏观管理和宏观控制的目标时，着重总需求和总供给的平衡目标，往往不提经济计划的目标；他们在讲到宏观管理和宏观控制的手段时，着重财政政策、货币政策等政策手段，往往不提计划手段。这也不奇怪，因为西方国家实行的是市场经济，除了法、日等少数国家编有某些经济发展计划外，一般都不制订计划。他们的宏观控制一般是用间接的政策手段，通过市场机制的自动调节，求得市场供需的总量平衡。这种总量平衡在资本主义私有制为基础的市场经济中往往难以达到。经济活动总量及其主要构成的实际运行轨迹，即经济发展和结构变动的方向，都不一定要有计划的预先的指导。我们是社会主义国家，我们通过改革要实行的是有计划的商品经济。对于市场供需的宏观控制，就必须要有国家计划的指导。要知道宏观平衡本身并不是目的，而是为了实现国家计划的战略目标和发展意图，所以要根据国家计划的要求，组织综合平衡，实行宏观控制。陈云同志最近指出："计划是宏观控制的主要依据"，这对于我们社会主义国家的宏观经济管理来说，是一个十分重要的原则。当然，这里讲的计划，已经不是传统理解的、指令性计划为主的、年度短期为主的、策略性的发展计划，而是经过改革的、指导性计划为主的、中长期为主的、战略性的发展计划。这种中长期计划，对于总供给及其构成的变动，尤其具有决定性的意义，而宏观控制则更多地着眼于对于总需求及其结构的短期调整，使之适应于总供给变动的要求。就这个意义来说，宏观控制更需要置于国家计划的指导之下，才能收到资源合理配置的效益，并达到满足有效需求的综合平衡。

当前我国宏观经济管理改革的一个核心内容，就是国家对于经济的控制和调节，逐步从直接控制为主转为间接控制为主，这同计划体制的改革，逐步从指令性计划为主转为指导性计划为主是相应的。有一种意见认为，既然宏观管理的改革要向间接控制过渡，那么当前我国稳定经济所采取的措施，按照改革的方向，就不应当采取作为旧体制特征的直接的行政手段，而应当采取作为新体制特征的间接的经济手段。但是要知道，即使在新体制中，也不排除必要的行政手段。尤其是在当前模式转换时期，新旧双重体制并存的条件下，市场机制还很不完善，企业行为对经济参数（利润、价格等）变动的反应还很不灵敏，在某些场合强化某些直接行政手段的运用（如规定信贷额度等），更是必要的。在这样做的时候，不能忘记这是为改革创造良好的经济环境，而不是回到老的体制上去。只要条件具备，我们就应当尽快地向间接控制过渡。

在以宏观控制为主要内容的综合平衡工作中，财政政策和货币政策的综合运用是一个非常重要的问题。一些主要国家财政政策和货币政策的结合，大致有四种情况。第一种是松的财政政策和松的货币政策的结合，这是刺激经济增长和扩大就业的手段，由此往往带来通货膨胀的后果。第二种是紧的财政政策和紧的货币政策的结合，这是实行紧缩性的政策，制止通货膨胀的有效手段。第三种是紧的财政政策和松的货币政策的结合。第四种是松的财政政策和紧的货币政策。后两种政策结合除了旨在从总量上平衡需求与供给外，还有调节需求结构和生产结构的作用。在我国财政政策与货币政策应当如何结合呢？当前，由于旧体制固有的"扩张冲动""投资饥饿"等倾向依然存在，而微观经济放活后由于企业和职工追逐短期利益的行为而引起的"消费饥渴"又起着作用，形成了总需求膨胀的巨大压力。在这种情况下应当采取紧的财政和紧的货币相结合的政策，即不但要实现财政平衡，而且要组织好财政和信贷的综合平衡，以制止过度需求，为改革创造一个供给略大于需求的良好的经济环境。财政与信贷的综合平衡不仅是为当前的改革创造良好环境所应采取的政策，也是为我国经济长期持续稳定协调的增长所应采取的政策。有些经济学者认为，从长期来看，中国今后应当实行紧的财政政策和松的货币政策的结合，因为紧缩财政能够限制公共消费和个人消费，而放松货币则能够鼓励投资，这是有利于经济增长的。但是，中国的社会主义经济常处于亢奋状态，不像西方发达国家总需求不足需要货币供应的刺激，也不像非社会主义的发展中国家经济处于停滞状态时期也需要通货膨胀的刺激。中国需要经常注意的是控制包括消费需求特别是投资需求在内的总需求的问题。是否可以用松的货币政策来刺激投资，即使从长期来看，也是有疑问的。当然，中国需要实行灵活的货币政策，需要运用灵活的利率杠杆和建立资金市场，以完善宏观控制的机制。这些都要在改革的过程中逐步解决。

最后，简单谈谈宏观管理的理论基础即宏观经济理论问题。

有些同志认为，宏观经济理论只有"西方"经济学中才有，马克思主义经济学中没有。这至少是对马克思主义经济学的一种误解。当然，在马克思主义经典著作中，没有使用宏观经济的术语，当时还没有出现这个概念。但是，《资本论》中关于社会总资本再生产的理论，关于社会总产品平衡条件和市场实现条件的理论，以及关于总生产过程的一些理论，都是涉及资本主义经济总体和全局的，即宏观经济范围的理论。马克思说过这样的意思：生产大于直接需要、供给大于直接需求的"生产过剩"，在资本主义制度下是引起危机的一种无政府因素，一种"祸害"；而对于社会主义的有计划经济来说，则是一种"利益"，因为它有利于社会对再生产过程中出现的不平衡进行控制和调节。这对于今天我们的计划平衡与宏观控制工作来说，多么贴切。"西方"经济学中的宏观分析方法，对我们有用的，当然不应排斥。但是，我们要立足于马克思主义的理论，结合当前改革和建设的实践，挖掘其中的宝藏，建立起我们自己的、马克思主义的宏观经济理论。这需要我国经济学界的共同努力。

杂谈宏观控制

生态农业与中国式农业现代化*

——在全国生态农业科研协作会上
所致开幕词的摘要
（1986年3月1日）

我国生态农业（包括生态林业、生态牧业和生态渔业等）的研究和实验，正在从生态工程科学的领域扩展到系统工程科学的领域，从自然科学的领域扩展到社会科学的领域，发展成中国式农业现代化道路的综合研究和实践。基于这种认识，我们把生态农业设置在中国式农业现代化道路综合研究的视野之中，把对它们的研究作为中国式农业现代化道路综合研究总课题中的一个子课题，并拟把中国式农业现代化道路的综合研究，列为我院科研计划的重点项目。我们之所以这样重视这个课题，是由于开展这个课题研究确实具有重要的理论意义和实践意义。

大家知道，农业现代化道路的问题，是我国社会主义现代化建设的一个重大理论问题和实际问题。长期以来，在这个问题上大都是照抄外国的办法，尽管取得了一定的成绩，但总的结果没有预期的那么好。邓小平同志总结了我国农业现代化的历史经验，深刻地指出："我国农业现代化，不能照抄西方国家或苏联一类国家的办法，要走出一条在社会主义制度下合乎中国情况的道路。"这就为解决中国农业现代化道路的问题确立了最根本的指导思想。在这一思想的指引下，在农村经济体制改革的带动

* 原载《农业现代化研究》1986年第2期。

下，兴起了一股重新探索我国农业现代化道路的实践和理论热潮；我国传统"有机农业"的宝贵经验重新受到重视，并同国外传来的现代"有机农业""生态农业"的理论相结合，导致生态农业试点如雨后春笋般地出现，使我国农业现代化道路的探索工作出现了新局面。在此基础上，要是能更进一步，把生态农业研究同农业系统工程研究和农村发展的社会科学研究自觉地结合起来，逐步纳入中国式农业现代化道路综合研究的轨道，就能使我们对农业现代化道路的探索摆脱照抄外国的被动局面，进入独立思考和主动探索的新阶段，可见，开展这样的综合研究和实践，在中国农业现代化的历史上是有着划时代意义的。

开展这样的综合研究和实践，对当前农业基础作用的强化有着现实意义。目前我国农业这个基础仍然比较脆弱，继续强化这个基础是国民经济发展全局的需要。在不能照抄外国办法的现实条件下，我国要持续强化这个基础，就需要通过这样的综合研究和实践，探索农业发展的新道路，使我国农业在经济效益、社会效益和生态效益上赶超发达国家的水平。近几年各地生态农业试点的实践证明，我国在这方面的探索工作是大有希望的。越来越多的事实使人们相信，我们这个曾经创造过世界第一流农业的民族，在中国共产党的领导下，一定能走出一条振兴中国农业的道路。

这样的综合研究和实践，在科学上的重要意义也是非常明显的。农业现代化道路的问题，是近二十多年来国际上对农业发展战略进行大辩论的中心课题。我国科学工作者把生态农业的自然科学和技术科学研究，通过系统科学与社会科学的研究结合起来，对农业现代化道路进行综合探讨，这本身在科学上就是一种创造，已引起国际学术界的广泛关注。有位外国学者就这样评述过："世界上对农业的研究还多是单一性的，很少像中国这样进行综合性研究和实践。这种综合性的研究对中国和其他国家都是很有意义的。"他们认为有理由把寻找现代农业出路的希望在很大程度上寄托在中国同行们的身上。这表明历史赋予我们中国科学工作者的这个课题，是何等重要而紧迫、艰巨而困难！

面对这样一个大课题，我们怎么办？列宁曾经说过："从自然科学奔向社会科学的强大潮流，不仅在威廉·配第时代出现，在马克思时代也是存在的，在20世纪这个潮流也同样强大，甚至可以说更加强大了。"（《列宁全集》第20卷第189页）现代科学的发展，越来越明显地证实了列宁的这个论断。现代自然科学奔向社会科学的潮流确实是日益强大，势不可挡。在这种新形势下，无论是自然科学工作者，还是社会科学工作者，要想单枪匹马、零打碎敲地对付如此重大的课题，都是奏效不大甚至无济于事的；只有依靠协作，特别是自然科学与社会科学的多学科协作，才能使这方面的科研成果直接转化为社会生产力，为我国的经济建设服务，为我国整个科学事业的繁荣兴旺做出贡献。

在认识"自然科学奔向社会科学"这个潮流的同时，我们社会科学工作者也要主动同自然科学工作者开展合作。1985年中央领导同志在部署我国"七五"期间社会科学的发展时曾指示：社会科学研究，也要像自然科学那样，对一些重大课题开展多学科的协作攻关。在中国式农业现代化道路的综合研究中，我们应当贯彻这一指示，在马克思主义基本原理的指导下，从我国的具体实际出发，应用现代科学成就，以生态农场、生态农户和生态农村为基点，将生态工程学、系统工程学与生态经济学、社会生态学、发展经济学、环境经济学、资源经济学和经营管理学等学科的研究结合起来，突破"概念之争"的局限，开展多学科的协作攻关，对我国农业和农村的现代化实践扎扎实实地进行综合研究，争取获得有国民经济意义的研究成果。

同奥卡利教授谈奥塔·锡克与捷克斯洛伐克经济改革*

（1986年3月）

刘国光：奥卡利教授，你怎样看奥塔·锡克关于经济改革的主张？

奥卡利：他的主张经常变，我不知道你指的是他哪一时期的主张。

刘国光：关于1968年经济改革的主张。

奥卡利：他关于1968年经济改革的主张和当年的一些基本观点，我本人很感兴趣。捷克斯洛伐克第一次经济改革是在1958年，1968年的改革是第二次。锡克在此之前，主要是1964年、1965年的许多观点是对的，但他并不是唯一的，而且也不是最主要的改革人物。1965年任总理的奥·切尔尼克是最主要的改革人物，只是由于1968年"布拉格之春"事件，锡克才被推到前台。说他是最主要的改革人物，是不符合历史事实的。1968年改革的

---

* 1986年3月，中国社会科学院副院长刘国光教授在访问捷克斯洛伐克期间，与斯洛伐克科学院院士、经济研究所所长奥卡利进行了座谈。1958年，刘国光教授随孙冶方同志访问捷克斯洛伐克时曾见过奥卡利教授。两位学者这次在布拉迪斯拉发重逢，感到格外亲切，彼此就共同关心的许多问题进行了十分坦率的讨论和交流，其中3月14日关于捷经济学家、前副总理奥塔·锡克与经济改革的座谈比较重要，对我国经济理论界进一步了解奥塔·锡克、了解捷现在进行的经济改革及其与苏联改革的异同等问题，颇有帮助。本文由李金早帮助整理，原载《经济研究资料》1986年8月10日第15期。

基本原则和主要内容比较符合实际，因而是可行的，即使现在，这些基本原则也是适用的，尽管官方不这样讲。但我个人认为，锡克的经济理论在从教条主义转向比较注重实际之前，是最坚决支持斯大林理论的。后来，他来了一个一百八十度的大转弯，不仅批判斯大林的理论，而且连马列主义的基本原理也批判。

锡克理论的主要内容是计划与市场的关系问题。他强调计划与市场经济应适应所有的经济形式。我承认他在某些方面有一定的道理，但我认为，如果把市场经济绝对化，那就不对了。从市场经济讲，既可以以资本主义方式来进行，也可以以社会主义方式来进行。如果不看到社会主义所有制的特点，完全指望市场是不行的。社会主义国家与资本主义国家的差别很大，但锡克从理论上得出的结论是，市场应起重大作用，计划只是形式，只有市场经济才是出路。

刘国光： 奥塔·锡克主张把计划与市场结合起来，主张国家计划主要控制价值指标，主要抓国民收入分配，实物分配则交给市场去完成。但他并不反对计划经济。

奥卡利： 他在20世纪60年代下半期是这样的，但他在到西方后出版的一本著作里则十分强调自由主义。

刘国光： 捷克斯洛伐克这一次改革与1968年的改革，即所谓"布拉格之春"有什么不同？有人说，1968年的改革是要取消计划，这一次改革则是计划与市场二者的结合。但这种说法并未说服我。我的印象是，捷当时的经济学家并非要取消计划。所以，奥卡利教授刚才讲，1968年改革的基本原则现在也基本适用，这种说法可能更符合实际情况。我不知道我的理解对不对？

奥卡利： 是这样的。我个人认为1968年改革的出发点是对的，社会主义经济没有市场经济是不行的。1968年改革的缺点之一，是计划与市场二者没有很好地结合，国家计划没有考虑企业，企业计划则自行制订，二者严重脱节。

刘国光：二者恰当结合确实相当困难，需要探索、试验。捷克斯洛伐克这一次改革与苏联目前的改革有何异同？

奥卡利：首先是对计划经济及其职能的理解是共同的。其他方面的共同点也比较多，例如，在经济发展战略、长期计划、科技政策以及经济调节机制等方面都比较接近。区别也是存在的，捷现在还只是一般地制定改革原则，企业自主的具体措施还未制定，尽管领导人现在讲话强调改革的重要性，但却不过是一般的谈论，仅停留在已公布的改革原则上，很不具体。而苏联已在采取一系列实际步骤，他们已在考虑与资本主义国家建立联合企业，而我们还未走到这一步。不过，我认为在这方面的区别只是时间上的问题。

刘国光：在改革方向上是否一致？

奥卡利：可以说是一致的。

刘国光：在企业自主的程度上，捷与苏有何不同？捷企业的投资权限将来怎样确定？

奥卡利：这些方面与苏联在原则上是基本一致的，但从原则到实践会有许多不同。

刘国光：我们前几天参观了一家国营制药厂，这个厂的全部折旧基金都上缴给国家。

奥卡利：现状的确如此，我们现在就是要改变这种状况。

刘国光：捷克斯洛伐克的指令性计划今后是否会取消？

奥卡利：方向是逐步减少指令性计划，多数产品由市场调节，但石油等重要物资不会完全脱离计划。苏联物资供应部门对2000多种物资编制300多种物资平衡表。与此不同的是，捷没有国家物资供应委员会，物资分配由国家计委来管。

中国经济体制改革的回顾和前瞻*

（1986年3月）

一

中国原有的经济管理体制，大体是在第一个五年计划（1953—1957）的末期，在对生产资料所有制的社会主义改造基本完成的时候形成的。它是一种高度集中的经济管理体制。这种体制在一段时期中，对于保证我国的重点经济建设、保持物价的基本稳定和人民生活的改善，曾经起了积极的作用。但是，随着我国经济的发展和经济结构的变化，这种体制越来越不适应社会生产力的发展。若干年中，我国经济体制虽然有过一些变化，但基本模式并未改变。它的主要特点和弊端，是国家对企业管得过多过死，企业缺乏应有的自主权力；主要用直接的行政指令手段来调节经济，忽视了市场机制的作用；分配领域实行企业吃国家的"大锅饭"，职工吃企业的"大锅饭"的平均主义制度，压抑了企业和职工的积极性。此外，在所有制关系上，还存在着越大越公越好，急于向单一的全民所有制过渡，削弱、排斥集体经济和个体经济的倾向。这些特点和弊端，使得本来应该生机盎然的社会主义经济，在很大程度上失去了活力，经济效益低下，社会主义制度的优越性不能充分发挥出来。特别是"文化大革命"的十年动乱，使得我国经济的发展受到很大的损害，同世界先进

142　　*　原载《财经问题研究》1986年第3期。

国家的差距进一步扩大。粉碎"四人帮"后，人们逐渐认识到，中国的经济必须进行认真的改革，才能实现现代化，走向繁荣富强。

我国的经济体制改革，是从中国共产党十一届三中全会开始的，到现在已经过了七年多时间。改革首先在农村展开并取得重大突破。农民群众创造的联产承包责任制，迅速推广到全国，在坚持土地等重要生产资料集体所有的前提下，改变了过去那种以生产队为单位的集体经营、集体劳动、统一分配的做法，实行了以家庭作为基本的生产经营单位，把土地交给农民承包种植。围绕这一核心，对农业管理体制进行了一系列的改革。取消了指令性的农业生产计划，除个别品种外，国家也不再下达农产品统购派购任务，生产经营由农民根据国家的定购合同和市场需求自主安排，国家定购以外的农产品，允许农民上市自销。劳动成果的分配按照承包合同，一般采取"交足国家的、留够集体的、剩下都是自己的"这种简单明了的方式来进行。这些改革，使农民有了生产经营和收益分配的自主权，激发了亿万农民的生产积极性，促进了农村商品经济的迅速发展。据统计，到1984年年底，已有一亿八千多万个农户实行了家庭联产承包责任制，占农户总数的98％以上。全国农村专门从事商品生产和经营的各类专业户目前已有400多万户，约占农户总数的2.5％。目前，广大承包户和专业户在种植、养殖等基本生产环节上采取家庭生产经营方式，而在灌溉、植保、某些农田基本建设、供销储运、信息交流等方面则发展多种多样的新型的联合生产经营方式。到1984年年底，全国农民自愿组织起来的各种经济联合体有46万多个，从业人员约356万人。在农业生产率提高的基础上，每年有上千万务农劳力从农业转移到非农部门。到1985年，乡镇企业已累计吸收6000万人就业，占农村总劳力的16％，在国民经济中开始占有重要地位。总之，随着农村改革的进展，我国落后的半自给性的传统农业正在向专业化、商品化、现代化的社会主义农业加速转变。农村改革的成功和农村经济的发展，加强了整个国民经济的基础，给城市改革以极大的推动，并为城市的经济体制改革积累了经验。

二

我国城市的经济体制改革，大体可以分为两个阶段。从1978年年底到1984年党的十二届三中全会以前，城市的改革只是初步的、试验性的；十二届三中全会以后，开始进入以城市为重点的经济体制全面改革的新阶段。几年来由农村开始，逐渐扩及城市并以城市为重点的整个经济体制改革，在以下几个方面取得了重大的进展：

第一，对所有制结构进行了重大的调整和改革。几年来，改变了过去长期只注重发展全民所有制经济、轻视和削弱集体经济、排斥和取消个体经济的做法，实行了在保持全民所有制占主导地位的前提下，积极发展城乡集体经济，适当发展个体经济，并在一定范围允许中外合营等企业有所发展，逐渐形成了以公有制为主体的多种经济形式和多种经营方式共同发展的格局。据统计，全国现有全民所有制企业80多万个，职工达8700多万人；集体所有制企业280多万个，职工达7000万人；城乡个体工商业已有1060多万个，从业人员达1500万人。此外，中外合资企业、合作经营企业和外资经营企业发展到近5000个。在发展多种经济形式的同时，对公有制本身也不断加以改革和完善。对一部分全民所有小型工商企业，采取了承包、转让和租赁给集体或个人经营的办法，国营商业小企业改为集体经营的有4万多个，转为集体所有和租给集体或个人经营的各5000多个。过去相当大的一部分集体企业照搬了全民企业一套管理办法，实际上变成为"小全民经济"，也在采取一系列改革措施恢复其集体经济的性质和特点，逐步做到真正实行独立核算、自负盈亏和民主管理。经济形式和经营方式的这些改革，对于搞活经济、繁荣市场、方便人民生活，都起了积极的作用。

第二，扩大基层单位的经营自主权。农村中采取了联产承包责任制，已如前述。在城市，扩大企业自主权首先是四川省1978年在六个企业中试点，1979年，国家有关部门在京、津、沪选择了首钢等八个企业，进一步开展扩权试验。1980年，全国试点工业企业已达15500多个。国务院先后发布了关于企业改革的十几个文件，对企业应有的权责利作了具体、明确的规定，这些规定虽然还远远没有完全落实，但企业的生产经营自主权比过去确有明显的扩大。例如在生产计划方面，允许企业在保证完成国家指令性调拨任务以外，有权根据市场供求自行安排生产。在购销方面，允许企业在市场上选购设备和原材料，自销计划收购以外的产品，在一定范围内与买方协商定价或自定价格。在资金使用方面，自留利润比例逐年提高（国营工业企业的留利占实现利润和税收的比重由1981年的7.5％，1982年为9.2％，1983年为11.9％，1984年提高到14.3％），并允许企业将留利用于发展生产、集体福利和职工奖励，并可将生产发展基金、折旧基金、大修理基金捆起来，合并用于设备更新和技术改造。有的还可发行债券，自筹建设资金。此外，在劳动人事、联合经营等方面也有了一定的自主权。在许多企业内部，实行了多种形式的责、权、利相结合的经济承包责任制，试行了厂长（经理）负责制。通过这些改革，初步改变了企业作为国家行政机关附属物的无权状态，调动了企业和职工的积极性。

第三，商品流通体制的改革有了突破。随着理论上逐步肯定社会主义社会的商品经济，否定了生产资料不是商品的论点，这几年围绕着建立和完善社会主义商品市场，进行了多方面的改革。首先是逐步减少国家计划直接管理的商品品种和数量，扩大市场调节的范围，商业部直接管理的商品由1979年的188大种减少到1985年的23种，国家计划分配的生产资料从1980年256种减少为1985年的23种，这23种国家统一分配部分的比重也有较大幅度的降低，如钢材从60％左右降为55.4％，木材从80％左右降为35.2％，煤炭从53.7％降为47.3％，水泥从33.9％降为19％，这些产品的市场调节部分的比重则相应提高。机电产品除汽车和工业锅炉等外，全部实行自由购销。从1979年起，逐步取消了日用工业品的统购包销制度和农副产品的统购派购制度。商业系统开始打破长期以来形成的一套国营企业独家经营，封闭式、多环节的流通体系，逐步向多种经济形式、多种流通渠道、多种经营方式，少环节、开放式的市场流通体系转变。各种贸易中心、批发市场、农贸市场、农工商联合企业等大批涌现。到1984年年底，全国已建立日用工业品贸易中心990个，农副产品贸易中心646个，生产资料贸易中心320多个，城乡农贸市场和小商品批发市场近六万个。一个开放式、网络式的社会主义商品市场已逐步形成，将有利于竞争的开展和产销的衔接，可以较好地满足消费者的需求，促进商品生产的迅速发展。

第四，国家对经济的管理开始由直接控制为主，逐步向间接控制为主过渡。国家向企业下达指令性的实物生产指标大大减少，工业产品的指令性生产计划从1980年的123种，占工业总产值40％，1984年减少到60种，占工业产值20％；国家统一分配的物资，由1980年的256种减为1984年的29种。地方政府下达的指令性计划也相应减少。随着国家直接计划控制范围的缩小，开始注意运用各种经济杠杆来调节经济的运行。首先在价格调节上，把过去单一的国家定价形式改为统一价、幅度价、自由价等各种价格形式，缩小国家统一定价的范围，适当扩大基层经济单位的定

刘国光

经济论著全集

第
6
卷

价权。例如，1983年以前，由国家统一定价的日用工业消费品为85种，占销售额的75％左右，现已减为37种，占销售额的30％左右；其他或者实行浮动价，或者全部开放。1985年农副产品统购统销制度取消以后，除粮棉油等少数产品国家按合同订购部分仍制定统一价格外，其他农副产品，包括完成国家定购合同的产品价格基本上放开。重要生产资料价格除国家统一调拨分配的部分仍实行计划价格外，其余则实行浮动价、议价或自由定价，逐步缩小国家定价部分的比重，扩大市场调节的比重，打算通过这种办法使计划价格与市场价格逐渐接近，最终在合理的水平上统一起来，成为计划指导下的，可随供求关系灵活变动的价格。这可能是震动较小、易为各方所接受的价格改革的途径。

在金融手段方面，这几年，随着金融体制的初步改革，银行的作用逐步加强，开始形成以银行信用为主体，商业信用、委托信用、民间信用等多种信用并存的局面；开始注意把利率作为调节杠杆来使用，在一定范围内试行了差别利率和浮动利率以及贴息贷款。过去由财政拨款的投资项目，凡具备返还能力的，都改为银行贷款。新建全民企业的流动资金也全部改由贷款解决。在财政税收手段方面，开始把过去只注重集中财政收入一种职能的比较单一的税收制度，改变为能适应商品经济发展并能发挥经济杠杆调节职能的多税种、多环节征收的复税制，并在调整税率，平衡税收负担方面采取了一些改革措施。在加强运用经济手段的同时，也开始注意运用法律手段。1979年以来，已颁布各种经济法律和法规300多项，目前正在努力加快经济立法的进程。

第五，收入分配领域，开始打破两个"大锅饭"制度。在打破国家与全民企业统收统支的"大锅饭"方面，先后试行了各种办法，最后确定以"利改税"（即企业向国家上缴利润改为上缴税收），作为处理国家与企业分配关系的基本形式。1983年6月起，全国范围的全民所有制企业实行了第一步利改税，即在企业

中国经济体制改革的回顾和前瞻

的实现利润中，先征收55%的所得税，税后利润采取多种形式在国家和企业之间合理分配，实际上是上缴税收和上缴利润并存的办法。自1984年10月1日，又实行了第二步利改税，企业除依法纳税外，不再上缴利润，这样就把国家同企业的分配关系用法律的形式确定下来，既保证国家财政收入的稳定增长，又使企业的自留利润不断增加。企业内部分配制度的改革，总的原则是把职工收入与本企业经济效益联系起来。全国有15%的大中型企业实行了职工工资总额与上缴税利挂钩浮动，煤矿实行吨煤工资含量包干，建筑业实行百元产值工资含量包干，其他企业从留成利润的奖励基金中提取职工奖金，上不封顶，国家通过征收超额奖金税加以控制。分配制度的改革，使企业与企业之间、职工与职工之间的收入差距有所拉开，起到了一定的奖勤罚懒的作用。

第六，在经济组织体系的改革上，对分开政企职责、打破条块分割、建立横向联系等方面，进行了一些探索，取得了一些进展。首先是要求中央各部门、地方各级政府都不再直接经营企业，除少数特殊情况外，逐步将所属企业下放到所在城市。城市也不能直接干预企业的产、供、销，而是对整个经济活动起统筹、协调、服务、监督的作用。政府主管部门从行政性的部门管理逐步转向行业管理。这一重要改革先在机械工业部试点，目前该部62个部属企业已全部下放，电子工业部170个部属企业除个别特殊者外也已下放，其他部门也正在酝酿，一部分省属企业也下放到城市。几年来，条块分割的状况也有所改变，部门之间、地区之间、城乡之间和企业之间按照扬长避短、互利互惠的原则，积极开展各种经济技术交流和合作。企业在自愿互利的基础上，冲破条块和不同所有制等界限，有的以联合开发资源、综合利用资源为目的；有的围绕扩大名牌优质产品生产能力或开发新技术、新产品，组成不同类型的经济联合体或企业群体。这不仅有利于展开有益竞争，提高技术水平和经济效益，而且为企业摆脱行政隶属关系，实现政企职责分开创造条件。

第七，对外开放取得进展。对外开放是我国经济体制改革的重要组成部分，几年来，在这方面迈出了四大步：一是1980年批准广东、福建两省在发展对外经济关系方面实行特殊政策和灵活措施；二是在广东省的深圳、珠海、汕头，福建省的厦门建立四个经济特区；三是1984年决定逐步开放14个沿海港口城市和海南岛；四是1985年决定逐步开放长江三角洲、珠江三角洲和闽南三角地带，今后还将开放辽东和胶东两个半岛，逐步形成我国沿海开放地带。广大内地省份和城市也积极发展对外经济关系。到1985年年底，我国已经累计批准建立中外合资企业2300多家，合作经营企业3700多家，外商独资企业120家，批准海洋石油勘探开发项目35个。与此同时，我国吸收外资和开展对外承包工程、劳务合作的事业，都已初步打开局面，取得较大的进展。外贸体制进行了初步改革，适当扩大地方和企业经营外贸的自主权，实行出口商品分成制度等，调动了各方面办外贸的积极性。进出口贸易总额迅速增长，1985年预计576亿美元，比1980年增长57.8%。

总之，经过过去几年的改革，中国经济体制无论在所有制结构方面，在扩大企业自主权方面，在发展市场关系方面，在国家对经济的管理控制方式方面，在经济利益分配方面，在经济组织体系方面，以及在对外经济关系方面，都有了程度不等的进展。这种改革正在把蕴藏在中国人民中间的巨大潜力开发出来，成为推动经济发展的巨大动力。整个第六个五年计划时期（1981—1985年）社会总产值和国民收入平均每年增长速度达到10%左右，大大超过计划规定4%的指标，这个速度在当今的世界上也是罕见的。随着经济的发展，人民生活水平这几年提高较快，1985年同1980年相比，扣除物价变动因素，全国农民年人均收入每年平均增长14%，城镇职工年人均收入每年平均增长4.7%。这样好的经济形势的出现，同经济体制改革所带来的活力增强的结果是分不开的。

三

在回顾中国经济体制改革几年来取得的成就的同时，不能不看到，以城市为重点的全面体制改革，现在仍然处在初级阶段。新的经济机制还远远没有完整地建立起来，旧的经济机制的作用也远远没有退出历史舞台。虽然农村经济和非国有成分的改革，在决策权力的分散化、调节机制的市场化，以及在破除平均主义的分配制度等方面，有了比较大的进展。但是，城市经济和国有成分的改革，仍然是初步的、探索性的。在这里，旧的模式还不能说已经发生根本性的变化。总的来说，目前中国的经济体制改革中，存在着以下两个方面的问题。

一是在微观经济方面，企业的活力和市场机制的积极作用还远远未能正常发挥出来。国有经济小企业通过承包、租赁等形式具有了自主经营的能力，活力确实有所增强，但是国务院关于扩大企业自主权的一系列规定和措施在大中型企业还没有很好落实。国家下放给他们的一部分权力，往往被中央和地方各级行政主管部门（以及由政府机构改组成立的行政性公司）所截留，出现了大中型企业活力不够和在竞争中处于不利地位的问题。据调查分析，大中型企业中搞得较活的只有20％左右；有50％~60％的企业自主权有所扩大，但并没有真正活起来；还有20％左右的企业改革进展迟缓，被动无权的状况变化不大。大中型工业企业的税收负担偏重，在实现的税利总额中，留给企业的部分，1984年只占12.9％，低于小型企业，如再扣除各种名目的摊派等项开支，真正能够用于自我改造、自我发展的资金非常有限。而且，实行第二步利改税后，最后按照盈利多寡确定一户一率的调节税，具有明显的"鞭打快牛"的弊病。企业的改组、联合、与横向经济联系的发展，往往受到上级主管机构的限制。

再就是微观搞活的措施，往往只注意企业的动力的方面，如强调对企业放权放利，而忽视给企业以压力的方面，特别是企业的财务预算制约软弱的问题没有解决，自我约束的机制没有形成，很容易引起企业追求短期利益的行为。不少企业有了提留利润的权力以后，不仅未能自我遏制"数量扩张"和"投资饥饿"的欲望，而且在乱发工资、奖金方面导致了消费基金的膨胀。由于价格体系严重扭曲的状态远未消除，市场体系尚不发达、不完善，部门和地方的封锁分割仍然存在，尤其是资金市场和劳动市场尚处在萌芽阶段，这一切使得生产要素的流动仍有障碍，有益的竞争不能充分展开，市场机制的作用受到很大的限制。

二是在着重注意搞活微观经济的同时，宏观经济的控制措施未能配套跟上，宏观经济管理的改革落后于微观经济搞活的新形势。这几年，随着简政放权，国家逐步减少对微观经济直接控制的范围，但是，间接的经济手段尚不能有效地运用，以取代直接的行政手段，这样就造成宏观经济管理的某些真空状态。1984年第四季度到1985年上半年发生的投资、消费、信贷和外汇收支的某些失控，以及由此带来的工业超速增长，市场供应紧张和物价上涨等问题，就是这样产生的。经过我国政府采取了加强宏观控制的一系列措施，从1985年下半年起经济"过热"的现象已经逐步得到控制。但是，在价格、财政等基本经济关系尚未理顺，市场体系还不完善，企业行为还没有根本改变的情况下，运用间接的经济手段来调节经济的运行，无论是总量的控制还是结构性的调节，效果都不理想。因此，加强宏观经济管理，目前在某些场合还需要较多地采用甚至强化指标、限额等直接的行政控制手段，这是国家行政机构习惯使用的办法，如不注意，就有可能积习成瘾，妨碍改革的前进。在企业和市场初步搞活以后，由于缺少完备的法规体系和执法制度，必要的检查、监督、管理工作没有及时跟上，因此经济生活中出现了较多的漏洞，助长了少数人收入分配的不公正和某些不正之风，引起一些社会问题。以上问题，有些属于工作上的失误，是可以避免的；有些则是改革过程中难以避免的，它们同经济体制改革不配套，相关的改革措施衔接不好，以及新旧双重体制并存所带来的矛盾和摩擦，有着直接的关系。改革过程中产生的问题，只有通过今后坚持不懈的改革，才能逐步得到彻底的解决。

四

从1986年起，我国的经济建设进入第七个五年计划时期。在过去，第六个五年计划的前几年，针对当时国民经济一些主要比例关系存在着严重的不协调状况，经济调整的任务很繁重，当时把经济调整放在首位，经济改革放在次要地位，改革要服从调整的需要，这是必要的。随着"六五"计划的顺利完成，国民经济逐渐走上持续稳定协调发展的轨道，经济体制全面改革的社会经济条件业已成熟，改革已上升为主要任务。1985年9月中共全国党代表会议通过的"关于第七个五年计划的建议"规定"七五"时期的首要任务，就是进行经济体制的全面改革，力争在五年或更长一些的时间内，基本上奠定有中国特色的、充满生机与活力的社会主义经济体制的基础，以促进我国社会生产力的发展。

为了奠定新的社会主义经济体制的基础，"七五"时期内的经济体制改革主要应当抓好互相联系的三个方面：

第一，进一步增强企业活力，特别是全民所有制大中型企业的活力，使它们真正成为相对独立的、自主经营、自负盈亏的社会主义商品生产者和经营者。目前全国大中型企业有5800多个，约占全国企业总数2％，但它们拥有的固定资产和上缴税利的比重，约占全国企业的三分之二，在国民经济中具有举足轻重的地位。如前所述，目前大部分大中型企业还缺乏活力。增强企业活力，既要注意给企业以自我发展的动力方面，又要让企业有自我约束的压力。为此，既要进一步简政放权，逐步减少指令性计划任务，把应给企业的微观经营决策权直接放到企业，适当减免大中型企业的调节税，提高企业税后留利水平，为各类企业创造比较平等的竞争条件；又要完善微观经济活动机制，强化财务预算约束，使企业对自己的经营状况真正承担责任，并在宏观经济方面努力做到供求平衡，给企业以市场竞争的压力。搞活企业还要保证公有制占绝对优势的前提下，进一步发展多种经济形式和多种经营方式，部分小型全民所有制企业可以通过承包、租赁等形式转为集体或个体经济。还可以进行联合股份经济形式的试验，以找出一条以公有制为基础的、适合于我国国情的社会主义联合股份经济形式。

第二，进一步发展社会主义的有计划的商品市场，逐步完善市场体系。这是进一步增强企业活力所必须建立的经济环境。发展商品市场，首先要进一步打破目前还存在着的部门分割、地区封锁和城乡阻塞的状况，在各省、自治区、大中小城市和城乡之间实行互相开放。当前，在继续发展农副产品市场和继续发展工业消费品市场的同时，还要逐步减少国家分配调拨生产资料的种类和数量，扩大生产资料市场。商品价格的改革，对消费资料，除极少数重要商品仍由国家定价外，一般商品要根据市场供求状况有计划地逐步放开；对重要生产资料，要逐步减少国家统一定价部分的比重，扩大市场调节部分的比重，同时有计划分步骤地调整计划价格，使计划与市场两种价格的差距逐渐缩小。为了适应商品市场发展的要求，还必须逐步开辟和发展资金市场、技术市场。通过金融体制的改革，把过去资金的纵向分配、吃"大锅饭"、不讲效益的状况逐步改变为实现资金的横向融通，利率调节，把资金引导到社会需要和经济效益好的地方去。要积极发展科技成果有偿转让、技术承包、咨询服务等多种形式的技术交易活动。还要创造条件，促进劳动力的合理流动。随着住宅商品化的推行，房产市场的开放和土地有偿使用问题，也将提上议事日程。

第三，国家对企业的管理逐步由直接控制为主转向间接控制为主。为了实现这个转变，必须建立新的宏观经济调控体系。计划工作要由年度计划为主转到中长计划为主，由实物指标管理为主转到价值指标管理为主，由行政办法为主转到运用经济政策、经济手段为主的间接的宏观控制的轨道上来。为此要逐步做到协调配套地运用经济杠杆，特别是通过灵活掌握财政税收政策和货币金融政策，增强国家对宏观经济间接控制的能力。同时，要加强经济立法和司法工作，力争在"七五"期间建立起比较完备的经济法规体系，促进和保证经济体制改革的进行。随着国家管理经济的职能范围和管理方式的变化，各级政府经济管理部门的组织机构也要进行适当的调整和改革，总的来说，综合管理部门要充实、加强，专业管理部门要调整缩减；经济监督、监察机构要建立或加强，行政管理机构要缩减；智力机构要充实、加强，权力机构要缩减。这样才能使经济管理的组织系统适应体制改革和国民经济发展的需要。

以上简要地讲了"七五"期间经济体制改革要抓好的三个主要方面。围绕这三个方面，将配套地搞好计划体制、价格体系、财政体制、金融体制和劳动工资制度等方面的改革，以形成一套把计划和市场、微观搞活与宏观控制有机地结合起来的机制和手段。1986年是"七五"计划的第一年，1986年到1987年改革的重点是围绕稳定经济的要求，继续加强宏观控制，着重巩固、消化过去已经出台的各项改革，存利去弊，补充改善，为"七五"后几年改革迈出更大的步伐创造条件。当然，我们知道，改革的道路不是平坦的，但是，只要有坚定的决心和稳妥的步骤，中国是能够一步一步地实现改革目标的。

全国经济改革与数量分析学术
讨论会开幕词*

（1986年5月4日）

同志们：

由中国社会科学院数量经济与技术经济研究所和中国数量经济学会联合主办的全国经济改革与数量分析学术讨论会现在开幕了。首先，让我代表中国社会科学院向这次讨论会的召开表示热烈的祝贺！向来自全国的各位代表表示热烈的欢迎！

赵紫阳在刚刚结束的第六届全国人民代表大会第四次会议上所作的《关于第七个五年计划的报告》中指出："哲学社会科学研究，尤其是经济理论研究，要遵循理论联系实际的原则，积极运用马克思主义基本理论探索和解决改革和建设中提出的重大问题，努力坚持在实践中丰富和发展马克思主义。"报告还指出："目前，我们的经济理论研究工作落后于改革和建设的实践，还不善于对丰富的实践作出新的概括。我们必须继续坚持理论联系实际的原则，鼓励理论上和实践上的大胆探索和开拓创新精神。"赵紫阳的指示，充分体现了党中央和国务院对我们经济理论界的期望。这些指示对我们经济理论工作者是一个极大的鞭策。

我们这次召开的经济改革与数量分析学术讨论会，正是为了

---

* 原载《数量经济技术经济研究》1986年第9期。

贯彻上述报告的指示精神。这次讨论会的中心议题是，广泛探讨和深入研究我国经济体制改革中所涉及的一系列重大的经济数量关系问题。无疑，这次讨论会的召开，无论是对于我国经济体制改革本身的理论与实践研究，还是对于促进我国经济理论界在马克思主义基本原理指导下，加强理论联系实际的研究，都将起到积极的推动作用。

回顾我国经济理论界对经济数量关系的研究，可以说有过三次高潮。每次高潮都是与我国现实中的重大经济问题紧密相连的，都是为解决这些重大的现实经济问题服务的。

第一次高潮是20世纪60年代初期。当时，国民经济的综合平衡问题、速度与比例问题、经济效果和经济核算问题等成为我国经济发展和国民经济管理中的突出问题，经济理论界对这些重大的经济数量关系问题集中地展开过讨论。为了适应客观的需要，从那时起，对现代经济数学分析方法，如投入产出法等的研究，开始在我国发展起来。1958年年底1959年年初，我陪同孙冶方同志一起前往捷克斯洛伐克开会，回来时在苏联进行了访问和考察。那时，苏联已开始重视经济数学方法的研究，他们正邀请美国经济学家列昂惕夫做投入产出法的讲演。回国后不久，我们经济研究所也指派了几名同志去学，经济数学方法研究与应用的队伍也逐步发展和壮大起来。在1985年年底，中国数量经济学会在全国已有一千余个集体会员单位。许多地方社会科学院经济研究所设立了数量经济研究室；许多高等院校开设了数量经济学课程和成立了有关的系及教研室；许多政府部门和企业也成立了电子计算中心或有关的机构与组织。

第二次高潮是党的十二大之后。为了贯彻党的十二大提出的到20世纪末我国经济发展的宏伟目标，从中央到各部，到各省、市、自治区等，进行了中长期经济发展规划的编制、计算与论证，并就发展目标、发展战略、最优增长途径等问题开展了研究，推动了投入产出法、经济计算法、最优规划法等现代经济数学方法的深入研究与广泛应用。

第三次高潮是现在。经济体制改革的全面展开和深入发展，为我们提出了一系列重大的经济数量关系问题，需要我们去认真研究、大胆探索和努力开拓。譬如，赵紫阳在《关于第七个五年计划的报告》中所提到的为改革创造良好的经济环境，保持社会总需求和总供给的平衡问题；确定适度的经济增长率问题；规定恰当的投资规模，合理调整投资结构问题；科技进步和智力开发问题；恰当地确定提高人民生活水平的幅度问题；计划工作的重点逐步转到主要运用经济政策和价格、税收、信贷、利率、汇率、工资等经济杠杆问题，等等，这其中都包含有经济数量关系问题，而且也只有从质、量、度三个方面去研究和把握，才能有效地解决好这些问题。在这些问题当中，有些属于"老题目"，但在改革的新形势下，又有了新的情况、新的内容、新的意义和新的研究方法、研究手段，有些则完全是新题目。譬如，如何用系统论、控制论、信息论的原理和方法，来研究建立有中国特色的、充满生机和活力的社会主义经济管理体制问题；又如，我们不仅要开展国民经济发展的十年、二十年的长期预测，而且要开展五年的中期预测、一年的短期预测，甚至更短的季度、月季预测，以配合重大改革措施的出台和保证改革的顺利发展。总之，我们相信，在经济体制改革的推动下，我国的经济理论研究，包括经济数量关系的研究，必将出现一个新局面，达到一个新水平。

最后，预祝讨论会圆满成功！

我国价格改革的一些情况和问题[*]

（1986年5月）

1. 我国当前为了实现社会主义现代化的目标，面临着改造经济结构和改革经济体制的重大任务。而完成这两项任务都碰到价格不合理的制约。不解决价格不合理的问题，我国经济的现代化进程将遇到极大的障碍。因此，价格改革就成为整个国民经济进一步发展和整个经济体制进一步改革的一个关键。

2. 我国原有价格很不合理，包含着两个相互联系的方面。一是价格结构严重扭曲，不反映价值关系和供求关系；二是价格管理体制过于集中，价格形成机制十分僵化。价格结构的严重扭曲主要表现在：（1）农副产品收购价格偏低。从1966年起，农副产品收购价格提高很少，粮食收购价格基本未动，种粮吃亏的现象普遍存在。（2）工业品之间的比价不合理。部分能源、原材料价格偏低，部分加工工业品的价格偏高。如1979年县及县以上国营工业企业的资金利润率，在能源、原材料部门中，煤炭为2.1%，铁矿为1.6%，水泥为4.4%，化工原料为3.2%，木材采选为4.8%；在加工工业部门中，橡胶加工为44.9%，染料油漆为38.4%，手表为61.1%，自行车为39.8%，化学药品为33.1%。（3）建筑产品价格不完整。1980年以前，建筑产品的成本就是价格，不含利润。房租更低，全国273个城市每年收回的房租，仅为房产管理和维修费的1/4。（4）交通运输、城市公用事业和

　　* 原载《财贸经济》1986年第5期。

服务行业价格偏低。（5）价格补贴量大。主要是补贴粮油收购价格和销售价格的倒挂等。1971—1980年，国家用于价格补贴的金额为1908.9亿元，相当于同期财政收入的22%。

价格形成机制僵化表现在：（1）定价权集中在政府特别是中央政府手中，企业没有定价权；（2）价格形式单调，计划固定价格占统治地位；（3）价格管得过死，价格一经制定，就很难重新调整。调整一种产品价格，往往需要经历3~5年时间。价格形成机制的僵化，是价格体系长期不合理甚至愈演愈烈的一个重要原因。

这种僵化的价格形成机制，是我国原有以行政协调、实物管理为特征的高度集中的经济体制的必要组成部分，在这种僵化的体制下，价格的主要职能限于：（1）作为统计工具，计量使用价值的增减。（2）作为国民收入再分配的工具，通过比价和差价来集中财力，用于国家最紧迫的任务。而价格作为核算经济效益、刺激技术进步和指示资源配置等方面的功能，则往往被忽视。这样形成的不合理的、僵化的价格结构，无法用来正确地评价企业和部门的经济效益，不利于社会资源的节约和合理配置，妨碍国民经济按比例地协调发展。我国社会主义经济过去二三十年中发展不够理想，这不能不说是重要原因之一。

3. 从1979年开始，价格改革经历了一个从单一目标到双重目标的转变。中国经济体制改革以扩大企业自主权为起点，价格结构不合理使企业在扩大自主权过程中出现了苦乐不均。调整不合理的比价关系，理顺价格结构，使各个生产部门都获得大致相同的利润率，就成为价格改革的首要目标。但是，随着农村经济改革的深化和城市经济改革的全面展开，国家有计划地调整价格不仅在幅度上受到国家财力和社会承受能力的制约，而且在时间上落后于市场供求关系的变化。因此，改革僵化的价格形成机制，让价格能够较好地反映供求并调节供求，便成为价格改革的第二目标。七年来，价格改革就是沿着理顺价格结构和松动价格形成机制这个双重目标展开、推进的。

在价格结构方面，1979年以来进行了六次全国范围的、影响较大的调整：（1）1979年大幅度提高了农副产品的收购价格，并对主要农产品实行超购加价。1983年农产品收购价比1978年提高了47.7%。农副产品收购价过低的状况有了较大的改变。（2）与农副产品收购价格提高的同时，1979年提高了城市八类副食品及其相应制品的销价，提高幅度30%左右，并相应发给职工副食品提价补贴。（3）从1979年起，陆续调整了煤炭和部分重工业产品的出厂价格，原煤提价30.5%，生铁提价33%，钢材提价20%。（4）1981年降低了涤棉布价格，提高烟酒价格。（5）1983年，全面调整了纺织品价格，降低化纤织品价格，提高棉纺织品价格。（6）1984年调高了铁路货物运价和水运客货运价，1985年进一步提高铁路短途运价。经过上述六次大调价，价格结构有所改善，但不合理状况尚未有根本性的变化。

在价格管理体制方面，几年来进行了初步改革，扩大了地方政府的价格管理权，将一部分定价权下放给企业，缩小了国家固定价格的范围，扩大了市场机制参与价格调节的范围，逐步形成了混合的价格体制。具体来说，除国家合同定购的粮棉油以外，大部分农副产品价格已基本放开；工业消费品中的小商品价格已全部放开，实行自由价格；轻工业品中的纺织品和工业生产资料中的机电产品基本上实行了浮动价格；能源、原材料等生产资料价格则逐步走上了调（即有计划的调整）放（即依靠市场调节）相结合的"双轨制"价格改革道路。

4. 经过七年来的改革，我国价格体制发生了不少变化，开始走出了传统计划固定价格模式的框架，形成了具有中国特色的"板块—双轨"制过渡模式。所谓"板块"制就是不同产品具有计划固定价格、浮动价格和自由价格等几种并行的价格形式，在

"板块"式的价格体制下，价格结构的有计划调整（调）和依靠市场机制调整（放）是按产品分开进行的。1984年以前的价格调整，基本上采用了这种板块模式。所谓"双轨"制就是同一产品，计划内部分实行计划固定价格，计划外部分实行市场价格。从1984年开始，以生产资料价格的双轨制为发端，开始了同一产品价格"调"和"放"同时进行的新的改革模式。"板块—双轨"制价格模式的形成在一定程度上实现了价格改革的双重目标：（1）旧的不合理价格结构下的企业苦乐不均状况有所缓和，一些亏损行业开始盈利。（2）不少产品价格的形成能够对市场供求关系有所反映和影响，价格部分地开始成为调整生产和销售，决定投资方向的一个重要参数。总的来说，七年来的价格改革成绩是主要的，农产品价格的调整有力地促进了农业生产的发展，使我国由主要农产品依靠进口变为粮食生产已经自给，棉花自给有余。工业消费品价格改革促进了我国工业消费品产品的发展，许多最主要的产品基本上满足了人民日益增长的需要。其他价格改革也都为理顺价格起了不同程度的作用。

5. 当前，我国经济进入第七个五年计划时期。在这个新的发展阶段，既要基本奠定有中国特色的新型社会主义经济体制的基础，又要在提高经济效益的基础上，进一步调整国民经济结构，保证"七五"经济社会发展计划的实现，并为20世纪90年代中国经济的振兴打下良好的基础。过去七年价格改革尽管已经取得不少成绩，但与我国经济进一步发展和经济体制进一步改革的需要相比，价格结构仍然存在着高度扭曲，价格形成机制仍然很不完善。在价格结构方面：能源、交通、通信等基础设施和某些基本原材料的计划价格偏低，市场价格畸高；过低的房租、粮油销价及部分公用事业收费仍然建立在大量财政补贴的基础上。在价格形成机制方面，尚未能形成灵活的适应经济发展需要的机制。属于国家计划管理的价格，调整仍不够灵活；有些可以由地方调整或者放给企业的价格，仍统得过多。价格形成机制的"板块"结构中，计划固定价格比重仍大，在工农业商品产值中占40%~50%，而在实行"双轨"制价格的场合，也是计划内固定价格一轨比重较大，计划外市场价格一轨的作用受到制约，致使双轨制价格难以准确反映市场供求的变化，并且计划内外价格差异过大，使市场冲击计划，流通体制紊乱，转手倒卖现象严重。总之，我国的经济发展和经济改革，都要求价格改革继续深入进行。价格改革仍然是我国经济体制改革的最主要的任务之一。

6. "七五"期间，为了基本上实现中国经济体制从传统的集中计划经济模式到有计划的商品经济模式的转换，需要从三个互相关联的方面完成改革任务：进一步增强企业活力；发展和完善市场体系；国家对企业的管理由直接控制为主转变为间接控制为主。价格改革贯穿于三大改革之中，又是顺利推进三大改革的基本条件。

传统的价格模式对企业改革的致命障碍，不仅在于在扭曲的价格体系下，不同产品利润畸高畸低，难以成为衡量企业经营效果的准确尺度，从而带来了企业之间的苦乐不均；也不仅在于在僵化的价格管理体制中，企业没有定价权，不能对市场供求关系的变化做出及时的反应。而且在于：旧的价格模式是造成企业预算约束软弱的一个重要因素。硬化企业预算约束，建立企业自我约束机制，是企业改革的基本任务之一。如果价格由国家统一制定，企业就有理由利用价格上的不合理与国家讨价还价，国家同样可能利用价格侵犯企业的自主权，无偿占用企业的经济成果。价格改革是硬化企业预算约束、推进企业改革的根本条件之一。

发展和完善社会主义市场体系是为了增强市场协调机制在整个经济调节系统中的地位和作用，这同样离不开价格机制的改革。价格机制是市场协调机制的核心，价格体系是市场协调机制中传递供求变化的最有效的信号系统。增强市场协调机制的合理分配资源的功能，对价格体系提出了更高的要求。通过改革价格体系不仅要反映生产条件的变化，从而反映社会劳动消耗的变化；而且要反映交换条件的变化，即反映市场供求关系的变化，这样才能有效地发挥市场协调机制的作用。

至于国家对微观经济的管理由直接控制为主转到间接控制为主的过渡，必须以价格从国家直接实施行政控制的工具转化为通过市场进行间接控制的经济调节参数为条件，这一点也是毋庸多说的。

7. 关于我国价格改革的目标模式问题。前面讲过，经过几年的改革，我国价格体制开始走出了传统计划固定价格模式的框架，形成了具有中国特色的"板块—双轨"制的过渡模式，在这种过渡模式中，计划固定价格、幅度浮动价格和市场自由价格三种价格形式并存的局面，在今后经济改革中将会发生什么变化？价格改革的目标模式中，并存的三种价格形式应以何者为主体？对于这个问题，有三种不同的看法。第一种意见认为应以计划固定价格为主体，浮动价格为辅助，市场价格为补充。这种价格模式实质上并未走出传统价格体制的格局。第二种意见认为应以浮动价格为主体，市场价格为辅助，计划固定价格为补充。这种价格模式的问题在于：国家规定浮动价格的基准价和浮动幅度，难以摆脱计划固定价格的内在痼疾。第三种意见认为应以市场价格为主体，浮动价格和计划价格为辅助。这种价格模式比较符合整个经济改革的远景目标。中国经过改革最后要达到的应该是有计划指导和有宏观控制的市场协调为主的体制，在这种体制中，价格就不能只是计算工具和国民收入的分配工具，而应具有核算经济效益、刺激技术进步、传递供求信息、指导资源分配的功能。显然，计划固定价格和浮动价格都不能同时具备这些功能。只有市场价格在一定条件下能够发挥所有这些职能。这一定的条件是：（1）商品交换的双方是具有独立经济利益的主体。（2）

不存在普遍的垄断因素。（3）有一个供给略大于需求的买方市场。（4）存在畅通的流通渠道和有效率的流通组织。而经过改革实现的新的经济体制，将能够大体上提供这些市场价格运行所需的基本条件。

当然，市场价格体系本身具有众所周知的缺陷，它易于受到供求关系剧烈变动的影响，导致宏观经济平衡的破坏，并且难以避免事后调节所带来的损失。一定范围的计划固定价格和浮动价格可以弥补市场价格的缺陷，减少价格波动的幅度，控制价格水平的变化。因此，在新的价格模式中，计划固定价格和幅度浮动价格作为补充的要素，仍然是不可缺少的。

8. 价格改革无论采用怎样的方式，都要以理顺价格即把价格结构调整合理为目的。但是，怎样的价格才算合理，这也是一个有争论的问题。一种意见认为，价格只要反映市场供求关系，就是合理的价格，不需要另设计什么标准。另一种意见则认为，价格的基础是价值，合理的价格应当是在价值的基础上反映市场供求关系的价格。看来后一种意见比较符合中国当前理顺价格的要求。

首先，以价值为合理价格的基础标志可以保证各行各业大体平等的平均利润率。至于计算平均利润率以什么为标准（平均资金利润率、平均工资利润率，还是双渠平均利润率），这是测算理论价格时需要进一步解决的问题。其次，如果价格单纯由供求关系决定，那么在供求关系因垄断、投机以及供需双方当事人其他心理因素造成过大的价格波动，或造成价格与价值过大的背离时，这种价格就不见得是合理的。再者，除了价值、供求标准外，合理的价格体系还应当反映政策的要求。国家的政策不仅要消除妨碍供求正常变动的垄断投机因素，还要体现鼓励什么样的供求和限制什么样的供求，据此采取不同的税收、补贴等经济的和行政的措施，影响和改变市场自发形成的供求关系，以促进适合于中国情况和发展要求的产业结构和消费结构的形成。总之，经过价格改革达到的价格体系是否合理，不能完全以市场自发的供求关系为判断，必须对产品的价值关系和国家政策的要求，给予必要的考虑。

9. 我国的经济体制改革，不是采取"一揽子"即各方面的改革都"毕其功于一役"的方式，而只能是"渐进式"的道路。价格改革同样如此。由旧的价格模式转到新的价格模式，由不合理的价格结构转到合理的价格结构，都不能是"一揽子"解决的一次行动，而只能是逐步实现的过程。这是因为，中国的价格体系全面不合理，需要调整的价格甚多，而且这些商品往往是关系到国计民生的大商品，供求矛盾比较突出，一下子调整，或者一下子放开，变动幅度太大，国家、企业和人民群众都难以承受。同时，还要考虑目前市场机制还不完善，价格监督和管理的法规还不健全，干部管理水平还不适应，因而只能采取渐进方式分步进行。目前我国经济学者中间，主张价格改革应该走大步，一次完成的观点，已经很少看到，争论的焦点是渐进的步子快一点好，还是慢一点好。问题的实质在于：在价格改革的过程中，如何处理好理顺价格结构同稳定价格水平的关系。

10. 实际生活表明，在价格改革过程中要求物价上涨率为零是不现实的。如果提出这样的要求，那就意味着物价改革不能进行。目前我国价格体系的改革是结构性改革，但又不是一般的结构性价格调整。一般的结构性价格调整，是把偏低的价格提高，偏高的价格降低，从而在严格控制货币供应量的前提下，保持物价总水平的稳定。当前中国价格的结构性改革，主要是要消除历史造成的对部分重要商品的抑制性低价状态，这些抑制性低价商品大都是农、矿产品，属于基础价格。而且这些偏低的基础产品的价格同其他产品价格的不合理比价又是在长时期累积起来的，需要调整的产品面广，调价的幅度也较大，不能指望完全由生产后续产品的企业所消化，因而进行结构性价格改革和调整，必然要引起价格总水平的上升。但是如果价格水平的变动及相应所需货币供应量的增长，限制在对不合理的价格结构进行调整的范围以内，而不加入通货膨胀的因素，那么，价格总水平的上涨幅度也不会过度。如果再采取分步走的方针，把调整价格结构带来的涨价分解在几年内实现，更可以缓解物价上涨的压力，易于为各方面所接受。当然，这样做的不利之处，在于价格不合理对国民经济的不良影响，要拖一个较长的时间。但为了保证经济的稳定发展和社会的安定，这个代价也许是值得的。

物价总水平的上升幅度，直接关系到社会对物价改革的承受能力，是价格改革的一个重要制约因素。价格改革本身就会引起物价水平的结构性上涨，如果价格改革和通货膨胀同时发生，那么物价总水平上涨率将进一步提高，这就会影响我们对不合理价格结构进行调整。货币供应量越是超过经济增长和价格结构调整的需要，它对物价指数上涨的影响越大，价格改革就越将被迫放慢步伐，否则二者相互推拉，十分危险。如果货币供应适量，对物价指数影响很小，那么价格改革的步子就可以走得大一些。为了处理好理顺价格结构和稳定价格水平的关系，为了使价格改革能以适当的速度稳步前进，当前和整个"七五"计划时期一个十分重要的问题，就是严格控制货币供应和社会总需求，防止和排除通货膨胀的发生，否则，价格结构改革和价格模式转换的行程都要受到不利的影响。

11. 下一步的价格改革，应当从什么领域入手？对于这个问题，也有不同看法。有人认为应从完善农产品收购价格入手，有人认为应从解决粮油购销价格倒挂和房租租金过低，从而解决财政对价格的"补贴"入手，等等。现在我国经济学者多数倾向于下一步改革应从生产资料价格改革起步，从解决能源、交通、原材料等基础产品价格入手。主要理由是：（1）基础产品价格偏低，加工产品价格偏高是现行价格体系扭曲的症结所在。基础产品价格是价格体系中的基础价格，它们的每一次变动都直接或间接影响到其他所有价格。如果这些价格不能先行理顺，就很难设想整个价格结构的合理化。（2）基础产品是国民经济发展最重要的物质基础，是应该超前发展的部分。生产基础产品的企业多数是国营大中型企业，基础产品价格先行理顺既有利于生产这些产品的部门的超前发展，又是搞活大中型企业的有力措施。（3）基础产品供求矛盾严重，摆准价格信号可以收到明显的经济效益，可以尽快地建立起社会主义市场体系所必需的良好的信号系统，以调整投资结构和产业结构，改善供求关系。（4）从基础产品入手，涨价因素较易为生产后续产品的企业所吸收消化。在现行的价格体系中，不同类产品的利润率格局大体上是：工业消费品高于生产资料，生产资料的加工品高于基础产品。基础产品价格上调，后续产品的承受能力较大。（5）基础产品价格变动对消费品价格水平来说，影响较小。据测算，基础产品价格每年上升10％，加工工业中的机械产品和轻工产品的成本将增加4％~5％。基础产品价格的调高，对消费品价格的波及要经过一系列中间环节，经过加工工业的吸收消化，有很多缓冲的余地，涨价影响反映到人民日常生活水平上时已大大削弱了。

基于以上考虑，人们主张把解决能源、交通、原材料等基础产品价格中存在的问题，并相应理顺各类后续产品的价格，作为第七个五年计划期间价格改革的重点起步领域和中心工作，其他各类价格的改革，都应配合这一战略方针相应安排。按照这一总体战略考虑，第七个五年计划时期的价格改革可分为前期、中期和后期三个阶段。原则上供求矛盾严重的产品价格在前期和中期解决。中期和后期主要解决基础产品涨价的连锁反应。农产品的价格可根据情况分别于不同时期解决。粮油价格倒挂和房租过低问题的解决，则应同有计划地调改工资配套进行，需要进行慎重研究。

12.能源、原材料等基础生产资料价格的改革，应继续坚持走计划内外双轨并存、调放结合的道路。同种生产资料实行计划内外两种不同价格，是我国实行渐进式的改革条件下的特殊产物。当然，在物资紧缺、计划价格偏低而又得不到调整的情况下，必然会出现计划外价格。但是，生产资料计划外价格的合法化，从而双轨价格制被肯定下来，作为生产资料价格改革的一项重要措施普遍推广，则是最近几年的事情。双轨价格是在渐进式改革过程中出现的，是新老双重体制并存，特别是双重计划体制和双重物资流通体制并存的集中反映。双轨制价格改革的基本思路是：逐步放开国营企业的一部分计划内产品，让其进入市场，用加大计划外比重的办法降低原来比较高的市场价格水平，同时用逐步调整的办法使计划内价格升高，让计划内外价格接近起来，最后趋于统一。生产资料价格双轨制的实行，利弊都很明显，因此引起了经济学界剧烈的争论。其长处在于：（1）可以刺激超计划和计划外的生产；（2）它可以使计划照顾不到的领域比较易于取得生产资料；（3）计划外高价可以促进节约，抑制低效益的需求；（4）它具有机动灵活的特点，还可以通过调整产品的分配调拨部分与市场自由流通部分的比例，控制价格总水平，使生产资料的计划分配手段带有经济调节色彩。其弊端在于：（1）易于冲击国家计划，影响国家重点建设项目和重点发展部门的物资保证；（2）易于造成商品流通领域的紊乱，增加市场管理的难度；（3）破坏了货币作为一般等价物的职能；（4）一物多价使企业核算复杂化，造成企业管理的混乱；（5）计划内外的价差，刺激小企业的发展，保护了落后企业，促使小厂挤大厂，落后挤先进，恶化企业的规模结构和技术结构。此外，计划内外差价过度，还为投机倒把造成可乘之机，等等。鉴于双轨制带来的问题甚多，因此有些学者认为必须尽早取消双轨制价格，实行统一价格。1985年9月，在长江巴山轮上举行的宏观经济管理国际学术讨论会上，多数中外学者认为，生产资料双轨制价格可能是中国价格改革的一个创造，但应尽早缩短其存在时间，使双轨制过渡到单轨制。

但是应该看到，在当前社会总需求过度膨胀，特别是投资规模还未能压缩到适当规模，对生产资料需求过大尚未根本改变的情况下，计划外价格被推动继续上涨，将进一步拉开同计划内价格的差距，这时不论用缩小计划调拨部分产品比例的办法，还是用调高计划内产品价格的办法，都难以达到使双轨制价格向统一价格过渡的目的。要实现这种过渡，首先还是要解决国民经济总需求与总供给的宏观平衡问题，这个问题不解决，不论是计划体制的双轨制、物资流通体制的双轨制，以及集中反映这两者的价格双轨制，都不可能消失。而在当前我国经济发展战略从速度型发展向效益型发展的过渡尚未完成以前，以及整个经济体制的转轨尚未完成以前，上述宏观平衡问题一时难以彻底解决。所以，双重体制向单一新体制的过渡以及双轨价格向单轨的新价格体系过渡的时间，恐怕很难如中外经济学者所希望的缩得很短，这一过渡可能将存在于整个中国经济体制改革的全过程。既然是这样，我们就应当认清双轨制价格在过渡时期存在的必然性，因势利导，积极利用双轨制价格的长处，尽可能采取有效措施限制它带来的各种弊端，以配合并促进中国经济体制改革大业的完成。

关于法国国有经济管理问题的
考察报告*

（1986年5月）

　　根据中法两国社会科学交流协议，以刘国光为团长的中国经济学家代表团一行五人，应邀于1986年1月9—22日访问了法国，对法国国有经济的管理问题进行了考察。代表团访问了计划、财政、审计、工业和贸易等经济管理部门、九个国有公司企业和两个国有金融机构，以及一些科研、教学单位，同这些单位的政府官员、经理人员和研究人员进行了座谈。

一、法国国有化和国有企业的概况

　　法国的国有经济历史较长，规模较大，经历了三次大规模的国有化运动。第一次是1936—1937年人民阵线政府时期，为了应付紧迫的战争形势，首先对铁路实行了国有化，同时采取强硬措施把许奈特兵工厂、雷诺坦克厂等十多家军工企业收归国有。第二次是1945—1946年戴高乐临时政府时期，为了恢复和重建法国经济，政府颁布了一系列国有化法令，建立了法兰西电力公司、法兰西煤气公司、法兰西煤矿公司，把雷诺汽车公司收归国有，同时，对法兰西银行、里昂信贷银行等五家银行和34家保险

170　　*　与张曙光、于祖尧合写，原载《经济学动态》1986年第5期。

公司实行国有化。此后，国有化不断发展，国有企业不断增加。到1981年5月，共有国有企业84家，公私混合企业49家。第三次是1982年社会党密特朗上台以后，把国有化作为对法国社会进行结构改造的主要内容和实行"社会主义"的主要手段，进行了法国历史上规模最大的国有化运动。根据1982年2月11日议会通过的国有化法律，全部资本直接间接收归国有的有：通用电气公司等五大工业集团，两大金融公司和36家1981年1月2日存款在10亿法郎以上的银行；同时通过国家参股形式，控制了达索·布雷盖飞机制造公司、马特拉军火公司等企业的多数股份；此外还通过谈判收购了一部分外国公司的股份。到此为止，在法国整个国民经济中，国有企业所占比重分别为：营业额占21%，职工人数占23%，增加值占28%，出口额占30%，投资额占40%，固定资本占53%。其中，工业中营业额占42%，投资额占30%~32%，国有化银行的存贷款数额分别占注册银行存贷款总额的84.6%和89.8%，占全国银行系统存贷款总额的74%和75%。

法国国有企业的特点是：（1）大多数是大型企业。按自有资本排列，法国最大的25家工商业公司中，国有企业有15家。按职工人数排列，最大的20家企业中，17家是国有企业。按总公司计算的127家国有企业中，有70多家是大型企业。（2）国有企业数量不多，受它控制的公司的数量却很大，很多国有企业是集团公司和控股公司。目前200多家国有企业控制的公司多达3000多个。（3）经营范围广。国有企业不仅在银行金融业和基础设施部门占据了垄断地位，而且广泛分布于工商外贸部门，同时，所有国有企业都是一业为主、多种经营、综合发展。（4）跨国公司居多，在国际上的活动范围很广。国有大企业一般在国外都设有子公司。很多国有化工业集团在国外的营业额和职工人数都占有很大比重，有的占一半以上。

法国的国有企业按其所在部门的性质分为基础设施和基础工

业部门、一般制造业部门和银行金融部门；按其与市场关系的性质，分为竞争性部门和非竞争性部门两类。非竞争性部门的国有企业基本上垄断该行业全部或大部分经营活动，基础设施和基础工业部门的国有企业大都属于这一类。一般制造业部门和银行金融部门的国有企业都按照市场规律积极参与国内外的竞争，因而叫作竞争性部门。

二、当前法国国内关于国有化问题的争论

对于国有化，特别是1982年的国有化，法国国内有着不同看法。代表团访法期间，正值法国议会选举，国有化问题又成为竞选双方争论的焦点之一。争论的主要问题有：

第一，如何评价1982年国有化的利弊得失。社会党把国有化当作振兴法国经济的重要措施，一些官员和学术界人士认为，国有化促进了工业结构的调整，缓和和改善了劳资关系，增加了工人福利，保障了工人的一些利益，而且有利于落后地区的开发。但很多人认为，国有化主要是意识形态上的原因和党派斗争的结果，经济上必要性不大；也有人认为，国有化并未解决法国的经济困难和失业问题。近几年法国的失业率不断提高，1980年为6.4%，1982年3月达到11%，同年5月突破200万大关，目前达到250万人左右。

第二，国有化是否意味着"国家化"和"一体化"。反对党指责社会党，实行国有化就是要把法国经济引向"一体化"和"国家化"。所谓"一体化"就是要把所有企业都国有化，把法国经济变成单一所有制的经济。所谓"国家化"是指国家直接控制企业的经营活动。社会党则争辩说，它一方面主张国有化，强调由国家掌握主要经济手段和经济部门的重要性和必要性，另一方面又主张建立多种生产资料所有制并存和发展的"混合经

济"。同时一再指出，国有化并不是"国家化"，只是向私人垄断企业购买股权并对持股人支付补偿金而把企业收归国有，国有化后企业仍将保留全部经营自主权。

第三，国有化还是非国有化？法国面临议会选举，左翼和社会党主张坚持国有化政策，右翼两党主张实行非国有化。学术界和企业界的一些人士则认为，这种争论主要是出于意识形态上的考虑。此外也有财政上和经济上的原因。从财政上看，目前法国的企业税和个人所得税已经达到不能再高的水平，税收总额已占国内生产总值的42%。右翼主张通过非国有化，国家把国有企业股票卖给私人，取得收入，便可实行减税。但有人认为这是一种危险的做法。因为，采取这种办法，第一年可以取得收入，减少税收，第二、三年就不行了。不仅如此，如果一下子卖出大量股票，股票价格就会猛跌，国家就可能受到很大损失；为避免股票价格下跌而把股票卖给外国人，有可能使外国资本控制法国经济。从经济上来看，由于社会党实行了一些有利于工人的社会政策，国有企业不能随便解雇工人，这就增加了企业负担，阻碍了企业采用新技术设备，影响了企业效率和竞争力，因此，反对党力主非国有化。但有人认为，这正是国有化的好处。不过情况也在变化。现在，很多人包括工会和社会党的部分领导人也开始考虑裁减工人以挽救一部分国有企业（如雷诺汽车公司）的主张。另外，国有企业发展需要大量投资，国家无力满足，企业又无权出售国家股份，增发股票；改变国家控股比例，也需要通过一定的法律程序；企业虽可发行特别债券，可以分红，但这种债券无股权，其发行也受到一些限制。为此，有的国有企业领导人，如罗纳·普朗克公司董事长（社会党人）也主张实行非国有化。

第四，国有化的前景和趋势。由于国有化和非国有化的争论非常激烈，官方人士对国有化的前景和趋势的预测也比较谨慎。但有些看法还是比较一致的。如果右翼在议会选举中获胜，有可能发生某些国有企业的非国有化，但很多人预料：（1）这将是一个缓慢的和渐进的过程，不可能一下子把全部国有企业都非国有化；（2）这一过程很可能从竞争性部门的国有企业开始，将国家控股100%的企业的一部分股票卖给私人；（3）非竞争性部门国有企业的非国有化可能放在最后，该部门的很多企业将不会实行非国有化。

第五，国有企业的效率问题。争论双方由于具有意识形态和党派斗争的背景，往往爱作绝对肯定和绝对否定的结论。而学术界和企业界的一些人士则认为，评价国有企业的经济效益应当具体分析，分类研究。竞争性部门企业的效益好不好，不在于是国有还是私有，而在于它的竞争能力和对市场的反应能力。国有化对这类企业的经营并未带来根本变化，国家并不干预企业的日常活动，这类企业有盈利，也有亏损，亏损的原因也不尽相同。有战略选择失误，有经营管理不当，还有结构变动的影响。非竞争性部门的国有企业大多数亏损，但其中很多是政策性亏损或同国有化无关的因素所致。评价这类企业的效益不能单从微观经济效益的角度来考察，而需要从宏观经济和社会效益的角度来分析。从后一方面来看，很多企业的效益还是比较显著的。

三、几点可供参考的做法和经验

通过对法国国有企业管理问题的实地考察，我们得到的一个总的印象是，法国的国有经济是国家垄断资本主义经济，在管理体制上也存在着企业吃国家"大锅饭"的某些现象，目前又面临着就业与效率的矛盾，一些国有企业，如雷诺汽车公司又陷入了连年亏损的困境。因此，法国国有企业的管理体制，我们是不能照搬的。但是，从社会化生产和商品经济的一般规律来看，法国管理国有企业的一些形式和方法，对于研究我国经济体制改革和

刘国光

经济论著全集

第
6
卷

国有企业管理问题，有一定参考价值和借鉴意义。

第一，股份制是实现所有权和经营权分离的一个可行的形式。

党的十二届三中全会通过的关于经济体制改革的决议，明确提出了政企职责分开、所有权和经营权分离的原则，为国有企业管理体制的改革指明了方向。但是，究竟怎样实现这一原则，还需要寻找适当的具体形式。

法国国有企业全都实行股份制的管理制度和经营方式。国家是国有企业的股东，并通过任免企业董事长、派代表参与企业董事会，以及同企业谈判签订计划合同等方式，控制企业的发展方向和影响企业的经营方针，而对企业的日常经营活动则不加干预，实行企业自治管理、自主经营。这样，国家与国有企业的关系，就是股份持有者和企业经营者之间的关系。一方面，国家保持了作为企业财产所有者的权利；另一方面，企业也拥有自治管理和独立经营的权力，从而把所有者和经营者、所有权和经营权划分开来。看来，股份制是实现政企分离、所有权和经营权分离的一种可行的和有效的形式。

法国在实行股份制方面的一些经验是值得注意的。比如，在国家控股的数量方面，法国采取了三种办法：一是全额股份控制，即国家直接间接控制企业100%的股份；二是多数股份控制，即国家控股数量在50%以上；三是少数股份控制，即国家控股数量在50%以下。在控股范围方面，法国政府一般只控制总公司或母公司的股份，不控制分公司或子公司的股份，后者由总公司或母公司直接控制；控股数量也有多有少。在控股方式方面，法国采取了直接控股和间接控股两种方式。直接控股是由财政部长代表国家持股；间接控股是由国有化银行和金融机构持股。如1982年国有化的五大工业集团，国家直接控股75%，其余25%由"法国工业参与公司"控制，该公司是一个国有金融机构，国家直接控制其股份的51％，其余49％由国有化银行持股。在股票交易方面，法国国有企业中的国家股份不能在股票交易所自由买卖，其变化必须通过一定的法律程序，但国有企业股份中的私人股份可以自由买卖。总之，这里采取的是多种方式、多种办法，而不是单一模式。据法国经济界人士讲，控制33％的股票就有否决权，控制21％的股票也可以控制企业，至于持股者，更可以多种多样，包括国家有关部门、地方政府、金融机构、集团单位和个人。

第二，计划合同是协调国家目标和企业目标的重要手段。

企业行为和国家行为是受不同的利益动机驱使和支配的，企业追求自身的目标和国家所要达到的社会目标之间也往往发生矛盾。因此，如何在实行指导性计划的情况下，协调企业目标和国家目标，也是一个需要探索的问题。

在这方面，法国实行计划合同的经验，可供研究参考。法国制订和实施了九个经济、社会和文化发展计划，都是一种中长期的发展设想和安排，虽然经过国民议会的批准和通过，但对企业只具有指导的性质，并不以指令形式直接下达给各个企业贯彻执行。它是通过企业自愿与国家协商谈判，签订计划合同落实的。是否签订计划合同，有两个原则，一是看企业有无新的发展项目，如无新的发展项目，只进行日常经营管理，则没有必要签订专门的计划合同；二是看是不是战略重点工业，如为非战略重点工业，不必进行战略选择，国家只按照正常程序，通过参与董事会进行管理和控制，不必签订计划合同。而对于信息工业、宇航工业、原子能工业等战略重点工业需要进行战略选择，其战略的实现又需要国家资助，对于这样的企业，就需要谈判签订合同。计划合同的期限一般为三年，具体内容和具体条款各不相同，概括起来，主要包括两个方面的内容：一是企业的发展方向和承担的义务，二是国家的要求和承担的义务。签订合同的程序是：首先由企业提出自己的发展计划，这是谈判的基础。其次由主管部长或其代表主持，国家（包括主管部、财政部、计划总署）代表与企业代表进行签订合同的谈判，一起分析和预测企业经营的外部条件及其变化，具体探讨国家和企业的关系。通过谈判，如果企业按照国家要求，把自己的发展计划和发展目标同国家的发展计划和发展目标协调和衔接起来，实施国家的优先发展项目，完成国家的发展任务，执行国家的社会政策，国家就给企业提供相应的财政援助和其他支持，双方（由主管部长和企业董事长或总经理代表）就签订一份计划合同，明确规定双方的要求和义务。总公司与下属分公司以及生产经营单位之间也是通过签订年度经营合同的方式来协调它们之间的关系。虽然，法国的计划合同还不完善，如计划合同并无正式法律效力，实际上只是一种协议，如果国家单方面违反合同条款，企业也没有办法，不能进行制裁，签订合同往往要经过长达两年的讨价还价，等等。但是，计划合同确是把企业发展与国家计划、企业目标与国家目标结合起来、协调起来的一个重要方式。企业接受和实行国家的发展计划和发展目标，可以获得国家的财政资助，更好地实现企业自身的目标和利益。这样一来，企业为自身利益而接受国家计划，通过实现国家目标而获取企业自身的利益，实行国家计划就不再是从外面强加给企业的负担，而变成企业的自觉行动。从而实现了国家既不需要直接干预企业的经营活动，又达到了有效控制企业发展的目的。

第三，企业的组织方式和国家对企业的管理。

我国众多国有企业，虽然每个企业都有“婆婆”，但由于缺乏横向联系，企业基本上处于分散和无组织状态，国家不得不面对一个一个企业。这种状况不仅使国家难于直接管理和控制，而且也使间接管理和控制难于实行。我们虽然多次搞专业化协作和联合，但成效不大，问题不少。最近出现的企业集团和企业群体以及跨部门、跨地区的横向联合，展示了新的发展方向，但还有待继续探索。

法国政府对国有企业的管理不仅是间接的，而且是分层次的。这种层次不是行政上的层次，而是经济上的层次。法国的国有化基本上限于总公司或母公司一层，而这些总公司或母公司都是一些举足轻重的大企业集团，国家的管理和控制也仅限于这一层次。而对于分公司和子公司，国家一般不加干预，由总公司或母公司管理和控制。这样，国家管理的企业的数量就很有限，各行各业的国有企业总共不过200个左右，其中直接生产企业只有四五十个，国家面对几十个、百多个大公司企业，就比较容易管理，无论是董事长和董事会的选定和组成，还是计划合同的谈判和签订，都有可能避免大的失误。用法国官员的话来说，这使法国免除了一场灾难。但是受国家间接控制的企业却远不止几百个，而是数千个。

现在，我国对小型国有企业采取了承包、出租和售卖的方式，在一定程度上缓解了统得过多、管得过死的弊病。对于中型企业也可以放开，同时，通过企业集团和企业群体把它们组织起来，国家的管理和控制只限于在企业群体和企业集团中领头的大企业和大公司，而且这种管理和控制也不是直接干预企业的经营活动，而是可以通过前述股份制的试验，实行政企分离、所有权与经营权分离，让企业积极参与国内外市场的竞争。

法国还根据企业参与市场竞争的不同状况，对不同类型的国有企业实行不同程度的管理和控制。对于竞争性部门的国有企业，除了前述国家任免和选定董事长、参与董事会，与企业谈判签订计划合同和进行审计监督外，不存在别的控制，企业基本上处于与私人企业相同的地位，其经营方式也与私人企业一样，企业拥有完全的自主权。对于非竞争性部门的国有企业，国家不仅控制着价格的批准权和决定权，而且往往给企业规定一些社会义务，企业经营管理的自主权相对较小，仅限于企业内部的人事、劳动、财务和组织等方面的管理权，国家和主管部控制的程度较大。如国营铁路公司的货运价格由企业制定，而客运票价的决定和变动需经国家批准。但法国许多人士反复强调，企业效率并不取决于是否国有，而在于企业的竞争能力以及对市场的适应和反应能力；由于任何垄断不可能是绝对的，即使垄断性企业和部门，也要尽量注入竞争因素，加强其适应市场变化的能力。

第四，国有企业的工资和奖励。

1. 在法国国有企业中，调动职工积极性的主要办法是考工提级。工人和一般管理人员的工资一般都是按照行业公会和行业工人工会共同协商制定的工资等级表执行，其职务职称和工资级别一般都是每两年提升一次。职工工资同企业的经营成果（盈利）并不密切挂钩。法国政府设有一个专管国有企业工资增长的委员会，每年根据通货膨胀等因素，和工会、行业公会商定一个工资增长幅度，下达给国有企业，由企业根据自己的经营情况执行。经营好有盈利的企业可稍高于国家下达的增长幅度，但要同主管部商量；经营不好有亏损的企业就达不到这一增长幅度。奖金的数量不多，仅限于盈利企业，也往往形成平均分配，因为工会不赞成发有差别的奖金，认为这会分裂工人团结。国有企业工人就业有保证，很多企业有盈利，且有较大发展前途，因此，国有企业虽然奖金不多，但定期考工晋级，对职工还是有吸引力和刺激作用的。在私人企业中，工资提升和奖金发放的名目就比较多。

2. 在法国国有企业中，经理人员的工资奖金是由上级决定的。总公司经理的工资奖金由主管部确定；分公司经理的工资由总公司确定。经理人员的积极性主要不在于本人工资奖金收入的增加，工资奖金在他们的总收入中只占一个次要的和不大的部分，他们收入的主要来源是股票红利；而且，他们考虑问题的着眼点往往不是工薪收入，而是个人社会地位的升迁。企业经营得好，不仅可以得到更多的股票红利，而且与个人地位的升迁关系极大。

过去，我们采取工资长期不动，而依靠奖金鼓励调动职工的积极性。这种办法看来流弊较大。奖金实际上成了第二工资，大都平均发放，造成平均主义泛滥；有的高低悬殊，少数干部中饱私囊，造成了新的不合理，也影响了工人的团结；有的企业亏损，职工却照拿奖金，破坏了企业管理，进而造成工资奖金失控。看来，收入分配制度的改革应当把立足点放在工资制度本身的改革方面，变工资长期冻结为经常性按制度规定考工晋级，以此来鼓励职工努力工作，不断上进。至于职工工资与企业经营成果（盈利）直接密切挂钩，有不少弊病，需要进一步研究。因为企业的经营成果有些与职工的劳动和企业经营关系不大。企业经理、厂长的工资奖金由谁决定、如何决定，也是一个需要研究的问题。

刘国光

经济论著全集

第
6
卷

在中国商业经济学会第二次代表大会开幕式上的讲话*

（1986年6月）

同志们：

今天，中国商业经济学会召开第二次代表大会，我代表中国社会科学院，向会议表示热烈的祝贺。中国商业经济学会成立以来，在同志们的共同努力下，为推动我国商业经济科学的发展，推动我国商业体制改革，起了积极的作用。学会组织商业经济方面的理论工作者和实际工作者开展调查研究、进行学术讨论，为促进理论与实际相结合做了许多有益的工作。我相信，通过这次会议，总结过去的经验，进一步完善组织，改进工作方式，今后一定会取得更大的成绩。会议的组织者要我讲几句话，我对商业问题没有多少研究，很难讲出什么东西，这里，只就流通体制改革方面的一些问题，简单地谈点个人认识。

我国的经济体制改革已经进行七年了，回顾这一段历程可以看出，我们的改革是从生产部门开始的。在农村是划小生产单位，实行联产承包责任制。在城市，是从扩大企业自主权入手，总之，是从增强每一个"经济细胞"的活力展开的。对于发展商品经济来说，这无疑是最基本的工作。由于这些改革，大大地解放了生产力。生产发展了，产品较之以往是丰富得多了。但是，

---

* 原载《商业经济研究》1986年第6期。

随之而来的，流通不畅的问题就日益突出起来。各种商品"卖难""买难"的问题不断出现。像同志们日常所接触到的，粮食丰收了"卖粮难"，养猪发展了又出现"卖猪难"，等等。同时，人民生活水平提高，消费品需求变化，又使人们觉得已有的商品不能满足需要，或者感到购买很不方便。生产出来的许多产品不受消费者欢迎，生产与消费之间的脱节仍然是比较突出的问题。这些问题表现得可能很具体，但从根本上说，流通环节不发达、不适应是重要的原因之一。长期以来，我们在理论上受自然经济论的影响，思想上受漫长的封建小农经济观念的束缚，以小生产观念去理解马克思、恩格斯对未来社会商品经济不再存在的论述，把我们现实生活中带有浓重自然经济色彩的经济现象，误解为马克思、恩格斯所预言的、商品消亡之后的"产品经济"。这种理论认识上的混淆既妨碍了我们对封建自然经济思想的批判，又在实践上助长了各种违背商品经济发展规律的做法。这种情况的一个突出反映，就是重生产、轻流通。如果说轻视流通的倾向在过去商品、物资长期供不应求的短缺状况下，问题还不十分尖锐的话，那么，改革以来，生产得到发展，市场上商品供给大大增加，消费水平提高，消费需求复杂化，流通不发达所造成的矛盾就必然变得日益尖锐。

我们知道，发达的商品生产是以发达的商品流通为前提的。对于社会化大生产来说，社会分工所形成的企业之间的相互独立，同时也要求保持更为紧密的相互联系；这种联系要通过流通来实现。生产与消费之间的矛盾也需要通过流通来调节，因此，要按照商品经济的要求组织社会经济的运行，就不能不对流通给予足够的重视。"七五"计划关于体制改革的三项任务，正是体现了这样一种客观需要。三项任务都与流通密切相关。首先，增强企业活力，使企业成为自主经营、自负盈亏的商品生产者和商品经营者，这是流通发展的基础，同时还要以流通的发展为条件。其次，发展商品市场、完善市场体系本身就是流通的问题。当然，市场体系不仅仅是商品市场。还包括资金市场、技术市场、劳务市场等，但是商品流通毕竟是市场活动的最基本的内容。再次，国家对经济的管理由直接控制为主转向间接控制为主，实际上就是减少和削弱行政手段的作用，使市场机制能够发挥更大的作用。通过市场的信息去影响生产、影响消费、影响投资，等等。由此可见，我国的经济体制改革发展到今天，流通体制的改革已经成为最关键和最紧迫的任务。

当然，上述转变将是我国国民经济格局的重大战略性转变，它所涉及的不仅仅是流通领域，而是关系到各个方面。各部门都要据此做出相应的改革，才能使新的体制逐步形成。在诸多方面的改革中，流通是复杂和难度较大的问题之一。因为流通与国民经济各方面密切相关，而且旧体制的弊端在流通领域影响又比较深。触动其中的任何一部分，都可能牵动到许多方面的经济利益，产生反响。特别是处在新旧体制转换这样一个特殊时期，既要适时地推进改革，促使新体制尽早形成；同时又要保持市场和人民生活的基本稳定，为改革创造安定团结的良好环境。这些都增加了流通体制改革的复杂性、艰巨性，也使商业工作面临的任务更加繁重、更加困难。有些同志讲，商业工作不容易做，商品少了不行，多了也不行，少有少的问题，多有多的难处，经常是"四面楚歌"。这种反映一方面说明了商业工作难度很大，现在的工作还必须改革；另一方面也反映了商业工作的辛苦和它与人民群众息息相关。这一点，我想绝大多数同志是能够理解的。正因为商业工作的艰苦和重要，就更需要大家共同努力，积极、慎重地去完成。

改革实践的发展不仅面临许多要解决的实际问题，也提出了许多新的理论问题需要研究。不少重大的理论问题都涉及流通，关系到商业。比如对所有制问题的讨论，以及与此相关的一些改革，使我们对社会主义商业经济学一些传统观点需要重新研究，像国营商业的地位、作用，国营商业的经营方式，等等。在今后的改革中，如何进一步完善商品市场体系，使流通更加顺畅；在市场机制发挥更大作用的前提下，如何处理市场调节与行政手段调节的相互关系等，都是迫切需要解决的重要问题。还有新的商业形式问题。有的同志提出开办跨地区、跨部门、容纳不同所有制成分的联合商业的设想，这是一条新的路子，但是它与原有的国营商业，与其他经济成分商业的关系是什么？它是否承担政府行为及其所带来的风险？如何认识这种联合性商业企业内部经济关系的性质等，也都还需要探索。当然，需要研究解决的问题远不止这些。我在这里举出这样一些问题，并不是专门研究和讨论问题的本身，而是希望学会充分发挥群众性学术团体横向联系广泛的优势，积极组织各方力量，研究当前改革面临的各种问题，为经济科学的发展，为社会主义现代化建设，为推进改革做出更大贡献。

预祝大会圆满成功，祝与会代表身体健康！

关于发展社会主义商品经济问题[*]

——在形势报告会上的讲话
（1986年7月8日）

一、在社会主义条件下搞商品经济是马克思主义的新问题

（一）社会主义经济是商品经济，这个认识来之不易

党的十二届三中全会通过的《中共中央关于经济体制改革的决定》明确指出，社会主义经济是在公有制基础上的有计划的商品经济。这是在我们党的决定和文件中，第一次对社会主义经济的性质和特征做出的全面性概括和规定。这个深刻的概括是来之不易的，不但对今后我国社会主义建设具有根本性的指导意义，而且是对马克思主义政治经济学的重大贡献。

马克思主义创始人生活在19世纪的资本主义社会，他们看到了当时发达的商品经济，分析了资本主义商品经济中的矛盾，认为随着私人资本主义转化为社会主义，商品生产将不复存在。马克思在《哥达纲领批判》中说："在一个集体的、以共同占有生产资料为基础的社会里，生产者并不交换自己的产品；耗费在产品生产上的劳动，在这里也不表现为这些产品的价值。"^①恩格斯

---

* 讲稿的起草，得到了张卓元、戴圆晨、边勇壮、陈东琪的协助。

① 《马克思恩格斯选集》第3卷，人民出版社1972年版，第10页。

在《反杜林论》中也说："一旦社会占有了生产资料，商品生产就将被消除。社会生产内部的无政府状态将为有计划的自觉的组织所代替。"

列宁对于商品经济在社会主义社会的命运的认识，有一个发展过程。他曾经在《国家与革命》这本著作中，设想未来的社会主义社会是一个辛迪加，也就是一个大企业。十月革命胜利后，列宁和俄共开始按照这种构想来组织社会主义经济，他们想创造条件消灭货币，用产品交换代替商品交换。随着内战的发生，实行了战时共产主义。布哈林在回顾这一过程时说："我们当时并不是把战时共产主义看作是一种军事制度，即国内战争这一特定阶段中需要实行的制度，而是把它看作是胜利了的无产阶级普遍应采取的政策。"[①]但是列宁很快发现，这样做是行不通的。他说："我们在这方面犯了很多错误，做得过分了：我们在贸易国有化和工业国有化方面，在禁止地方周转方面做得过分了。"[②]以后转而实行了新经济政策，鼓励商品生产，扩大商品流通，发挥税收价格等经济杠杆的作用，在国营企业中实行经济核算制，"从国家资本主义转到国家调节商业和货币流通"[③]，从而使新生的社会主义经济很快摆脱了困境。但由于列宁的去世，没有来得及总结新经济政策的经验，对于发展商品货币关系究竟是权宜之计还是提示了长远的发展方向的问题，没有做出明确的回答。

斯大林执政后，把新经济政策看作是暂时的退却，随着工业化和全盘集体化的高潮，重新强调高度集中统一和采用行政手段管理经济，计划管理范围很宽，管得很死。斯大林在完成农业集体化以后曾经指出，有两种公有制即全民所有制和集体所有制并存，就存在工人和农民两个阶级，就需要有交换。但是对于两种

---

① 布哈林：《论今日的取消派》。
② 《列宁全集》第32卷，人民出版社1985年版，第208页。
③ 《列宁全集》，第33卷，人民出版社1957年版，第73页。

公有制之间的交换是不是商品交换，斯大林长期以来没有明确的说明和论证，理论界也一直在争论。1943年，斯大林开始承认社会主义制度下存在价值规律，但却认为这个规律是"经过改造"的。只是到1952年，斯大林才在《苏联社会主义经济问题》一书中，肯定社会主义经济中还存在商品生产和价值规律，但是，他认为商品生产的存在是由于全民所有和集体所有两种形式的并存，认为全民所有的国营经济内部不存在商品交换，认为生产资料不是商品，并且强调价值规律对生产不起调节作用，生产资料"脱出了价值规律发生作用的范围"。对于两种所有制之间存在的商品交换，斯大林主张用产品交换来取代，以此作为经济发展的目标。这样看来，斯大林还是把整个国营经济当作是一个大工厂、一个辛迪加，苏联的高度集中的计划经济模式，正是建立在这样的认识基础之上的。

所以说，马克思主义的经典作家关于社会主义社会将不存在商品生产和商品交换的构想在实践中继续不断地受到检验。20世纪50年代以后，高度集中的传统计划经济模式的弊病，日益显露出来，社会主义各国陆续开始走上改革的道路，对于社会主义经济性质的理论认识也逐步深化。可以这样说，发展商品货币关系是当今世界上各个社会主义国家进行经济改革中面临的共同课题。南斯拉夫如此，匈牙利如此，苏联也同样如此。尽管各个国家的经济体制改革按照各自选择的方向发展，他们对社会主义经济中商品货币关系的理论概括也有差别，但他们的共同特点正是在不同程度上承认与发展社会主义的商品经济。

我们中国对于社会主义条件下搞商品经济的问题，也经历了曲折的历程。新中国成立之初多种经济成分并存，搞商品经济是很自然的事情。斯大林的《苏联社会主义经济问题》这本书出来后，我们学习这一理论并且按照苏联的模式建设我们的经济。1956年提出"双百"方针后，对于商品经济的讨论活跃过一阵子。但接着是反右派和"大跃进"、公社化,"共产风"刮了起来,商品经济消亡论流行。那时候毛泽东同志指出,我国商品生产还很落后,还要大发展,商品不限于个人消费品,有些生产资料也属于商品,在完全社会主义的全民所有制中,有些地方仍要通过商品来交换;他还指出价值规律"是一个伟大的学校,只有利用它,才有可能教会我们的几千万干部和几万万人民,才有可能建设我们的社会主义和共产主义。否则一切都不可能"。可惜这些正确的思想并未很好地贯彻在实践中。毛泽东同志晚年,出现了理论上的倒退,认为社会主义社会商品制度和货币交换跟旧社会没有多少差别,只能在无产阶级专政下加以限制。在"文化大革命"中,"四人帮"别有用心地把商品生产和资本主义等同起来,借口"堵资本主义的路",到处"割私有制的尾巴",实际上是竭力限制商品货币关系和价值规律的作用,商品经济的发展自然更加困难了。

这种状况,直到党的十一届三中全会以后才开始根本扭转。我国的经济体制改革是从农村开始的,传统的排斥商品货币关系的经济体制首先是在农业上被突破的。但是在开头一段时间里理论界一般只是提发展商品生产和商品交换,却讳言发展商品经济。理论界对于商品经济是不是社会主义经济的属性问题,对于计划与市场的关系问题,前几年认识上有较大的反复。有的同志曾经认为,在我国,尽管还存在着商品生产和商品交换,但是绝不能把我们的经济概括为商品经济。如果作这样的概括,那就会模糊有计划发展的社会主义经济和无政府状态的资本主义经济之间的界限,模糊社会主义经济和资本主义经济的本质区别。这种看法实际上仍然把商品经济等同于资本主义经济。与此同时,人们认为只有指令性计划,才是计划经济的基本标志,而把扩大引用市场机制的指导性计划的主张,看成是削弱计划经济、削弱社会主义公有制的观点。这些说法,都还是没有跳出把商品经济同计划经济对立起来的老框框。这个重大理论问题的答案，直到党的十二届三中全会，才做出明确的科学的结论。《中共中央关于经济体制改革的决定》确认社会主义经济是有计划的商品经济，从而在理论上突破了传统经济思想的束缚。这一认识发展是很不容易得来的，说明我们在社会主义条件下搞商品经济，的确是马克思主义的新问题，不能够从马克思主义经典著作中找到现成答案，而必须通过实践进行不断的探索才能得到解决。

（二）商品经济是社会经济发展不可逾越的阶段

《中共中央关于经济体制改革的决定》指出："商品经济的充分发展是社会经济发展的不可逾越的阶段，是实现我国经济现代化的必要条件。"为什么对于社会主义经济来说，商品经济也是社会经济发展不可逾越的阶段呢？

社会主义经济必然具有商品经济的属性。这是因为，一方面，这里存在着广泛的社会分工，这是商品经济存在和发展的一般前提条件。另一方面，在社会主义社会，不仅还存在公有制的不同形式，存在以公有制为主体的多种所有制形式，它们之间需要通过商品交换来建立彼此的经济联系；而且在全民所有制经济内部，由于个别劳动和社会劳动的差别还存在，由于劳动还主要是人们的谋生手段，社会还要承认不同劳动者的能力是"天然特权"，因此，人与人之间、企业与企业之间，仍然存在根本利益一致前提下的经济利益差别，这种经济利益的差别和矛盾，不可能把整个社会经济的运行当作一个辛迪加、一个大工厂来对待，而必须按等价交换的商品经济原则来调节，从而必然存在商品货币关系。

理论界有人认为，用利益差别来论证社会主义商品关系存在的客观必然性，不符合马克思主义经典著作对商品关系的解释。的确，马克思主义经典著作反复讲过，商品首先是私人生产品，私有制一旦消灭，商品关系将不复存在这些话。但是，商品关系并非起源于私有制，这一点马克思早就讲过，只不过以往这些论述没有引起足够的注意，甚至被人们遗忘了。例如，马克思在《资本论》第1卷开头就说过，商品关系体现的是在经济上"彼此当作外人看待的关系"[①]。在古代，"商品交换是在共同体的尽头，在它们与别的共同体或其成员接触的地方开始的"[②]。显然，当时并未出现私有制，商品关系最早是在两个原始共同体之间交换产品时发生的，他们各自用自己的产品去交换对方的产品。可见，只要存在经济上的你我界限，彼此当作外人看待，就存在商品关系的根源。这种分析，是符合马克思的原意的。因此，用利益差别来说明社会主义商品关系存在的必然性，是符合马克思主义经典作家论述的精神的。

发展商品经济，对于像我们这样一个原来经济不发达的社会主义国家，十分重要。发展商品经济将在以下几个方面对我国社会主义经济的发展起重大的促进作用。

第一，增强价值观念，讲求经济效益。在商品关系中，价值是评价各项经济活动效果的社会的共同尺度。不同企业生产的同种（同度同量）产品，不管你的个别劳动消耗是多是少，社会都用同一的社会必要劳动进行评价。商品经济的基本规律——价值规律，是优胜劣汰的天然评判者。这就使它成为一种无声的力量，督促着每一个企业努力节约活劳动和物化劳动，促进技术进步和社会劳动生产率的提高。

第二，增强人们的市场观念和顾客观念。商品是为市场、为顾客而生产的，发展商品生产，就要求每个企业都按照市场的需要生产，如果产品不适销对路，商品就卖不出去，它的价值就不能实现。所以这种机制，能够促进产需衔接，有助于在社会生产和社会消费之间建立紧密的联系。

---

① 《马克思恩格斯全集》第23卷，人民出版社1972年版，第105页。
② 《马克思恩格斯全集》第23卷，人民出版社1972年版，第106页。

第三，社会主义商品经济的发展，还将冲破自然经济的种种束缚，打破条条块块的分割和封锁，促进社会分工的专业化、协作化的发展，促进劳动和生产的社会化。所有这些，将有力地推动我国社会生产力的发展，加速现代化的进程。

（三）发展商品经济不是发展资本主义

我国进行经济体制改革，发展商品经济，引起了国内外各种各样的议论和猜测。在国内，有些好心的同志担心会走上资本主义道路；在国外，有些朋友也存在一些疑虑和误解；有些人士则希望中国沿着资本主义方向进行改革。香港一位教授发表文章说，中国经济体制改革的结果将是渐渐地靠近资本主义；美国国务院一份题为《改革后的大陆中国经济展望》的参考文件认为，改革对中国现代化确有好处，要使改革真起作用，就必须冲破现有种种限制，"更坚定地沿资本主义方向前进"。

其所以会有此类议论，对大多数人就其认识论的根源来说，是因为人类历史上有过的商品经济，都是建立在私有制经济基础上的商品经济，以致使人们误以为发展商品经济就要发展私有经济。与此相对应的，则是在相当长的时间里，我们曾强调社会主义是一大二公，越"大"越"公"越好，不断搞所有制的"升级"，不断割资本主义私有制"尾巴"。结果使所有制形式越来越单一化，而商品经济也越来越受到限制。这两种认识看来似乎差异很大，而实际上都是没有看到发展商品经济可以建立在公有制基础上。他们都是把发展商品经济和发展私人资本主义经济当作是一回事，并把壮大公有经济和限制商品经济当作内在的必然联系。其实，马克思早就说过："商品生产和商品流通是极不相同的生产方式都具有的现象，尽管它们在范围和作用方面各不相同。"[1]商品关系不等于资本主义，它产生在原始社会末期，远

---

① 《马克思恩格斯全集》第23卷，人民出版社1972年版，第133页。

远先于资本主义而存在，在资本主义之后的社会主义仍将长期存在。所以，发展商品经济，并不等于发展资本主义。

在我国，现时存在着多种所有制，因而存在着多种性质的商品经济，但居主导地位的是社会主义商品经济。社会主义的商品经济不同于资本主义的商品经济，它有哪些特点呢？首先，这种商品经济是建立在公有制基础上的，这是社会主义商品经济的最根本的特点。事情也正是这样，这几年通过所有制结构的改革，个体经济以及集体经济的个体经营形式有了很大的发展，从这当中逐渐分泌出来的很少数资金较大、雇工较多，带有资本主义性质的私人企业只是极少数。另外，随着对外开放，还发展了一些外资企业，也是受我们国家管理和控制的。虽然非公有制经济有了一定程度的发展，但是从总体来看，全民所有制和集体所有制之外的非公有制经济在整个国民经济中所占的比例（据1984年统计，在工业总产值中，不到2%；在社会商品零售总额中，不到15%）还并不是很大，而且其中绝大部分是自食其力，靠自己劳动为生的。因此，非公有制经济是在公有制占绝对优势的条件下活动的，所有制结构的多样化必须坚持公有制为主体的社会主义方向。那种认为经济改革和发展商品经济的方向就是使原来的公有经济私有化，使集体经济个体化的看法，是没有根据的。

社会主义商品经济的第二个特点是，它是有计划有控制的，而不像资本主义商品经济那样基本上是无政府状态的。商品经济就其本性来说有其盲目性，容易发生波动，从而带来社会劳动的浪费。资本主义国家虽然对经济进行干预，然而由于私有制的存在难以从根本上克服市场经济的盲目和无政府状态。以公有制为基础的社会主义国家，可以制订发展国民经济计划，作为协调和控制整个宏观经济的依据。

当然，我们必须实事求是地认识到，在存在着商品经济的条件下，我们的国民经济计划就总体来说只能是粗线条的和有弹性的，而不可能是无所不包的和僵死的，因为那只能是官僚主义的空想。在计划的指导、调节和行政的管理下，我们就可以避免和大大减轻商品经济的盲目性和自发波动，使各项经济活动符合社会的整体利益和总的发展战略目标。

社会主义商品经济的第三个特点在于实行等量劳动和等价交换相结合的原则，走共同富裕的道路。发展商品关系，不但意味着承认经济差别，而且会扩大经济差别，这是支配商品生产的价值规律发生作用的必然结果。发展社会主义商品经济，必然使一部分人先富起来。我们不能通过限制商品经济的发展来限制经济差别的扩大，而要在坚持建立统一市场、平等竞争的原则、发挥价值规律优胜劣汰作用的同时，采取适当的影响收入分配的政策，特别是工资政策、税收政策等，来对不同企业、部门、地区劳动者的收入水平，进行适当的调节，既承认差别，又要使收入差别控制在适当的范围内，达到共同富裕的目的。这样才能充分调动全国劳动人民的积极性，使社会主义商品经济能够健康地发展。

总之，社会主义商品经济的发展，并不会像有些人担心、有些人指望的那样，恢复私有制，走向资本主义，而将有力地推动社会主义现代化的进程。

为了更好地完成实现社会主义现代化的任务，我们要学习一切有利于发展社会主义商品经济的知识、包括西方发达国家管理经济的经验。有人说，向西方学习，就是学资本主义。我认为，不能笼统这样说。我们要学的是适用于社会化大生产和发达的商品经济的知识和经验，而社会化大生产和商品经济并非资本主义所专有，他们的管理知识和经验当然亦可以为发展社会主义社会化大生产和商品经济所借鉴。对于许多有利于发展社会主义商品经济的值得我们借鉴的经验，我们不能故步自封，拒绝接受；不应怕其中有资本主义的糟粕而因噎废食。有选择地、批判地学习发达资本主义国家管理经济的一些经验和方法，不等于学习资本主义，而是为了促进我国商品经济的发展，使之沿着社会主义的轨道前进。

二、发展商品经济与改革经济体制的关系

（一）发展商品经济必须进行经济体制改革

新中国成立三十多年来，商品经济得不到应有的发展，这是因为传统的经济体制严重地阻碍和限制了商品经济的发展。这种传统经济体制是一种高度集中的排斥市场机制的计划经济体制。它具有以下特点：（1）经济成分和所有制形式日益单一化；（2）经济决策权力高度集中于国家机构手中，企业的经营活动主要听命于上级领导机构；（3）经济活动的调节主要依靠直接的行政手段，由行政机构对企业下达指令性投入产出指标来进行；（4）在收入分配上实行企业吃国家的"大锅饭"和职工吃企业的"大锅饭"的平均主义制度；（5）在组织结构上政企职责不分，纵向隶属关系为主，部门、地方、企业都追求自成体系，形成了分割化和封闭化的组织结构。

这样的经济体制从三个方面阻碍了商品经济的发展。（1）企业等基本生产单位没有独立的经济利益，不负盈亏，不是相对独立的商品生产者。（2）市场机制受到很大的限制。由于否认生产资料是商品，商品市场也残缺不全，更不存在资金、劳动等生产要素的市场，不尊重价值规律的作用，价格严重扭曲，基本上不存在市场对经济的协调。（3）国家对生产经营进行直接管理，不仅国营企业的生产和交换要按指令性计划进行，城乡集体经济的绝大部分生产经营也都纳入统购包销的系列，条块分割切断了商品经济固有的横向经济联系。

对于传统经济体制模式的指导思想是什么，理论界有不同

看法。有的同志认为是产品经济论，有的同志则认为是自然经济论。所谓产品经济论就是指马克思和恩格斯曾经预言的社会主义革命胜利后，商品货币关系将会消亡，社会将实行直接的资源分配、劳动分配和产品分配的思想，按照这种指导思想建立起来的旧经济体制就属于产品经济的计划经济模式。所谓自然经济论简单地说就是不要商品交换的、自给自足的、封闭自守的思想，按照这种思想建立起来的旧经济体制就属于自然经济性质的计划经济模式，如孙冶方同志所指出的，把社会主义经济"看作是像原始共产主义社会一样的实物经济"，只不过"一个统一集中的计划机关代替了原始部落经济中的首脑，领导着全社会的经济活动"①。这两种思想就其排斥商品货币关系、排斥流通来说，是一致的；但产品经济论的原意，是要在未来产品极大丰富的条件下才有可能实现，对现在来说带有空想的成分，而自然经济论则是过去长时期经济落后闭塞的产物，带有浓厚的封建色彩。对于我国传统经济体制来说，产品经济论和自然经济论两方面的思想影响都有，但自然经济思想的影响更为严重。从我国的实际情况看，自然经济延续了几千年，鸦片战争的炮声虽然冲击了自然经济，但是商品经济发展缓慢，自给半自给经济根深蒂固，自然经济观念仍在顽强地束缚着人们的经济行为。我国的经济体制中条块分割、自成体系，追求"小而全""大而全"，以及因循保守，闭关锁国，缺乏时间观念和价值观念，讳言盈利，害怕竞争，所有这些都正是自给自足的自然经济思想的影响和表现；许多单位都办成了把生老病死、吃喝拉撒、文教政法全管起来的小社会，颇有庄园式的自然经济的味道。我国革命战争时期在被分割的革命根据地里实行过的战时共产主义的供给制，曾经在艰苦的斗争环境里起到了重要作用，而今天财政经济管理中吃

---

① 孙冶方：《社会主义经济的若干理论问题》，人民出版社1979年版，第60页。

"大锅饭"、捧"铁饭碗"等，正带有某些供给制因素，它也是自然经济条件下的反映。当然，马克思和恩格斯关于未来社会直接管理产品生产与产品分配，列宁关于把整个社会经济当作一个大工厂、一个辛迪加来管理的观念的传入和被误解接受，也给我们过去以自然经济思想为主导的传统经济体制，披上产品经济论的外衣。总之，传统经济体制有产品经济论的影响，这主要是从书本和概念上来的；又有自然经济论的影响，这是在实际生活中的表现。它不承认商品经济，具有"无流通论"的特征，用产品分配代替商品流通，传统体制的许多弊病，都是从这个特征中产生的。

我国在党的十一届三中全会前的近30年的长时间里，经济体制曾有过这样或者那样的演变，但是，借产品经济论面貌出现的自然经济思想始终笼罩着经济运行的各个方面，它排斥分工、市场、竞争，使得商品经济发展不起来，使本来应当生机勃勃的社会主义经济日益僵化，不能充分发挥其应有的优越性。所以，不冲破自然经济论的思想束缚，不进行经济体制改革，商品经济是发展不起来的。

（二）进行经济体制改革必须遵循发展商品经济的要求

我们进行经济体制改革有一个向哪一方向使劲、改向何处的问题，也就是人们常说的经济体制改革的目标模式问题。关于这个问题，人们历来有不同的见解，比如对于我国的经济体制改革，应当是局部性的修补改良，或者应当是根本性的模式改造？应当保留指令性计划为主还是要以指导性计划为主等问题，过去都曾有过不同看法。党的十二届三中全会关于经济体制改革的决定出来后，大家的意见统一到社会主义经济是有计划的商品经济，应当按照有计划的商品经济的方向进行改革这一点上。但是，对于究竟什么是有计划的商品经济，人们的理解还是有不少的差异，有的强调"商品经济"一面，有的强调"有计划"的一面。比如北京大学一位教授，最近在一篇文章中讲，"改革的基本思路是社会主义经济首先是商品经济，然后才是有计划发展的商品经济"，重点放在商品经济上。而人民大学一位教授在最近一篇文章中则强调"计划经济或计划调节，应始终在社会主义经济中占主导地位"，"社会主义经济只要实行公有制和计划经济，以计划调节为主导，则无论怎样发挥市场机制的作用，都不会向资本主义靠拢"，把重点放在计划经济这一面。强调的重点不同，改革的目标模式也会有差异。有的在目标模式的设想中强调市场的间接协调，有的则强调政府的间接协调。在国际上对于社会主义国家经济体制改革的构想，也存在着类似的认识分歧。比如匈牙利的改革，目前已形成间接的行政协调为主的模式，有的经济学者满足于这种模式，认为只要进一步完善就行；但也有的经济学者如科尔奈，则认为必须将现有的间接行政协调的模式进一步改革为有宏观控制的市场协调模式。这类认识上的分歧是很自然的、正常的，只有通过百家争鸣才能推动认识的提高。要看到在计划经济与商品经济、计划与市场的关系上，绝对地通过计划的行政协调或者完全放任的市场机制，在实际上都不可能做到，因而讨论的实质是在寻觅两个极端之间的比较适宜的结合点，这要根据具体情况作具体分析。在我国，总的说是要为发展社会主义商品经济开辟道路，逐步建立起有计划指导和有宏观控制的市场协调机制。

我们的改革在于为社会主义商品经济发展扫除体制上的障碍，要围绕增强企业作为商品生产者和经营者的活力这一中心环节，创造有利于社会主义商品经济健康发展的外部条件和内在机制。循着这样一条思路，体制改革目标模式的基本要点有以下几个方面：（1）所有制单一化的旧格局不利于发展商品经济，应当向以公有制经济为主体的多种所有制并存，多种经营方式共同发展的新格局使劲，特别是要改变国营大中型企业无权的状况，使企业真正成为相对独立的，自主经营、自负盈亏的社会主义商品生产者和经营者。（2）高度集中的决策结构和"父爱式""家长式"的国家与企业关系，是束缚商品经济发展的桎梏，应当向形成国家、企业和家庭个人各按自己职责范围多层次决策和负责的体系方面转变；国家主要管理宏观经济决策，而微观经济活动应尽可能下放给企业和家庭个人决策。（3）过去实行的指令性计划排斥了市场机制的作用，应缩小其范围，相应扩大指导性计划和市场调节的范围，从直接指挥企业活动转向利用价格、税收、信贷等经济杠杆来调节企业活动，在计划指导下利用市场机制和价值规律的作用来协调经济运行。（4）吃"大锅饭"的平均主义分配是和发展商品经济的要求相背离的，改革需要形成新的国家对企业、企业对职工的分配关系，使收入分配同经济效益、劳动贡献联系起来，真正贯彻多劳多得的原则，使优胜劣汰的竞争开展起来，形成能促进效率提高和技术进步的利益动力体系。（5）行政性分权造成的条块分割、相互封锁，是商品经济发展的严重障碍，简政放权、政企分开，做起来虽然有许多困难，但这个改革目标不能够放弃，这就要根据形成全国统一市场和发展横向经济联系的要求，进行企业的改组与联合，形成纵横交错的网络式的经济组织体系。总体来说，通过以上几个方面的改革，要逐步形成一个把计划与市场、微观搞活与宏观管理、集中与分散有机地恰当地结合起来的新经济机制，并保证不断地再生产出公有制为主体和共同富裕的社会主义生产关系。这样的经济体制将从企业、市场和国家对经济的管理这三个环节促进社会主义商品经济的健康发展。随着企业日益成为真正相对独立的商品生产者和经营者；随着统一市场体系的逐步形成和市场机制的日益完善；随着国家对经济的管理从直接干预企业的生产经营活动逐渐转向在控制宏观总量的条件下利用经济杠杆调节微观经济活动。总之，随着新的充满生机与活力的经济体制的形成和完善，中国社会主义商品经济的发展和社会主义现代化建设将会取得极大的前进。

（三）新旧两种体制并存的双轨制问题

从旧体制转换到新体制，有两种不同的转换方式：一种是一揽子式的转换；另一种是渐进式的转换。哪一种转换方式为好？这也是国内外经济理论界长期争论的一个问题。当然，一揽子转换方式，有一个全面配套、避免"交通规则错乱"的好处。但是就我国的情况来说，我们没有采取一揽子改革方式，使整个经济体制实行一次性的突变，而是采取了渐进的改革方式，这是考虑了中国地大人众、经济文化相对落后、发展极不平衡等国情特点，还考虑到在经济体制改革过程中要避免利益关系的过猛变动。由于采取了渐进的改革方式，不免有一个由旧体制向新体制转换的过渡过程。在这个过渡时期，新体制方生，旧体制未死，新旧两种体制同时并存，商品经济和非商品经济同时并存，利用市场机制和排斥市场机制同时并存，从而使经济运行出现了错综复杂使人眼花缭乱的现象。

双重体制并存表现在过渡时期经济体制的一切方面，企业机制、市场机制、国家管理机制，无一领域能摆脱双重体制并存的局面。企业有了一部分经营自主权，但它仍被条条块块的各种行政绳索捆住，因而不得不用一只眼睛盯住市场，一只眼睛盯住上级。国家在减少对经济的直接控制的同时，间接的宏观控制手段未能有效启用，因而不得不时而用行政手段时而又搞市场协调。这样就出现了企业行为双重性和国家宏观调控行为的双重性。

在双重经济体制并存现象中，十分引人注目的是生产资料计划内调拨价和计划外议价的双重价格或双轨制价格的现象，这种现象实际上也反映了许多方面的双重体制问题。在计划体制上就存在着计划内产品和计划外产品的双重管理体制，甚至在同一企业里生产同一种产品也有着计划内和计划外的区别；在物资分配方面有统一调拨分配的部分和市场上自行销售部分，形成非市场渠道和市场渠道的双重物资流通体制；在建设投资上，有国家拨款无偿供给的部分，又有部门、地方、企业自筹资金的部分，还有银行贷款的部分，并且从市场筹集资金的形式也正开始发展，这样便形成了纵向和横向的双重投资体制。所以双轨制的内容是很广泛的。生产资料的这种双轨价格体制是双重经济体制最集中的表现。

同种生产资料实行计划内外两种价格，是我国实行渐进式的改革条件下的特殊产物。当然，在物资紧缺、计划价格偏低而又得不到调整的情况下，必然会出现计划外价格。但是，生产资料计划外价格的合法化，从而双轨制价格被肯定下来，则是最近几年的事情。双轨制价格改革的基本思路是：逐步放开国营企业的一部分计划内产品，让其进入市场，用加大计划外比重的办法降低原来比较高的市场价格水平，同时用逐步调整的办法使计划内价格升高，让两种价格接近起来，最后趋于统一。生产资料价格双轨制的实行，利弊都很明显，因此引起了经济学界的剧烈争论。主张双轨制价格目前是必要的同志，强调它的以下长处：（1）可以刺激超计划和计划外的生产；（2）可以使计划照顾不到的领域比较易于取得生产资料；（3）计划外高价可以促进节约，抑制低效益的需求；（4）可以通过调整产品的分配调拨部分与市场自由流通部分的比例，控制价格水平，使生产资料的计划分配带有经济调节的色彩；等等。反对实行双轨制价格的同志则强调它的以下弊病：（1）易于冲击国家计划，影响国家重点建设项目和重点发展部门的物资保证；（2）易于造成商品流通的紊乱，增加市场管理的难度；（3）破坏了货币作为一般等价物的职能；（4）一物多价使企业核算复杂化，造成企业管理的混乱；（5）计划内外的差价，刺激小企业的发展，保护了落后技术，恶化企业的规模结构和技术结构，此外，计划内外价差过大，还为投机倒把造成可乘之机，于社会风气不利；等等。

所以，对于双轨制，既要看到它积极的一面，也要看到它摩擦的矛盾。前些时，由于投资饥饿和消费膨胀并发，宏观失控，计划外的需求过于庞大，拉开了牌市价的差距，造成扭曲的低价和扭曲的高价并存，把矛盾激化了，对于双轨制的责难多了起来。1986年总需求有所控制，不少紧缺物资的牌市价差距缩小，矛盾又缓和下来。目前改革开始不久，企业活力刚在加强，自我调节和自我控制的机制还没有成熟，侧重于追求局部的和短期的目标，往往会出现这样或者那样的弊端，而这又往往和当时的具体条件有着联系。为此必须认真分析产生弊端的根源，看到事物的积极方面。由于我们不可能一下子从旧体制转换到新体制，实行双轨制有它的客观必然性，这就不能因为存在着摩擦和矛盾，而退回到单一的旧体制去。鉴于双轨制带来的问题很多，有些学者认为必须尽早取消双轨制价格，实行统一价格。1985年9月在长江巴山轮上举行的宏观经济管理的国际讨论会上，许多中外经济学者认为，生产资料双轨制价格可能是中国价格改革的一个创造，但应尽快缩短其存在的时间，使双轨制过渡到单轨制。总之，由于新体制和旧体制之间存在着摩擦和由此带来的种种弊病，两者长期并存是不可能的，这就要求我们积极创造条件，推动旧体制向新体制转换，从而推动从非商品经济向商品经济转换。

三、进一步发展商品经济的几个理论问题

为了进一步推动旧体制向新体制转换，从非商品经济向商品经济转换，有一系列理论问题需要探索。下面简单地讲几个主要

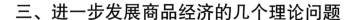

问题。

（一）关于所有制关系改革问题

前面已经讲过，发展社会主义商品经济的一个重要途径是把不利于商品经济发展的所有制单一化的旧格局转向以公有制为主体、多种所有制形式并存的新格局。中国的经济体制改革应当包含两个相互关联方面的改革：一是经济运行机制的改革；一是所有制关系的改革。几年来经济改革的实践已表明，经济运行机制的变革，包括决策结构的调整、市场机制的加强和调控体系的变革等，无不涉及财产关系或所有制关系的变动。所以，理论界一些同志提出，所有制改革是改革的一个关键，是有一定道理的。同样可以说，所有制关系的改革也是进一步发展社会主义商品经济的关键问题之一。

"以公有制为主体，多种所有制形式并存"，不仅仅是一个提法问题，它体现我们改革传统的所有制关系的目标和方向，包含着三个重要含义：第一，在社会主义条件下改革所有制，并不是像有些人想象的那样要改掉公有制，从公有退回到私有，而是要从实际出发，构造适应生产力发展水平、符合商品经济发展需要的新型公有制体系，以便完善和发展公有制。第二，在所有制改革目标模式中，所有制形式不是一种，而是多种，不是彼此隔离，而是互相交织，特别是近几年来，跨越所有制界限的经济联合体和企业群体纷纷出现，开始出现不同所有制的互相渗透和互相融合，这是一个值得注意的新情况。第三，在新型的所有制模式中，允许非公有制形式有一定的发展，但无论怎样，总是以公有制为主体，以国有制为主导。总之，所有制关系的改革既要使所有制结构具有多样化的特性，又要坚持社会主义方向。

那么，如何理解"以公有制为主体"和"以国有制为主导"呢？理论界有两种观点：一种观点认为，这要看公有制特别是国有制经济在整个经济中是否占最大比重；另一种观点认为，国有制的主导地位，并不等于它在整个经济中占最大比重，关键要看它是否掌握着国民经济的命脉部门，能否在发展社会生产力的基础上增强它对其他所有制形式的有机联系和影响，发挥自己的优势。看来，判断公有制是否是主体和国有制是否占主导地位，既要考虑到数量方面，即它们在整个经济中所占比重，更要考虑到它们能否以其质量和效益的优势，在经济联合体中以及在整个国民经济中发挥其牵头和主导作用。

近几年来，由于对集体经济、个体经济等从各方面实行了扶植发展的优惠政策，而对国营企业特别是大中型企业放活的步伐相对较慢，形成了不平等竞争，出现了落后技术挤先进技术、小企业挤大企业，在收入分配中出现了国营不如集体、集体低于个体等不正常现象。这种情况并不是实行多种所有制形式并存必然的结果，而是改革措施不配套造成的。国营企业竞争不过其他经济成分，出路在于改革国营企业的经营管理制度；各种经济成分之间的不平等竞争，需要通过价格改革并通盘考虑调整税收、信贷和其他各项经济政策来解决。至于所有制结构中的数量界限问题，鉴于公有制经济特别是国有成分目前在比重上占压倒地位，非公有制经济所占比重甚微，我们可以不必忙于定出不同所有制之间的合理比例，而应在政策措施上把非国有经济置于与国营企业同等地位，在平等的竞争中考验各自的效益和生命力。这对于目前在数量上占绝对优势的国有经济并不是一个威胁，相反却是促使其加速改革和提高效益的强大动力和压力，从而可以一直保持国有经济在整个经济中的优势地位。

对非公有制成分的发展，理论界争论较大的是雇工经营问题。目前雇工经营在全国农村经济中所占比重还小，雇工户占农户的1%左右，雇工人数占农村总劳动力的2%~3%，超过7个雇工的户数占雇工户总数的25%，其中出现了少数资产超过5万元、10万元以上，雇工人数超过20人、50人、100人的。绝大多数同志认为，雇工经营是发展商品经济的必然产物，目前它有利于我国社会生产力的发展，应允许存在，并加强管理。但对雇工经营性质的认识有很大分歧，基本上可以概括为两种意见。一种意见是根据马克思的剩余价值理论，认为雇工经营属于带有资本主义剥削的私人企业，应同家庭劳动基础上雇请少数几个帮工的个体经济区别开来；主张公开地、明确地承认私人企业的合法地位，承认它同个体经济一样是社会主义经济的必要补充，以便于进行分类管理。持这种意见的同志认为，在目前的中国有一点资本主义企业并不可怕，可怕的是人为地割资本主义"尾巴"，或者把资本主义的东西当作社会主义的东西来推崇。另一种意见是不能套用马克思一百多年前的理论来说明我国目前的雇工经营，在社会主义经济包围之下，现在农村雇工企业的资金只要处于经营之中、运动之中，它就事实上属于社会所有，社会将来还可以立法规定雇主把经营所得的绝大部分转入投资，这样就赋予雇主以积累职能，转化为积累的收入不能算作剥削收入。因此，他们认为农村雇工经营是没有剥削的非资本主义经济。雇工不应称为雇工，应改称招工，雇主也不应称为雇主，而应称为经营者。杜润生同志不久前有一个说法看来比较合适，就是说雇工经营有可塑性，带有资本主义，又不等于资本主义。当然这是就中国当前的情况来说的。现在社会上议论较多、反感较大的是利用职权和钻我们管理制度上的漏洞而迅速暴富起来的极少数雇工大户。有的同志担心，允许存在雇工大户会引起两极分化。当然，只要发展商品经济，雇工大户的产生也是难免的。而其存在和某种程度的发展可以影响周围的个体经济户的行为，促使他们把收入更多地转入投资而不是用于消费从而有利于社会生产力的发展。同时，我们的商品经济是以公有制为主体的有计划的商品经济，国家掌握着重要的经济命脉和宏观管理手段，有能力对雇工经营进行调节和管理，担心两极分化是不必要的。对雇工大户，也要作具体的调查分析，找出一个收入调节参数，通过税收和加强工商管理手段，进行干预，做到收益分配的合理化和企业行为的合理化。同时，要在总结实践经验的基础上，探索把私营经济引导到合作经营或者国家参股的股份经济的途径，逐步纳入有计划的商品经济的轨道。这些问题，都有待经济理论界和实际工作者通力合作，共同研究加以解决。

在整个所有制关系的改革中，国家所有制应当是今后改革的一个重点。这是因为，国有经济在整个经济中要发挥主导作用，而国营企业放活的改革目前远不如非国有经济成分。国有制经济改革的难点不在于为数众多的适合于分散经营的小型企业。一些社会主义国家经济改革的实践表明，对一部分条件适合的国有制小型企业"包、租、卖"，即承包、租赁和出售给劳动者集体和个人经营，不仅对于整个经济的运行，而且对于这些企业本身的经营来讲，都是既可行又有益的。

国家所有制经济改革的真正难点，在于企业个数虽然不多，但占资产和产值比重很大的大中型企业。它们直接反映和影响整个经济运行的活力和效率，从20世纪50年代后期到改革前，它们愈益走向僵化，其基本特征是：政企不分、效率低、有增长而无发展、"大锅饭"严重。为了搞活大中型国营企业，使其成为相对独立的商品生产者和经营者，理论界和实际工作同志进行了认真探索。概括起来，大体有如下几类设想和做法：

第一类设想是从强化物质利益刺激着手进行改革。前几年，我们先从奖金、工资、管理决策权力和企业领导体制方面着手作了一些改革，这对于打破职工吃企业的"大锅饭"、提高劳动积极性起了积极作用，但没有真正解决企业吃国家的"大锅饭"问题，企业运用国家下放的权力，利用种种名目给企业职工发钱发实物，想方设法增大职工在短期内的收益，结果出现了奖金膨胀。这就表明，单从利益刺激着手改革大中型国营企业，是行不通的。

这几年在实践中还试行了"企业留利递增包干"和"利改税"等办法来改变国家同企业的关系。这种办法基本是要使国家在生产、交换和分配上不对企业进行直接干预，可以解决企业短期内的活力问题。但是，由于价格体系不合理以及企业生产条件不均衡，这些办法只对那些条件好、价格上占优势的企业有利，而对那些条件不好、价格上占劣势的企业不利。同时由于单纯的对产出和收益的驱动，加上没有投资风险感，企业总想扩大投入，不能解决企业"投资饥饿"和投资膨胀的问题；而且企业只负盈不负亏，只注意短期行为，不注意长期行为，仍然是吃国家的"大锅饭"。

第二类设想是主张从根本上放弃国家占有，使原来的国营企业的生产资料由某些社会集团来掌握和控制，实行社会占有或实际上的集团所有或企业集体所有，以实现劳动者和生产资料在生产单位的直接结合，充分发挥劳动者的主人翁积极性。但有的同志根据南斯拉夫的情况，认为社会占有或集团占有问题很多，难以在我国推行。

第三类设想是实行所有权同经营权的分离，这又有以下几种不同的做法。

（1）主张建立资产经营责任制，即在不改变资产的国家所有权的前提下，通过重新评估企业占有资产的价值，重新规定考核企业经营成果的指标，确定国家与企业分利的统一比例，同时，让企业拥有充分的资产使用权，自主决定企业资产更新、配置及使用方向。实行这种主张的最大难度是资产评估问题，因为面对成千上万个企业很难用一个合理的尺度来评估复杂多样的资产价值，不合理的评估不仅解决不好国家与企业的关系，而且会引起企业间利益分配的不均等。不过，资产的评估是在国家和企业之间建立财产制约关系难以回避的问题，对此还需要进一步的实践、探索。

（2）实行股份化。这也是当前理论界热烈争论的一个问题。近几年来，各种类型的集资合股联营等股份经济雏形的出现和少数企业中让职工购置少量股票的试验，给人们以启示，是否可把股份制作为所有制结构中的一种重要形式。但有些同志不赞成实行股份化，把股份制经济同资本主义国家股票交易所中的买空卖空投机倒把活动等同起来，认为股份制是资本主义的东西。

我倾向于赞成股份所有制的设想。股份制和资本主义没有必然联系。马克思在《资本论》中曾把资本主义经济中的股份制当作建立社会主义公有制的一个前提来论述。我们完全可以探索出社会主义股份所有制道路。股份制不仅适用于合作经济和跨越所有制界限的合资、联营经济，而且也可以作为国有制企业改革的一个重要途径。一般来说，在我国实行股份经济，有以下几点好处。

（1）所有制关系可以具体化，改变过去全民所有制企业那种谁都是所有者但谁都对企业资产不负责任的状态。

（2）在企业的所有者、经营者和生产者之间建立起互相制约的关系，促使企业经营行为的合理化。

（3）可以筹集社会上的闲置资金，促进资金横向流动和资金价格的形成，从而有助于抑制投资膨胀，并有利于社会资源配置的优化。

（4）企业职工购买本企业的一部分股票，能够使职工关心改进企业的生产经营活动。

严格地说，股份制仅仅是所有制关系的外部形式。同样是股份经济，其主要股份是掌握在国家手中，还是集团手中或者个人手中，它的所有制内涵截然不同。如果国营企业股份化的方向是以个人股份为主体，股票的大头归个人所有，那么这会从根本上使公有制占主导的目标落空。而且，国营企业几千亿元资产由个人收入认股吸收，目前事实上是做不到的。将来即使能做到，也可能因股票集中在少数人手中而产生食利者阶层，这也是不符合我国的社会性质的。因此，股票主要由个人掌握是不合适的。

另一种设想是国营企业股份化的方向以企业股份为主体，股票的大头由企业集团所有。企业购股很有潜力，特别是随着企业留利的增大，这种潜力越来越大。但是，如果把现有国营企业资产转化为企业集团化的资产，其中也包括企业间的相互投资，就会发生一个问题，即对新参加企业职工的劳动报酬和财产权利是否等同于原有职工的问题，如果等同，那就事实上与全民所有没有区别；如果歧视，就会造成企业内部集团的分裂。这种做法不仅阻碍劳动力的合理流动，而且也排斥资金的横向流动。所以，以企业集团为主体的股份制，也是不理想的。

这样看来，国营企业股份化的方向，仍应以国家股份为主体，由国家掌握股票的大头，在法律上保持对大部分生产资料的所有权，国家股东通过其在董事会中的代表，参与企业的主要决策，保证国家作为资产所有者的利益，而不干预企业的具体经营，具体经营交给企业经理人员负责，让他们以有偿的形式占用企业的生产资料。问题在于：国家并不是一个抽象的单位，应该由哪种机构来代表国家持股，行使资金所有者的职能？是行政性的专业部门，还是综合性的职能部门？还是企业性的金融机构？还是专门成立一个国家财产部来管？这个问题，要本着一方面防止对企业经营的行政干预，一方面又能切实保证国家资产所有者的利益的原则来解决，这有待继续从理论上进行探讨，并在实践中进行试验。

（二）关于建立和完善社会主义市场体系的问题

进一步发展社会主义商品市场，逐步完善市场体系，是

"七五"期间三大改革的任务之一，也是发展商品经济不可缺少的基础条件。市场是商品经济的范畴。列宁说："哪里有社会分工和商品生产，哪里就有市场。"[1]市场随着商品生产和交换的发展逐步扩大，同时又促进商品货币关系的发展。

对于社会主义商品关系和市场体系的理论认识的发展，大致可以分为三个阶段：第一阶段人们只承认社会产品中的消费品部分是商品。价值规律的"调节"作用，只发生在消费品的交换中，对生产只起影响作用，只具有核算的职能。因此，理论上就认为市场主要存在于消费品的交换中。当然，从20世纪50年代中期起，我国理论界就有人写文章论证生产资料也是商品，但是这种意见长期以来不占上风。第二阶段从社会主义经济的内在属性论证社会主义经济中存在商品生产和商品交换，确认成为商品的不仅是消费资料，而且包括生产资料，价值规律不仅调节消费资料的生产和交换，而且调节生产资料的生产和交换，从而提出要完善和发展商品市场。在这个阶段，有些同志仍然坚持生产资料不是商品的观点，但随着经济改革的深化，生产资料价格双轨制的出现，实践中生产资料的商品属性愈加明显，"生产资料是商品"成为绝大多数理论工作者的共同认识。第三阶段在明确了社会主义经济是有计划的商品经济后，提出社会主义统一市场体系的思想，确认市场规律不仅作用于货物（生产资料和消费资料）的生产和交换，而且作用于资金、劳动力、技术和信息服务等的交换中。就是说，社会主义的市场，不仅包括商品市场，而且应当包括资金、劳动、技术、信息等生产要素的市场，形成统一的市场体系。这一认识，基本上是在十二届三中全会之后形成的，目前还在继续研究和探索之中。

为什么发展社会主义商品经济必须建立和完善社会主义市

① 《列宁全集》第1卷，第83页。

场体系？首先，从经济运行的统一性来看，如果产品的生产和流通按照商品经济的原则来组织，而资金、劳动、技术和信息等生产要素的配置完全按计划安排，按纵向分配，那么企业作为商品生产者和经营者在选择生产要素投入方面的自主权将受到很大限制，而在调节体系方面就会出现彼此独立的两块：一块是受市场调节的商品市场；另一块是由计划调节的生产要素的分配。这种板块结构，割裂了商品生产和生产要素流动之间的内在联系。其次，在发达的商品经济中，生产要素的直接分配很难实现资源的有效配置，这是国内外社会主义实践所证明了的。虽然在社会主义条件下，某些生产要素还不是完全意义上的商品，但可以利用商品形式，借助市场机制按照价格的变化，确定生产要素的流向，这样才可能实现资源配置的优化。总之，市场体系的形成有利于经济的协调运行，有利于资源的有效配置，有利于利益结构的灵活调整，从而有利于社会主义经济的稳定增长。

关于商品市场特别是生产资料是不是商品，进入不进入市场的问题，过去介绍得比较多，下面就着重讲讲对资金、劳动、土地等生产要素市场的一些理论认识问题。

关于建立资金市场（或金融市场），这是争论较少的问题。因为，随着经济体制改革的进展，企业财权扩大，由企业掌握的资金有了很大增加；城乡劳动者收入增多，有了较多的余钱；而国家财政集中的资金相对减少，单靠财政纵向拨款满足不了现代化建设的巨额资金需要。人们提出开放资金市场，以便更好地筹集和利用社会资金，而跨地区、跨部门的横向经济联合的发展，很自然地会带来资金的横向流动，这股势头是不可阻挡的。不过在开放资金市场的具体做法上，人们仍然存在着不同的认识。

1. 是否允许多种融资渠道同时并存，何者为主？目前，金融市场上存在着多种融资渠道：（1）国家银行系统（包括农村信用社和各种投资公司、保险公司在内）；（2）以企业集资为主的各种社会融资；（3）企业之间的商业信用；（4）私人金融组织，如私人钱庄、温州地区的"摇会"等。近年来，随着经济体制改革和商品经济的发展，非国家银行系统的各种金融组织发展很快，尤其1985年紧缩信贷之后，民间资金市场很活跃。鉴于这种情况，有的同志认为，发展金融市场主要依靠扩大银行的经营业务范围，由银行担当起组织横向资金流动的任务。对于各种民间融资渠道，要加以适当的限制，防止民间金融的盲目发展，出现民间金融组织与国家银行系统争存款的现象，以保持国家银行作为宏观调节机构的有效性。由于银行是高盈利的货币经营单位，不应允许成立私人金融组织。有的同志则认为，应该允许资金市场中多种经济成分并存，中央银行对国有、集体和其他民间金融组织一视同仁，在加强监督的同时，鼓励各种金融组织竞争发展。通过不同融资渠道之间的竞争，促使国有银行系统的改革，以发展国有银行的主导作用，逐步实现专业银行的企业化经营。

现在看来，多种融资渠道并存符合社会主义条件下多种经济成分并存的要求，不能简单地用行政办法加以限制，而要在银行法的基础上，加快金融体制改革，强化中央银行的职能，灵活有效地利用存款准备金制度和利率等手段，例如逐步实行浮动利率，这样既能增强银行的活力，又能引导社会集资、商业信用和民间信用的正常发展，以更好地符合商品经济发展的要求。

2. 资金融通手段的选择。资金融通手段主要包括银行存放款业务、商业票据、债券和股票的发行和交易。资金市场也可以根据融资手段的不同而区分为短期资金市场（或货币市场）和长期资金市场（或资本市场）。目前，银行信用是主要的融资手段，债券和股票的发行还处于初始阶段，股票交易还没有出现。国内外学者根据金融市场发展的历史规律，建议先搞短期资金市场，后发展长期资金市场；而在长期资金市场方面，先发展债券和股票的发行，再开放债券和股票的流通。我国金融业的发展还处于不发达阶段，债券股票的流通市场风险较大，问题比较复杂，这些意见有一定的参考价值。我们应该根据中国的具体实践，发展各种融资手段，做出恰当的选择，推动资金市场的发展。

关于劳动市场。这是争论较多的问题。我国传统经济体制中最僵死的部分是劳动人事制度。长期以来，劳动就业统调统配，劳动者缺乏选择职业的自主权，企业缺乏聘任和解雇职工的权力，劳动力基本上处于不流动状态，劳动效率难以提高。和苏联及大多数东欧国家相比，我们"铁饭碗""大锅饭"的现象更严重。如何改革劳动管理体制，在劳动就业制度中，引进市场机制，促进劳动力的合理流动，成为一个比较重要的理论与实践问题。但是，在这个问题上存在着不同的观点。一种观点认为，在社会主义条件下，不存在也不应该存在劳动市场，不能把劳动者与企业之间的自由选择和劳动力的合理流动称为市场。另一种观点认为，开放劳动市场是改革统包统配的劳动制度的必然趋势，是完善社会主义市场体系的一个重要组成部分，是社会主义有计划商品经济发展的客观要求。上述两种意见争论的焦点是社会主义条件下的劳动力是否具有商品性质的问题。

有些同志认为，一般地说社会主义条件下劳动力是商品，是不妥当的。因为，从总体上分析，社会主义社会的全体成员既是劳动者又是公有生产资料的共同所有者，这里不存在资本主义社会那样财产占有和劳动相分离的情况，劳动者一般不会把自己的劳动力让给不劳而获的单纯占有者。即使劳动力有个人所有或部分个人所有的性质，劳动力仍然不是商品，也不存在劳动力的买卖，根本原因在于社会主义工资不是劳动力的价格，它不随劳动力供需变化而变动，工资体现的是按劳分配关系。所以，社会主义不存在劳动力市场，这不单纯是用词问题，而是反映我们不存在劳动力价格，劳动力并不是商品的经济关系。但是，社会主义一般消除了劳动者和占有者之间的劳动力买卖现象，并不意味着劳动力不能流动了。苏联和东欧一些国家的劳动力流动比较自由，约束很少，但在他们那里，劳动力在理论上也不叫作商品，当然这并不排斥劳动力分配采取市场方法。这也就是说，劳动力虽然不是商品，但其分配流通可以采取商品化的形式和方法。

另有一些同志则主张干脆承认社会主义经济中的劳动力也是商品，认为这并不会改变劳动力的社会主义性质，它并不等同于资本主义制度下的雇用劳动。劳动力是商品主要包括两重含义：第一，劳动力只有通过与工资交换才能和生产资料相结合。在社会主义条件下，劳动力进入生产过程也是通过生产资料所有者或使用者同劳动者之间的交换来实现的。第二，在劳动还是个人谋生手段的社会主义社会，劳动力的个人所有制是劳动力成为商品的根本原因。劳动者有权支配自己的劳动力，付出劳动力时有权要求获得报酬。资本主义雇用劳动的性质，不在于劳动力是商品，而在于生产资料的资本家私有制，在于劳动所创造的新价值中一部分归资本家所有。而在社会主义条件下，劳动力虽然是商品，但它创造的新价值，除弥补劳动力价值外，剩下的归全社会所有，归根结底归劳动者自己所有。因此，社会主义劳动的性质并不因劳动力成为商品而有所改变。

关于劳动市场的争论，表明我们要继续深入探讨劳动力是否具有商品属性的问题，这个问题现在理论界讨论得很热烈，但这并不妨碍我们在"七五"期间为促进劳动力合理流动而应进行的劳动人事制度的改革，如推广合同工和聘任制等，并逐步建立社会保障制度。这也是建立劳动市场的基础工作。

关于技术市场。近年来，理论界通过对生产劳动与非生产劳动问题的讨论，对科学技术在社会生产中的重要作用有了进一步的认识，肯定了技术成果是商品，技术产品的交换应采取商品交换的形式。中央在关于科学技术体制改革的决定中提出，要促进技术成果的商品化，开拓技术市场，以适应社会主义商品经济发展的需要。由于技术产品具有无形产品的特殊性，在交换时就要解决技术产品的价格决定问题。这个问题在理论上还没有很好地解决。看来，要使科技产品具有合理的价格，只有让技术产品进入市场，通过市场评估来确定。关于怎样建立技术市场和如何评估技术产品的价格等问题理论界也有不同的看法，这里就不多谈了。

城市房地产商品化也是完善市场体系的一个重要内容。土地是重要的生产要素，住宅是最基本的生活消费品。而长期以来，城市土地无偿使用，住宅成为福利设施，带来很大的浪费以及许多的问题。

现在，住宅商品化问题在理论上已经没有多大争论，要研究的主要是住宅商品化的实施途径。但对于土地商品化经营问题，目前还有不少争论。

城市土地无偿使用，不仅降低了城市土地资源的使用效率，而且使国家失去了一笔重要的财政收入。城市土地的经济地租中不应当归企业所有而应当归国家所有的部分，成为某些工商企业的收入，造成不同地段企业之间非经营性收入的过大差距。有些单位和居民，通过闲置土地的转让，取得大量的不合理的收入。好地劣用，大地小用，非法占用，非法出租转让国有土地的现象，以及土地"部门所有制"等问题，普遍存在。理论界认为，无偿使用国有土地等于国家放弃了土地所有权，同时也不利于城市土地的有效利用。不少同志认为解决城市土地问题的出路是国有土地的有偿使用和商品化经营。这个思路的主要内容有：（1）为了实现国家对土地的所有权，国家对城市土地征收土地使用费，根据不同的地段，设立不同的收费级差，使一部分地租转为国家的财政收入。（2）土地的使用权可以转让，转让收入除一部分按所得税归国家所有之外，其余可以归使用权的出让者所有。这样就能促进使用权的转让，提高土地使用的效益。但是，对于土地商品化和土地商品化经营的提法，是有不同意见的。争论的焦点在于：土地是不是商品，土地是不是劳动产品，有没有价值。一种意见肯定土地是商品，是投入了人类劳动的劳动产品，因而有价值，持这种意见的同志都理所当然地赞成土地商品化经营的提法。另一种意见要把作为自然存在的土地本身与人类对土地的开发改造即土地投资区别开来，土地本身并不是劳动产品，没有价值，因而也不是商品。持这种意见的同志，又有两种不同的观点，一种观点认为土地自身尽管不是商品，但可以利用商品经济规律，按照商品原则，采用商品的形式进行经营。另一种观点认为不是商品的东西说不上商品化，但是这种观点也承认土地应当是经营的对象，国家可以出租土地或对土地进行开发经营，不过这不能称为土地商品化经营，因为对出租的土地收取的地租，并不是土地价值的补偿（土地本身没有价值），不是等价交换，而是单独凭土地所有权取得的收入。至于经营开发土地，虽然征收的地租或土地使用税费中包含着开发费用的补偿，但这不是土地本身价值的补偿，而是回收投入土地的资本和获得相应的合理利润，所以这不是土地本身的商品化，而是投入土地的资本的商品化。在这些争论中有一些复杂的理论概念上的问题，这里不多讲了。但是看来不管持哪种意见和观点，在城市土地是否有偿使用、是否经营对象和应否按商品经济价值规律经营这些问题上，各方面基本上都是一致肯定的。

（三）关于二元经济结构向一元经济结构的转化

所谓"二元经济结构"，是当代发展经济学对发展中国家经济发展中的特点的理论分析。它指出发展中国家迅速发展了城市现代工业，然而广大农村中仍旧是自然经济，现代工业和落后农业并存，农业人口大量涌向城市，形成严重的就业问题，出现了城乡对立、工农对立等一系列尖锐的矛盾。在我国，也同样有落后农业和现代工业并存的二元经济结构现象；实现从二元经济结构向一元经济结构即现代化经济结构的转化，是我国商品经济发展的至关重要的问题，也是我国现代化的核心问题，因而对于从我国特点出发如何加速这一转化更需要认真研究。

在社会主义国家里，城乡经济的发展程序，从二元经济结构到一元经济结构的转化，通常实行的是苏联模式，即先从农业中提取城市和工业发展的资金，然后在城市和工业发展的基础上，力图通过对农业的财政补贴、技术援助和吸收农村劳动力的途径，提高农业的集约程度，实现农业现代化，尽管这一模式曾给苏联农民带来过比较艰难的遭遇，结构转换还是取得了显著的进展。苏联农业劳动力占全部劳动力的比重从1960年的42％，降到1980年的14％，同期城市人口从占总人口的49％提高到63％。

但是在我国，这条路并没有走通。由于农业人口数量十分庞大，也由于我国从1958年以来经济发展经历了曲折，造成工业投资效益低下，致使城市工业的发展，甚至还无法完全满足城市人口自然增长所出现的新就业需求，农村人口向城市转移的难度极大，因此不得不采取比苏联更严格的城乡隔绝政策，用严格的户口管理、不同的收入分配以及统购统销定量供应等办法，把城市和农村隔离开来，避免了农村人口大量涌向城市的矛盾，长期保持了落后农业与现代工业平行发展的格局。在1952—1978年长达26年的时间里，我国农村人口占总人口之比从87.5％降为82.1％，年均下降仅0.25％；农业劳动力占总人口之比只由31.7％降为31.5％，农业劳动力占社会劳动力之比也只是由88％降为76.1％。我国研究发展理论的同志近年来对这种状况作了认真的研究，指出我国出现的这种二元经济结构凝固化的现象，在发展中国家里是罕见的；指出不重视发展农村商品经济，牢守自给自足的自然经济阵地，是农村面貌长期没有改变的重要原因。

党的十一届三中全会以后，我国广大农村不仅在所有制方面冲破了传统的禁区，而且也冲破了农民只能种田不能经商做工搞副业的禁区，推动了农村从自然经济向商品经济的转化。1985年农村多种经营发展，工农业产品的商品率达到63.9%（1978年农副产品商品率只占1/3左右），农村面貌有了较大的改观，农村现代化有了良好的开端。我国理论界的同志总结了这方面的经验，探索了从二元经济结构到一元经济结构的转化中的问题，主要有以下4个问题。

（1）农村经济结构变革和提高社会劳动生产率的关系。由于我国农村人口数量庞大，潜在的过剩劳动力众多，农业劳动者需要转化为非农业劳动者的人数有上亿人，而我国又缺乏足够的资金，因此不得不走投资少用人多的路子，这样就出现了企业小型化、低技术化和劳动生产率降低的趋向，引起了一些同志的担心，认为这将同我国经济发展模式从单纯追逐数量增长转向重视经济效益、从外延型扩大再生产转向内涵型扩大再生产的目标发生矛盾；但也有些同志认为这样做从某些部门、某些行业看可能出现劳动生产率的下降，但是，把转移前农业劳动生产率计算在内，整个社会劳动生产率仍然是上升的。至于哪一部门采用什么样的技术水平，很难凭想象做出判断，而是通过国内市场和国际市场的竞争来做出抉择。

（2）要不要继续保持城乡隔离发展的政策？对此，人们认为现代化过程中农业人口流入城市，使得大城市出现臃肿的病态，特别是我国农村人口数量大，过多地涌向城市，非城市所能承担，今后主要应采取就地消化就地向非农业劳动转移的途径解决，不赞成让农民进城。但也有一些同志认为，在强调就地消化的同时，也应当看到在现代化过程中人口的城市化是不可阻挡的趋势，我国现在加于户口迁移的重重壁垒的城乡、城城隔离政策，是不得已的政策，在条件允许时应当适当放宽那些对农民进城的限制，允许农民进城经商搞建筑和兴办第三产业，更多地采用经济上的政策手段来调节城乡间人口和劳动力的移动。

（3）对于发展乡村企业、乡镇企业的认识。过去在相当长时间里，人们对原来的社队企业，后来的乡村和乡镇企业，只看作是辅助性的补充农业的经济：一方面作为增加农村集体经济收入的补充；另一方面作为国营企业生产经营的助手，把它限制在拾遗补阙、三就四为的范围。担心它发展壮大了会与国营大企业争原料、争市场，过一段时间就限制一下，经过几起几落，直到最近农村经济结构和整个国民经济结构改造的问题提出来以后，人们才逐渐认识乡镇企业在吸纳农村多余劳动力从农业向非农业的转移，实现二元结构向一元结构过渡的重大历史作用，是使农村从自然经济转向商品经济，改变农村面貌的希望所在，从而在理论上加深了发展乡镇企业重要性的认识。

乡镇企业的发展同商品经济的发展是密切不可分割的，它们的活动空间一般是计划之外的市场；长期受自然经济束缚的农民缺乏从事商品生产的经验，因此在乡镇企业的发展过程中，难免存在着某些盲目性和混乱现象。克服这些毛病在于使乡镇企业纳入国民经济大系统，给乡镇企业的发展以计划指导和信息咨询服务，运用经济手段进行调节，以克服乡镇企业发展中的盲目性，增强计划性，这正是发展有计划商品经济的重要方面。

（4）理论界还对乡镇企业的发展和二元结构向一元结构转化将给我国经济带来的巨大和深远的影响进行了分析。这一过程，将从农村中释放出极大的能量，使农民收入较快提高，从解决温饱问题逐渐走向温饱有余。这样，八亿农民的广阔市场上将会出现消费需求的巨大变化，形成对消费品生产和消费品产业投资的动力和压力，对宏观经济平衡带来新的问题，同时，随着收入和消费水平提高而出现的消费需求结构的变化，将推动产业结构的不断改组。对此应该及早加以重视，做出符合实际的估计并提出相应的对策，以便在整个国民经济商品化和现代化的大变动中，保持住供需总量和结构大体平衡。

（四）造成一个供给略大于需求的买方市场，为改革和发展商品经济提供良好环境

长期以来，我国物资商品供应的增长落后于有购买能力的需求的增长，往往形成求大于供、市场被卖方支配即所谓卖方市场的局面。长期的市场短缺和卖方市场的造成，是过去实行片面追求数量增长即追求产值速度的传统经济发展战略的结果，也是实行排斥商品货币关系、吃"大锅饭"的传统经济体制的结果；反过来，持续的供应短缺和卖方市场又成为强化传统经济模式的原因。因为供应紧张的短缺经济往往要求高度集中的行政管理和统一调拨与配给式的分配，这恰恰是与发展商品经济背道而驰的。这样，按照商品经济的要求来进行经济体制改革就会遇到许多阻力。正因为如此，不少中外经济学家都认为，为了给经济体制改革和发展商品经济提供一个良好的经济环境，必须努力创造一个总供给略大于总需求的宽松局面，造成一个有限的买方市场。

1978年以来，在两个三中全会决议以及中央一系列方针政策指引下，我国经济生活正经历着多方面的深刻变化，我国的经济发展战略和经济体制正在由旧模式向新模式转换中。"六五"初期，由于农村改革和农业生产的高涨，由于认真贯彻经济调整方针带来的对社会总需求的约束，整个经济初步出现了比较宽松的局面，甚至出现了某些买方市场的势头，为经济体制改革创造了有利的条件。但是，由于模式转换过程中双重体制并存，传统体制中追求产值速度的惯性时时冒头，投资饥饿、数量扩张的欲求仍然存在，而过去长期对消费的禁锢约束又被冲破，加上宏观管理的改革未能配套跟上微观放活的改革，因此，前几年曾经出现的买方市场势头时起时伏，一直很不稳固。特别是1984年第四季

度到1985年，随着投资加消费的总需求猛增和经济发展的超速，国民经济重新出现了过热的紧张局面，使改革所需的良好环境有所逆转。这样，我们不得不把很大的精力用在稳定经济、治理环境上，致使改革的步子在近一两年受到一定的影响。经过1985年和1986年的努力，现在过热的经济已开始逐步走向稳定，但总需求超过总供给的国民收入超额分配的状况仍未扭转过来。因此，"七五"计划提出的第一项基本任务就是要进一步为经济体制改革创造良好的环境，努力保持社会总需求和总供给的基本平衡，使改革更加顺利地展开，这是十分必要、完全正确的。

对于"七五"计划提出的努力使总需求与总供给保持基本平衡，按照经济理论界不少同志的理解，就是要以解决国民收入超额分配的问题为契机，实现留有余地、留有后备、留有机动的平衡。东欧一些经济学家也主张在进行经济改革的时候，要保持一定的资金、物资、外汇等后备，以应改革过程中利益调整和其他不时之需。这种留有后备、留有机动的平衡，也就是马克思在《资本论》第2卷论固定资产再生产时所说的，社会主义社会的生产要超过每年的直接需要。这种超过直接需要的社会生产和供给略大于需求的平衡，表现在市场上就是有限的买方市场。当然，这样的基本平衡是不容易做到的，但我们必须以此作为明确的方针和努力的方向。只有在这样的基本平衡和市场状况下，才能出现卖方的竞争，迫使生产经营者改进技术、改善经营、改善服务态度，企业才有改革的动力和压力。在相反的情况即卖方市场的情况下，市场紧张，"皇帝的女儿不愁嫁"，企业根本不必犯愁去改进技术、改善经营、改善服务态度。而且在物资、资金、外汇等供应都绷得很紧的情况下，改革过程中利益关系调整对于资金、物资、外汇等需要和其他不时不测之需，就难以解决，改革的进程也会遇到障碍。

但是对于造成一个供给略大于需求的有限买方市场的主张，

是有相反的意见的。20世纪30年代以来，苏联就有一个理论，后来传到中国，就是社会主义国家的需求增长总是超过生产增长，这是社会主义优越性的表现。这就是说，短缺经济、供应紧张、配给排队，等等，都是社会主义优越性的表现。这种理论过去有其实践的背景，现在看来是可笑的，但直到今天，还有人认为社会主义解决不了短缺问题，买方市场是一个幻想。但是如果社会主义制度解决不了短缺问题，那我们还要社会主义干什么？现在讨论问题不要上纲，但我总觉得这里面还是有一个对社会主义制度的信心问题。当然，绝大多数坚持社会主义理想的同志，认为短缺问题不是社会主义制度本身带来的，而是僵化的经济体制和传统的发展战略造成的，是可以通过改革经济体制和转变发展战略来解决这个问题的。

另外一种意见认为，为了保持一定的经济发展速度以实现现代化的任务，需要采用一种温和的通货膨胀政策来刺激经济的增长，而货币供应量的超前增长和物价的缓缓上涨，对于发展商品经济和改革经济体制来说，是不可避免的。这几年不断有人鼓吹中国要有一点财政赤字，有一点通货膨胀，以刺激经济的发展。这实际上是把凯恩斯主义拿到中国来应用。这种意见没有看到我国同许多西方发达国家和一些发展中国家不同的情况。对于西方有效需求经常不足的经济来说，赤字财政和通货膨胀可以起到增加有效需求的作用，可以作为反萧条的有效措施，阻止危机的出现或刺激经济回升。非社会主义的发展中国家在经济处于停滞状态时期，也需通货膨胀的刺激，才能从沉睡中苏醒。但是社会主义经济经常处于亢奋状态，对于我国这样供不应求的短缺经济大国来说，从长期来看，制约增长的主要是资源不足而不是需求不足，有效需求你不刺激它，它也会自动膨胀，根本不需要刺激。货币的过多供应只能加剧经济的紧张程度，并使长期存在的卖方市场难以向买方市场转化，这样就不利于形成一个使市场机制能够充分发挥作用的经济环境。当然，在发展商品经济的过程中需要货币供应量一定程度的超前增长，改革过程中由于调整不合理的价格结构而导致物价水平一定程度的上升，也是不可避免的；但应严格控制，稳步进行，以免震动过大。至于不是由于调整价格结构而发生的物价上涨，应尽力在调整中加以控制，避免纯属票子过多造成的物价上涨，努力为改革创造良好环境。

还有一种反对建立买方市场提法的意见是：总供给略大于总需求的宽松环境，只能是改革的结果，而不应当是其前提。认为"供给略大于需求在目前是不可能的"，当前我们只能"适应需求略大于供给的形势，进行社会主义建设"。

当然，比较稳定的买方市场现在世界上只有在比较发达的商品经济中才能看到。而在社会主义经济中，它的最终形成和确立，要在对传统体制进行彻底改革，彻底消除了造成追求数量膨胀和投资饥饿顽症的体制原因以后才有可能，它确实属于改革的结果，而我们又不能够坐等宽松的环境出现后再进行改革。但是也应当看到，通过发展战略的逐步转换、经济计划的适当松动和经济体制改革的推进，某种买方市场的势头不是不可能出现，事实上在"六五"初期就出现过这种势头。当前通过继续加强宏观控制和改善宏观控制，也将使我国的经济进一步宽松，这将有利于1987年和1988年大步改革设想的实现。正因为我国经济发展战略和经济体制正处在从旧模式向新模式转换的过程中，旧模式的影响时时遏制着买方市场势头的伸展，逆转改革所需的适宜环境，我们就更要保持清醒头脑，自觉地运用新旧体制所提供的一切手段，认真控制投资需求和消费需求的增长，努力创造出有限的买方市场的势头，以便顺利开展经济改革和经济建设，推动旧模式的消亡和新模式的成长，然后在新体制下形成自我控制调节的机制来实现需求的约束，使买方市场的势头逐步得到巩固与发展，从而有利于新的经济体制和新的发展战略的最终形成和稳固的确立。如果我们采取另一种方针，即因为实现买方市场在目前有一定的困难，就认定"供给略大于需求在目前是不可能的"，从而满足于"学会如何适应需求略大于供给的形势"（其实几十年来我们早就适应求大于供的形势），那么，我们就会自觉或不自觉地放弃造成买方市场势头的努力，很容易放松对总需求的管理控制，我们就很难从长期困扰我们的国民收入超分配和卖方市场的困境中摆脱出来，从而不能为改革创造一个良好的经济环境，致使改革拖延或受挫，这是我们应该竭力避免的。

回顾1979年，尽管党中央已经提出我国的经济体制需要改革，但是，由于当时国民经济存在严重的比例失调，所以把经济调整放在首位，而把改革放在次要地位，提出改革要服从于调整，有利于调整。以后，国民经济展现了良性循环的前景，良好的经济环境初步形成，党中央才于1984年10月做出了关于经济体制改革的决定。随着"六五"计划的胜利完成，全面改革的社会经济条件业已成熟，改革上升为主要任务。"七五"计划已提出把改革放在首位，因此，就要更加重视保持进行改革和发展商品经济的良好环境。在改革与建设发生矛盾的时候，生产建设的安排要服从改革，切莫因追求经济增长速度而放松对需求的控制，特别是对于1986年因前期经济增长基数过高而出现增长速度的暂时下降现象，要沉得住气，继续采取正确的政策措施，为体制改革、为结构调整创造良好的环境，促进社会主义商品经济繁荣昌盛地发展。

《市场结构与市场机制》序*

（1986年11月9日）

　　韩志国、洪银兴、魏杰三位青年同志在这本书中探讨的市场结构与市场机制问题，是一个很有意义的研究课题。对这个问题如何认识，既直接关系到社会主义经济运行模式的选择，也直接关系到社会主义经济发展模式的选择。可以说，这是发展社会主义商品经济的一个基本理论问题，也是关系我国经济体制改革全局的一个重要的现实问题。从理论与实践的结合上对这个问题进行探讨，有助于我们加深对社会主义商品经济理论的认识，也有助于我们按照商品经济原则来进一步推进经济体制改革。

　　明确地提出发展社会主义市场，提出完善市场体系，并且把它作为"七五"时期经济体制改革的三项任务之一，这件事情本身就表明了人们对社会主义商品经济理论在认识上的进展，表明了经济体制改革的深化。人们对于社会主义商品关系和市场问题的认识，经过了比较曲折的过程。大致说来，可以分为三个阶段：第一阶段，人们只承认社会产品中的消费品部分是商品，认为价值规律的"调节"作用，只发生在消费品的交换中，对生产只起影响作用，只具有核算的职能。因此，在理论上就认为市场只存在于消费品的交换中。当然，从20世纪50年代中期起，我国理论界就有人写文章论证生产资料也是商品，但是这种意见长期以来不占上风。第二阶段，人们开始从社会主义经济的内在属性

224　　* 原载《光明日报》。

上来论证社会主义经济中存在商品生产和商品交换，确认成为商品的不仅是消费资料，而且包括生产资料；价值规律不仅调节消费资料的生产和交换，而且调节生产资料的生产和交换，从而提出要发展和完善商品市场。在这个阶段，有些同志仍然坚持生产资料不是商品的观点，但随着经济体制改革的深化，随着生产资料价格"双轨制"的出现，生产资料的商品属性在实践中越来越明显，"生产资料是商品"的观点，成为大多数经济理论工作者的共同认识。第三阶段，在明确了社会主义经济是有计划的商品经济以后，提出了社会主义统一市场体系的思想，确认了市场规律不仅作用于货物（生产资料和消费资料）的生产和交换，而且作用于资金、劳动力、技术和信息服务等的交换中。就是说，社会主义的市场，不仅包括商品市场，而且应当包括资金、劳动力、技术、信息等生产要素的市场，以形成统一的市场体系。这一认识，基本上是在十二届三中全会之后形成的，目前还在继续研究和探索之中。

　　对社会主义市场问题在认识上的提高，使人们能够在新的基点上来探讨社会主义经济中的计划和市场问题，从而进一步明确经济体制改革的方向和目标。我们的经济体制改革有一个向哪个方向使劲、改向何处的问题，也就是人们常说的经济体制改革的目标模式问题。关于这个问题，人们历来有不同的见解，比如对于我国的经济体制改革，应该是局部性的修补改良，或者应当是根本性的模式改造；是应当以指令性计划为主还是要以指导性计划为主等问题，过去都曾有过不同看法。党的十二届三中全会关于经济体制改革的决定公布以后，大家的意见统一到社会主义经济是有计划的商品经济，应当按照有计划的商品经济的方向进行改革这一点上。但是，对于究竟什么是有计划的商品经济，人们的理解还有不小的差异，有的强调"商品经济"的一面，有的强调"有计划"的一面。有的同志提出，"改革的基本思路是社会主义经济首先是商品经济，然后才是有计划发展的商品经济"，把重点放在商品经济上；有的同志则认为，"计划经济或计划调节，应始终在社会主义经济中占主导地位"，把重点放在计划经济上。强调的重点不同，改革的目标模式也会有差异。有的在目标模式的设想中强调市场的间接协调，有的则强调政府的间接协调。在国际上，对于社会主义国家经济体制改革的构想也存在着类似的认识分歧。比如匈牙利的改革，目前已形成间接的行政协调为主的模式，有的学者满足于这种模式，认为只要进一步完善就行了；但也有的经济学者如科尔奈，则认为必须将现有的间接行政协调的模式进一步改革为有宏观控制的市场协调模式。这类认识上的分歧是很自然的、正常的，只有通过百家争鸣才能推动认识上的提高。要看到在计划经济与商品经济、计划与市场的关系上，绝对地通过计划的行政协调或者完全放任的市场机制，在实际上都不可能做到，因而讨论的实质是在寻觅两个极端之间的比较适宜的结合点，这要根据各国不同时期的具体情况作具体分析。在我国，总的说是要为发展社会主义商品经济开辟道路，逐步建立起有计划指导和宏观控制的市场协调机制。

为发展社会主义商品经济开辟道路，就要围绕着增强企业作为商品生产者和经营者的活力这一中心环节，创造有利于社会主义商品经济健康发展的外部条件和内在机制。循着这样一条思路，体制改革的目标模式的基本要点有以下几个方面：1.所有制单一化的旧格局不利于发展商品经济，应当向以公有制经济为主体的多种所有制并存、多种经营方式共同发展的新格局使劲，特别是要改变国营大中型企业无权的状况，使企业真正成为相对独立的、自主经营、自负盈亏的社会主义商品生产者和经营者；2.高度集中的决策结构和"父爱式""家长式"的国家与企业关系，是束缚商品经济发展的桎梏，应当向形成国家、企业和家庭个人各按自己职责范围多层次决策和负责的体系方面转变，国家主要进行宏观经济决策，而微观经济活动尽可能下放给企业和家庭个人决策；3.过去实行的指令性计划排斥了市场机制的作用，应缩小其范围，相应扩大指导性计划和市场调节的范围，国家应从直接指挥企业活动转向利用价格、税收、信贷等经济杠杆来调节企业活动，在计划指导下利用市场机制和价值规律的作用来协调经济运行；4.吃"大锅饭"的平均主义分配是和发展商品经济的要求相背离的，需要经过改革以形成新的国家对企业、企业对职工的分配关系，使收入分配同经济效益、劳动贡献联系起来，真正贯彻多劳多得的原则，使优胜劣汰的竞争开展起来，形成促进效率提高和技术进步的利益动力体系；5.行政性分权造成的条块分割、相互封锁，是商品经济发展的严重障碍，简政放权、政企分开，做起来虽然有许多困难，但这个改革目标不能放弃，这就要根据形成统一市场和发展横向经济联系的要求，进行企业的改组与联合，以形成纵横交错的网络式的经济体系。

　　上述几个方面的改革，从实质上来说，就是要为社会主义商品经济的发展扫除体制上的障碍。而经济体制上这些障碍的最终扫除，则同社会主义市场体系的建立和完善是分不开的。为什么这么说呢？首先，从增强企业活力这个经济体制改革的中心环节来看，要使企业成为自主经营、自负盈亏的商品生产者，就必须为其提供一个进行生产和经营活动的广阔的"舞台"，这个"舞台"就是市场。只有进一步发展市场关系，逐步完善市场体系，才能真正地把企业从行政部门的束缚下解脱出来，企业才有可能在市场上合理选择生产要素，并且参照市场信号的变动，对生产规模和生产结构进行及时的、必要的调整，从而具有自主经营和自负盈亏的权利和能力。同时，要进一步增强企业活力，就必须在改革经济运行机制的同时，进行所有制关系的改革。在我看来，伴随着所有制结构的调整，必然会在合作经济、联营经济乃至国有经济中发展出一批股份制企业，而股份制的发育和完善，也要求有一个包括金融市场在内的完善的市场体系，没有这样的市场体系，所有制关系的改革也会因遇到障碍而不能顺利展开。其次，从经济运行的统一性来看，如果产品的生产和流通按照商品经济的原则来组织，而资金、劳动力、技术和信息等生产要素的配备完全按计划安排，实行纵向分配，那么不但企业在选择生产要素投入方面的自主权将受到很大限制，而且在调节体系方面就会出现彼此独立的两块：一块是受计划调节的商品市场；另一块是由计划调节的生产要素的分配，这种板块结构，割断了商品生产和生产要素流动之间的内在联系，在这种情况下，企业就很难从行政部门的束缚下解脱出来，吃"大锅饭"的现象就很难改变，宏观经济管理从直接控制为主转向间接控制为主的任务也就很难实现。再次，在发达的商品经济中，生产要素的直接分配很难实现资源的有效配置，这是国内外社会主义实践所证明了的。虽然在社会主义条件下，某些生产要素还不是完全意义上的商品，但是可以采取商品形式，借助市场机制，按照价格的变化，来确定要素的流向，这样才可能实现资源配置的优化。总之，市场体系的形成有利于经济的协调运行，有利于资源的有效配置，有利于利益结构的灵活调整，从而有利于社会主义经济的稳定增长。

近几年来，随着经济理论研究的深入和经济体制改革的进行，人们对社会主义商品经济中的市场问题越来越关注，这方面的讨论也取得了一些进展。这本《市场结构与市场机制》的写作和出版，就是一个明证。作为一部探索性的著作，这本书中提出了一些目前人们在认识上还分歧比较大的观点，这也是很正常的事情。党的十二届六中全会通过的《关于社会主义精神文明建设指导方针的决议》指出："社会主义在实践中，现代化建设和全面改革是极其复杂的创新事业，没有也不可能有现成的答案，理论上和工作上的不同意见是会经常发生的。必须坚决执行'百花齐放、百家争鸣'的方针，支持和鼓励以科学研究为基础的大胆探索和自由争论，使马克思主义的理论研究大大活跃起来，使各项决策建立在更加民主和科学的基础之上。""学术和艺术问题，要遵守宪法规定的原则，实行学术自由，创作自由，讨论自由，批评和反批评自由。这样做的目的，是正确发挥马克思主义对学术和艺术的指导作用，造成科学文化发展所必需的安定团结的环境和民主和谐的气氛，使它们更好地为人民服务，为社会主义服务"。这些思想，应该真正贯彻到我们对经济理论和实践问题的讨论中去，以便为经济科学的发展创造一个良好的环境，促进经济科学的进一步繁荣。

在日本同友会的讲演稿*

（1986年11月）

一、关于当代中国经济的两大变动

中国的经济从1978年年底中国共产党十一届三中全会以来，经历了并且还在继续经历着两大变化，一是经济发展战略的转换；另一是经济管理体制的改革。

中国经济发展战略的转换，概括地说，就是从过去片面发展重工业的高速增长战略，转到赵紫阳1981年在人大会议上讲的"走上一条速度比较实在、经济效益比较好、人民可以得到实惠的新路子"的新战略。这一战略转变的要点是：第一，在经济发展的目标上，从过去片面追求数量上的增长，开始转向以提高经济效益为前提，以提高人民生活水平为目的的适度增长；第二，在发展策略上，从过去片面"以钢为纲"发展重工业的不平衡发展，开始转向既有发展重点，又注意综合平衡的协调发展；第三，在发展方式上，从过去的以外延方式为主，逐渐转向以内涵方式为主，即更多注意对现有生产基础的技术改造，以求得质量和效益提高。这一战略转变的要旨，就是要使中国经济发展的速度、比例和效益有一个较好的结合，以保持国民经济能够持续稳定协调高效地增长。

---

* 本文是作者1986年11月在日本同友会上的讲演稿。

中国经济管理体制改革的实质，就是要从过去的带有军事共产主义供给体制因素的集中计划经济体制，转向计划与市场有机结合的、有计划的商品经济体制，这一新的体制应能保证不断再生产出公有制为主体和实现共同富裕目标的社会主义生产关系。体制转换的要点是：

第一，在经济决策权力结构上，从过去的过度集中的单一国家决策转向国家主要管理宏观经济，而微观经济活动主要下放给企业和家庭个人的多层次决策。

第二，在经济调节体系上，从过去的行政指令手段为主的直接调节转向用经济参数手段为主的间接调节。

第三，在利益分配上，从过去的企业吃国家"大锅饭"、职工吃企业"大锅饭"的平均主义的分配制度转向物质利益原则和社会公正原则相结合的分配制度。

第四，在经济组织上，从过去的政企不分、纵向隶属关系为主，部门与地区分割转向政企职责分开，横向经济联系为主，以中心城市和行业管理为枢纽的经济组织结构。

总之，中国经济体制模式转换的要旨是，围绕增强企业的经营动力和竞争压力，把微观经济搞活，把宏观经济控住，以保证我国经济能够健康地实现社会主义现代化的目标。

我国的经济发展与经济改革，是在相互联系和相互作用中运行的。在发展战略转变和经济体制改革之间，既有互相促进的方面，也有矛盾的方面。过去几年，我们既有改革步子过大使经济发展出现曲折的情况，也有经济发展过热使改革所需的良好环境逆转，改革不得不放慢的情况，如1984年下半年经济增长过快过高，投资规模过大，消费基金增长过猛，信贷、外汇平衡失控，使一些原定的改革（如价格改革、工资改革）方案不得不推迟出台或放慢实施的步骤，必须用一定时间和力量稳定经济，治理经济环境，为进一步改革创造条件。所以，我国经济的双重转换并不是一个一帆风顺的过程，而是充满着矛盾与摩擦，需要把经济建设与经济改革两个方面很好地配合起来，才能较快地推动我国现代化事业的进程。

二、关于双重体制并存的矛盾

社会主义国家进行经济体制改革，是用"一揽子"方式好，还是渐进式方式好？这是一个有争论的问题。就中国情况来说，由于我国生产力发展水平比较低，经济上存在着落后的农业、乡村和先进的工业、城市的二元结构，再加上幅员辽阔、发展不平衡、管理人才缺乏、管理经验不足等，经济体制改革不能采取"一揽子"方式，"毕其功于一役"，只能走"渐进式"的道路。在这种情况下，新旧双重体制并存的局面，是不可避免的。逐步推进改革的方式，新旧体制并存和逐渐消长，可以避免改革中的大震动，但是新旧两种体制同时并存，商品经济和非商品经济同时并存，利用市场机制和排斥市场机制同时并存，也会使经济运行出现错综复杂令人眼花缭乱的现象，并且带来一系列棘手的问题。在改革的过渡时期，双重体制的矛盾和摩擦到处存在，企业机制、市场机制、国家管理机制，无一领域能够摆脱双重体制并存的局面。

目前生产资料的双重价格，是双重计划体制和双重物资分配体制的集中表现。计划内产品实行较低的计划价格，而计划外产品则实行较高的协议价格或市场价格。同种生产资料（钢材、煤炭……）实行计划外两种价格，是中国实行渐进式的改革条件下的特殊产物。当然，在物资紧缺，计划价格偏低而又不能及时调整的情况下，必然会出现计划外价格，如黑市价格，但是，生产资料计划外价格的合法化，从而价格双轨制被肯定下来，则是最近几年的事。双轨制价格改革的基本思路是：逐步放开国营企业和一部分计划内产品，让它们进入市场，用加大计划外商品供应的办法降低原来比较高的市场价格水平，同时用逐步调整的办法使计划内产品价格升高，这样促使两种价格接近起来，最后趋于统一。生产资料价格双轨制的实行，利弊都很明显。其利在于，它可以刺激超计划或计划外短缺产品的生产，可以使计划照顾不到的领域比较易于取得所需货物，可以抑制低效益的需求，促进物资节约，等等。但双轨制价格的弊端也不少，它促使计划内产品纷纷流向计划外，冲击计划内生产建设的物资保证；它使计划内产品占比重较大的国营大中型企业处于不利地位，同时刺激技术落后的小企业的发展，从而带来企业规模结构和技术结构的恶化，延滞发展模式的转换过程；两种价格的落差，还给投机倒卖非法牟取暴利提供了温床，削弱了市场管理的有效性；在某些地区、企业和个人利用价格落差获得高额收入的情况下，又引起普遍的收入攀比，成为消费基金膨胀的原因之一。

在日本同友会的讲演稿

由于我们不可能一下子从旧体制转换到新体制，双重体制并存和实行双轨制价格有它的客观必然性，这就不能因为存在着摩擦和矛盾，而退回到单一的旧体制中去。鉴于双轨制带来的问题很多，有些中外人士认为尽管生产资料价格双轨制可能是中国价格改革的一个创造，但应尽快缩短其存在的时间，使双轨制过渡到单轨制。总之，由于新体制和旧体制之间存在着摩擦和由此带来的种种弊病，两者长期并存是不可能的，这就要求我们积极创造条件，推动旧体制向新体制转换。

三、关于第七个五年计划期间经济改革的主要任务和1986年经济形势

第六个五年计划（1981—1985年）的前几年，针对当时国民经济一些主要比例关系存在着严重的不协调状况，我们把经济调

233

整的任务放在首位，经济改革则放在服从经济调整的地位，这是必要的。随着"六五"计划的完成，我国国民经济逐渐走上持续、稳定、协调发展的轨道，经济体制全面改革的社会经济条件业已成熟，改革已上升为主要任务。1986年春天全国人民代表大会通过的我国经济社会发展的第七个五年计划（1986—1990年）规定了"七五"时期的首要任务，就是进行经济体制的全面改革。为了在五年或者更长一些的时间内奠定新的社会主义经济体制的基础，"七五"期间的经济体制改革主要应当抓好三个互相联系方面的改革：第一，进一步增强企业活力，特别是全民所有制大中型企业的活力，使它们真正成为相对独立、自主经营、自负盈亏的社会主义商品生产者和经营者；第二，进一步发展社会主义的有计划的商品市场，逐步完善市场体系，包括生产资料市场、资金市场、劳动力市场、技术市场等；第三，国家对企业的管理逐步由直接控制为主转向间接控制为主，建立新的宏观经济调控体系。围绕这三个方面，将配套地搞好计划体制、价格体系、财政体制、金融体制和劳动工资制度等方面的改革，以形成一套把计划与市场、微观搞活与管理控制有机结合起来的机制和体系。

　　1986年是"七五"计划的第一年。我在前面说过，"六五"后期，从1984年第四季度起我国经济发展出现超高速的过热现象，影响了改革的进程，我国政府已经采取软刹车的紧缩措施，以稳定经济，从1985年下半年年底开始逐渐生效。1986年到1987年经济工作的重点，是围绕稳定经济的要求，继续加强和改善宏观控制的方针，在改革方面着重巩固、消化过去已经出台的各项改革，存利去弊，补充改善，为"七五"后几年的改革做好准备。

　　今年（1986年）以来，中国经济发展日趋正常，总的来看形势比1985年好。农业方面，尽管一些地区遭到严重的自然灾害，但粮食总产量比1985年增加3.9亿吨，农业总产值增长速度可以超过计划，达到4%。工业生产从1985年的超高速增长（18%）转向正常发展，可望实现计划规定的增长8%左右的要求。固定资产投资和消费基金增长过猛的势头有所抑制，社会总需求与总供给的矛盾有所缓解。总之，国民经济中的不稳定因素有所减少，经济环境进一步趋向缓和。这些情况表明，今年年初我国政府确定的继续加强和改善宏观控制的方针是正确的，今年改革方面实行的巩固、消化、补充、改善的方针也是正确的。明年经济改革的具体方案还在研究，总的设想是，在保持改革连续性和保证国民经济稳定增长的基础上，紧紧围绕增强企业特别是大中型企业活力这个中心环节，积极探索企业所有权与经营权相分离的形式，创造条件改善企业的境遇，深化企业改革；逐步建立生产资料市场和短期金融市场，加快金融体制改革的步伐，同时相应地改革计划投资体制、物资体制、劳动工资体制，探索改革宏观经济管理实行间接控制的方法，以促进社会主义商品经济的发展。我们知道，我国经济还面临着不少问题，改革的道路是不平坦的，但是，只要有坚定的决心和稳妥的步骤，中国是能够一步一步地实现改革目标的。

女士们、先生们，上面我着重讲了我国国内经济建设与经济改革问题，撇开了对外经济关系。当然，在当今的世界，中国的经济是不可能孤立地发展的。我国经济从1978年年底以来的战略转变中，其中还有一项引人注目的转变就是从过去的基本上闭关锁国的政策转为对外开放的政策。开放政策符合当今世界经济发展的潮流，有利于我国同时利用国内国外两种资源、国内国外两个市场来加速我国的社会主义建设、现代化建设，因而是不会改变的。中国对外开放政策的一个十分重要的组成部分就是引进外资和先进技术，这也是这次我们到东京来同经济同友会中国部会先生们要讨论的课题。中日两国是一衣带水的友好邻邦，中日经济合作有着深厚的社会物质技术基础，日本拥有雄厚的资金力量和先进的生产技术，但是缺乏自然资源，劳动力价格也比较昂贵，相反地，中国拥有丰富的自然资源和比较便宜的劳动力，却缺乏必要的建设资金和先进技术，开展中日经济交流，有利于双方扬长避短，发挥各自的优势，促进两国经济的繁荣和发展。

国民经济核算体系理论与方法论讨论会开幕词

（1986年11月25日）

这次讨论会，是由中国社会科学院经济研究所《经济研究》编辑部、国家统计局统计科学研究所《统计研究》编辑部、中国社会科学院数量经济与技术经济研究所《数量经济技术经济研究》编辑部联合主办的。这次讨论会的召开，得到国务院国民经济统一核算标准领导小组和国家统计局等单位领导同志的高度重视和热情指导，得到许多在学术界享有一定名望的老专家们的大力支持。前来参加这次会议的代表，既有科研单位和高等院校的理论工作者，又有许多实际工作部门的同志，其中还有不少是年轻的新生力量。我们这次讨论会有一个突出的特点，这就是，既讨论与国民经济核算体系本身有关的重大理论与方法论问题，又讨论与国民经济核算体系的完善和改革有关的重要实际问题，也就是说，坚持和贯彻理论联系实际的原则，把理论问题的讨论和实际问题的讨论有机地结合起来，互相促进。以这样的原则来开好我们这次讨论会，既有利于推动理论研究和学术繁荣，又有利于推动实际工作的进行。所以，在全体与会代表的共同努力下，开好这次讨论会，是很有意义的。

对于国民经济核算体系的完善与改革问题，一方面，我们要看到这个问题的重要性，另一方面，也要看到这个问题的困难性。这是因为，这个问题牵涉许多复杂的理论问题，也牵涉许多复杂的实际问题。在这里，我想从总体上谈几点个人的看法，供同志们在讨论中参考。

第一，坚持马克思主义与发展马克思主义的问题。

关于这个问题，近几年来，中央领导同志有过多次论述。今年（1986年）9月召开的党的十二届六中全会通过的《中共中央关于社会主义精神文明建设指导方针的决议》，又再次明确地阐述了坚持马克思主义与发展马克思主义的关系问题。国民经济核算体系的完善与改革，要以马克思主义为指导，这是一条确定无疑的原则。但是，以马克思主义为指导，不是让我们单纯引经据典地去搞那种演绎式的推论，更不是要我们用一些僵化的观念去裁判生活。我国现在进行的伟大的具有开创性的经济体制改革，以及改革中遇到的许多新情况和新问题，就是马克思生前所未曾亲眼见到和未曾预见到的。对于这些新问题，是不可能从马克思主义著作中找到现成答案的，同时，更不可能从西方资产阶级学者的著作中找到现成的答案。这只有靠我们在坚持和运用马克思主义的立场、观点和方法的基础上，从实际出发，来加以解决，来发展马克思主义和丰富马克思主义。

在国民经济核算体系问题上，我认为，首先，我们应该坚持马克思主义的那条历史唯物主义的基本命题，这就是，直接的物质资料的生产是最基础的生产劳动。这一历史唯物主义的基本命题，我们不能放弃。同时，对于物质生产概念，我们又不能拘泥于狭隘地理解。马克思当年在分析和批判亚当·斯密时指出："对劳动的物化等，不应当像亚当·斯密那样按苏格兰方式去理解。"[①]所谓"按苏格兰方式去理解"，就是只狭隘地承认具有"物体实在性"的产品的生产是物质生产，而非物体形态的产品的生产，如电力、交通运输、邮电通信等，不是物质生产。我们

① 《马克思恩格斯全集》第26卷 I，人民出版社1975年版，第163页。

还应该认识到，生产劳动概念本身也要扩大。马克思曾经指明："随同劳动过程本身的协作性质的发展，生产劳动和它的担负者即生产劳动者的概念必然会扩大。从事生产劳动，并不一定要亲自动手。只要作为总体劳动者的一个器官，完成它某种附属功能，也就够了。"[1]马克思的这些论述，在今天仍然有其指导意义。从实际统计工作来讲，一些概念究竟应该外延到什么程度，还需要具体研究。

东方的MPS体系，突出地强调了物质生产部门的作用，这是它的合理的一面。但是，这一体系不应该凝固不变。无论在统计口径上，还是统计方法上，它应该随着经济体制改革的发展，随着社会化大生产和商品经济的发展，随着现代科学技术的发展而发展。

以上讲的是第一个问题。

第二，如何对待国外的经验问题。

这里包括两个方面，一方面是如何对待西方国家的经验，另一方面是如何对待改革中的其他社会主义国家的经验。

关于如何对待西方国家的经验问题，我认为，我们应该吸收西方核算体系中那些反映社会化大生产和商品经济发展要求的有益部分，而摒弃其庸俗的部分。

西方的国民经济核算体系，也经历了一个发展的过程。SNA体系是1953年由联合国统一制定的，1968年发展为现在的新SNA体系。联合国和日本等学者在说明为什么要采用新SNA的背景时，讲到了这样几点情况[2]：第一点情况，现代经济生活越来越复杂，经济分析越来越重要，越做越细，这就要求国民经济核算

---

① 《资本论》第1卷，人民出版社1963年版，第549—550页。

② 参见联合国经济和社会事务部统计处编：《国民经济核算体系》，中国财政经济出版社1982年版；日本经济企划厅经济研究所国民所得部编：《国民经济新计算体系的特征》，中国社会科学出版社1983年版。

愈加全面和详细。比如，为了反映现代化大生产条件下各部门之间的广泛联系，许多国家都已编制了列昂惕夫发明的投入产出表；为了反映发达的商品经济条件下广泛的金融活动，许多国家编制了柯普兰德设计的资金流量表；为了反映对外贸易的广泛开展，许多国家还按国际货币基金组织提出的"国际收支提要"，编制了国际收支平衡表。因此，有必要把这些新的统计核算统一起来，建立一种扩大的核算体系。第二点情况，经济数学模型作为经济分析和政策研究的辅助工具，得到越来越广泛的应用，这也要求国民经济核算提供进一步细化的和全面的资料。第三点情况，电子计算机的发展使数据处理能力迅速提高，大量的数据可以在短时间内处理完毕，这为扩大国民经济核算提供了物质技术条件。

由此我们看到，新SNA中有一些东西是反映了社会化大生产和商品经济发展的要求，反映了当代科学技术发展的新成果。对于这些有益的部分，我们应该结合中国的国情，把它们吸收过来。而对其中那些庸俗的部分，特别是庸俗的理论基础，我们应该加以摒弃。

关于改革中的其他社会主义国家的经验，如匈牙利的经验、南斯拉夫的经验我们也应该重视，应该加强研究，把握他们发展的最新动向，吸取他们的具有一般普遍意义的和适用于我国的经验。但是，就像我们当年不能全盘照抄照搬苏联的东西那样，也不能全盘照抄照搬改革中的其他社会主义国家的经验。对于这些国家的经验，我们也应该结合中国的国情，加以分析和吸收。

第三，学术上的百家争鸣与实际工作的进行问题。

国民经济核算体系问题涉及许多复杂的理论问题。对于这些问题，人们有不同的观点。理论上的讨论，要贯彻百家争鸣的方针，实行学术自由和讨论自由，要造成一个宽松的环境，鼓励不同意见的探索和争论。理论上的自由探索和自由争论，有利于活跃学术空气，有助于发挥理论对实践的超前作用和反馈作用。

在理论上百家争鸣的同时，实际工作不能等待。经济理论与统计实践二者之间还不完全等同。统计实践要比经济理论更现实、更具体、更复杂。国民经济核算体系的完善和改革，要满足多方面的、各种口径的需要。如要满足有计划商品经济发展的需要，满足国民经济宏观控制与微观搞活的需要，满足历史对比与国际对比的需要，等等。实际工作的进展，也会进一步促进理论的发展。许多问题还要从理论上加以系统地、科学地分析和说明。

以上意见仅供同志们参考。最后，预祝讨论会圆满成功！预祝代表们工作顺利、身体健康！

我国比较经济学发展的新阶段

——在中国比较经济学研究会成立会上的贺词
（1986年11月）

今天，我国经济学界一些关心比较经济理论研究的同志欢聚在这里举行研讨会，对这方面的研究工作进行回顾与展望，并酝酿成立"比较经济学研究会"。这是我国经济学界的一件大事，同时也标志着我国比较经济学的研究进入了一个新阶段。

比较经济学是指用比较研究的方法来研究经济现象，找出各国经济制度的共性和特殊性，发现不同社会经济形态和不同经济体制下的经济运行和发展的规律。应该指出，比较经济学这个术语，是最近几年从西方经济学传来的，但是，对经济现象进行比较研究并不是开始于当代西方经济学。早在19世纪，马克思和恩格斯就非常重视在经济理论中系统地进行比较研究。

马克思和恩格斯对当时资本主义发达国家英国和资本主义还在发展中的国家德国作了比较，又对资本主义社会经济形态同历史上存在的各种社会经济形态如亚细亚的古代的封建生产方式作了比较。不仅如此，他们还特别注意把经济事实同各种当时已有的思想材料进行比较，这样，他们就能深刻地揭示各种经济形态的内部联系和运动规律。

在两次世界大战之间，主要是20世纪30年代，西方经济学界曾就社会主义经济计算问题进行了一场大论战，这实际上是对社会主义制度和资本主义制度进行比较研究的一场大论战。著名的兰格模式就是这场论战的产物，也是后来对社会主义经济不同模式进行比较研究的开创性文献。

但是，在以斯大林的著作为代表的传统的社会主义经济理论中，却忽视了这种比较研究的方法，其表现是：（1）忽视横向的比较，即不注意研究当代社会主义的和资本主义的不同模式；（2）忽视纵向的比较，即不注意研究社会主义经济体制演变的趋势，随着历史条件的改变出现新的模式；（3）忽视经济事实同思想材料的比较，即不注意研究经济发展新的事实对传统的理论提出的问题，也不注意批判地借鉴吸收各种新的理论。其根源既有教条主义，又有经验主义，教条主义地对待马克思主义，狭隘经验主义地对待苏联的实践。经典著作的一些提法把苏联20世纪30年代形成的经济体制看成是社会主义经济的唯一模式，并且似乎世界上一切国家都会向这种模式转化。这自然排斥了任何研究，它既造成了体制的僵化，又造成了理论的僵化。这是完全不符合当代经济发展的。20世纪50—60年代的争论，60年代起匈牙利等国的改革，现在苏联自己也提出要对原有的经济体制进行根本的改革，这些都有力地证明了这一点。

在我国社会主义建设过程中，虽然在提出"双百"方针时曾正确地提出"比较和借鉴"的必要性，但是由于受传统的社会主义经济理论的影响，更由于后来展开"反修正主义"斗争，进一步把传统体制和传统理论教条化，更谈不上什么"比较研究"了。这种故步自封的态度对我国社会主义的实践和理论的发展都造成了严重的后果。

直到我们党的十一届三中全会以后，纠正了这种"左"的错误路线，开始为我国的比较研究学研究提供了一个良好的环境，并且取得了不少的成绩。

这主要表现在以下几个方面：

1. 对苏联和东欧各社会主义国家的经济体制及其质变作了大

量的考察、介绍，并且作了一些比较研究。

2. 对欧美、日本等发达资本主义国家的经济体制及其宏观和微观管理也进行了考察、介绍，作了一些比较研究。

3. 对发展中国家和地区，特别是亚洲新兴发展国家和地区的经济发展，特别是现代经济增长过程中两元结构的转变作了一些考察和比较研究。

4. 大量介绍比较经济学文献。在1979年以前，我国经济学界对比较经济学文献是相当陌生的。但从那时以来，特别是布鲁斯、锡克、科尔奈等东欧改革理论家的相继访华讲学，大大地增进了人们对改革理论和比较经济学文献的兴趣。七年来，我们注意翻译、出版了不少苏联、东欧社会主义国家的经济改革的理论著作，也翻译出版了西方比较学和发展经济学的一些著作。开始注意有关社会主义争论的重要历史文献的收集和介绍工作。总之，我们重视各种已有思想材料的收集和研究工作，尽可能使比较经济学的发展有一个扎实的基础。

我国的一份《比较》经济学专业杂志提出了四句话作为它的刊头语："比较开眼界，比较长知识，比较启智慧，比较出真理。"这倒很生动地说明了开展比较研究的意义。

应该指出，我国比较经济理论研究的上述进展是同我国经济发展战略的转换和经济体制改革的实践对经济理论所提出的迫切需要分不开的。同时，比较经济理论研究的进展也有助于我国社会主义建设和改革实践的发展。我们党十二届三中全会关于我国经济体制改革的决定，明确了我国的社会主义经济体制是有计划的商品经济。这是对传统的社会主义经济理论的重大突破；"七五"计划中关于三位一体的改革目标的构想，关于经济建设与经济改革关系的阐述，等等，都是对有计划商品经济理论的具体化。这些进展，都在一定程度上反映了自十一届三中全会以来我国经济理论界的研究成果，其中也包括了比较经济学的研究方面所取得的成果。经济理论界对我国经济发展战略转换和体制改革目标模式的研究，就广泛地利用了比较经济学的材料。

但是，我们不能不看到，我们比较经济学的研究仍处于初步的阶段，还远远落后于我国经济改革和经济发展的实际需要。我们研究了国外的经济事实，但是，对这些经济事实缺乏全面深刻的了解。我们研究了反映国外某些经济事实的思想材料，但是对这些思想材料的收集和研究也很不全面，也缺乏对这些思想材料根据该国经济事实的发展做出评价，更缺乏把这些实践材料和思想材料，放在我国的经济事实和思想材料中加以比较鉴别。因此，这几年往往发生各种现象，一会儿是某一国家的"经验热"，一会儿又是某种"理论热"，而真正对我国经济运行和发展的特点和规律性的实证性分析和研究则做得很不够。

现在，社会主义各国的经济改革似乎都处于一个重要的转折点。在一些国家中改革既取得了大进展，但也遇到了许多难题。改革不仅涉及经济，而且还涉及政治、文化观念和社会的各个方面，以往的种种经济改革和经济发展的理论都在实践中重新进行了检验，人们在反思过程中，又提出了种种新的理论和设想。

历史证明，在经济转折的关头，正是经济科学最繁荣的时候，也是比较经济学最活跃的时候，而经济科学的繁荣，也必然会带来社会主义经济的新繁荣。

在这样一个转折关头，我国比较经济理论的研究也面临着新的任务。在这里，我想提出一些个人的看法，供大家参考和讨论。

（1）对外来的经验和理论的研究要提高一步。在开放初期，人们在吸收外来东西的过程中发生某些照抄照搬的现象、夹生的现象、赶热闹的现象是可以理解的。在一定程度上可以说是难以避免的。但我们不能停留在这样一个阶段，而应该要求提到一个新的阶段。对外国的经验和理论，不论是南、匈、波、苏，不论是布鲁斯、锡克、科尔奈，都不仅要有介绍，而且要有评论，不仅要研究其可取之处，也要研究其不足之处；要从历史的更大跨度和经济发展的更高层次上进行总结。

（2）对我国的国情也要从比较的角度作进一步研究。我国的国情，无论从发展程度来看，还是从文化背景来看，都同西方国家乃至东欧国家有很大的差别。所谓是否"化"的问题，或者建立具有中国特色的社会主义的问题，文章都要做在中国国情的研究上。在这方面，某些日本经济学家（如石川滋）做得比西方经济学家好，因为日本经济学家对西方文化和东方文化都有较好的了解。当然，我国经济学界在这方面应该义不容辞地走在最前列。

（3）在总结我国经验并吸收外国经验进行比较研究的基础上，写出反映我国经济改革和经济发展的有系统的理论著作。我们不仅要吸收外来的东西，而且要以自己的创造对人类的文明做出贡献。在经济体制改革和经济发展问题上也是如此。许多外国经济学家向我们提出了这个要求，我看这也是我们经济学界的光荣任务。

为了完成这些任务，在研究工作上要加强交流和协调，多多通气。开讨论会和成立研究会，都是为了促进这种交流和协调。

我相信，我国以马克思主义为指导的比较经济学正担负着这一光荣而艰巨的历史使命。只要我们坚持和发扬马克思主义的比较研究方法，坚持实事求是的科学态度，就一定能对我国的社会主义现代化建设和社会主义经济理论的发展做出自己的贡献。

我预祝这次成立会取得圆满的成功。

中国经济大变动中的双重模式转换

——在香港经济学会主办的华人社会经济模式国际研讨会上的讲稿（1986年12月）

中国的经济，从1978年年底中国共产党十一届三中全会以来，经历了并且还在继续发生着深刻的变化。这些变化可以概括为双重模式的转换：一是经济发展战略模式的转变，一是经济管理体制模式的改革。下面我想简要地讲讲这两个方面的变化。

中国经济发展战略的模式转换

从1949年新中国成立到1978年大约30年中，中国经济的发展过程是十分曲折的。从历史的回顾来看，有发展得比较顺利的时候，也有遇到挫折的时候，尽管中国的经济发展有过起伏，但是从指导思想上看，支配我国经济发展的一条主线是用尽快的速度求得经济的增长。这种强速增长（Forced Growth）的战略强调的是以重工业为中心的产值产量等数量指标的增长，而对于经济发展的平衡问题、效益问题、人民生活问题，则往往置于较次要的位置，甚至有时以牺牲这些方面的利益，作为高速增长的代价，以致造成产业结构的严重失调。这种强速增长战略在经济生活中的实现，往往伴随着这样一种现象：在高积累、高投资中，一方面积累要挤压消费，另一方面每次投资的膨胀又带来消费的膨胀，这样在我国经济生活中反复出现社会总需求超过总供给的现象。这种现象使我们的经济效率长期上不去，人民生活水平的改善也同他们所付出的代价远不相称。

十一届三中全会以来，中国经济发展的新战略，集中地体现在赵紫阳1981年第五届全国人民代表大会第四次会议上的《政府工作报告》中。他把新的发展战略简明地概括为："走出一条速度比较实在，经济效益比较好，人民可以得到更多实惠的新路子。"这一新的经济发展战略，在发展目标上，从过去以片面追求数量上的增长，开始转向以提高经济效益为前提，以提高人民生活为目的的适度增长；在发展策略上，从过去的不平衡发展开始转向既有发展重点，又注意综合平衡的发展；在发展方式上，从过去以粗放方式为主逐渐转向以集约方式为主，即更多注意对现有生产基础的技术改造，以求得质量和效益的提高。

总之，中国经济发展战略模式转换的要旨，就是要使速度、比例和效益有一个较好的结合，使积累和消费相协调，供给与需求相适应，以保证国民经济能够持续、稳定、协调、高效地增长。

体制模式转换的要点

中国原有的经济管理体制，大体是在第一个五年计划末期，对生产资料所有制的社会主义改造基本完成时形成的。它是一种高度集中的、以行政协调为主的计划经济体制。由于我国经济技术落后，自然经济影响十分深厚，再加上长期以来经济工作指导思想上"左"的偏差，在我国经济生活中，军事共产主义供给制因素得到显著增强，使得我国原有经济体制在集中化、实物化、封闭化和平均主义化的程度上，都远远超过了过去实行传统集中计划经济模式的国家。在这种带有军事共产主义供给制因素的集中计划经济体制中，经济决策权力高度集中于国家机构手中，经济活动主要依靠行政机构直接对企业下达指令性投入产出实物指标来进行协调；推动经济活动的动力主要依靠政治思想动员，在经济利益的分配上盛行吃"大锅饭"的平均主义制度；经济组织结构上政企职责不分，主要是纵向的行政隶属关系，部门、地方、企业都追求自成体系，形成了分割化和封闭化的组织结构。

这种经济体制的运行，一方面限制了企业和生产者的积极性，影响了微观经济的效益；另一方面这种体制又是诱发数量扩张和"投资饥饿"的根源，它反复引起总需求的膨胀，带来宏观失控。这种僵化的经济体制，是我国经济30年中发展不够理想的又一个重要原因。

几年来，中国经济体制改革，其实质就是要从过去的带有军事共产主义供给制因素的集中计划经济模式，转向计划与市场有机结合的、有计划的商品经济模式。总的方向就是要从中国实际出发，逐步建立起有计划指导和宏观控制的、更多地通过市场机制进行协调的经济体制，这一新的经济体制应能保证不断地再生产出公有制为主体和实现共同富裕目标的社会主义生产关系。体制模式转换的要点是：

在经济决策权力结构上，从过去的过度集中的单一国家决策转向国家主要管理宏观经济，而微观经济活动主要下放给企业和家庭个人的多层次决策结构；

在经济调节体系上，从过去的行政指令手段为主的直接调节转向用经济参数手段为主的间接调节，在计划指导和宏观控制下实行市场协调的调节体系；

在利益分配上，从过去的企业吃国家"大锅饭"、职工吃企业"大锅饭"的平均主义的分配制度转向物质利益原则和社会公正原则相结合的经济动力结构；

在经济组织上，从过去的政企不分、纵向隶属关系为主，部门与地区分割转向政企职责分开、横向经济联系为主、以中心城市和行业管理为枢纽的经济网络结构。

总之，中国经济体制模式转换的要旨是，围绕增强企业的经营动力和竞争压力，把微观经济搞活，把宏观经济控住。这样，既要充分调动企业和生产者的积极性，又要根治数量扩张、投资饥饿这样一些旧体制固有的毛病，有利于微观经济效益的提高和宏观供需总量的调整，保证我国经济能够健康地实现社会主义现代化的目标。

双重模式转换中的成就与问题

上面两节我对中国经济发展战略和经济体制双重模式转换的实质作了一点概括的分析。下面简单谈谈双重模式转换几年来取得的进展和存在的问题。

在经济发展的战略转换方面，在"六五"期间（1981—1985），我国经济出现了持续增长的局面，改变了过去那种大起大落的状况。随着经济调整和改革方针的实施和收效，经济增长率逐年稳步上升，如工业生产增长率1981年为4.3%，1982年为7.8%，1983年为11.2%，1984年为16.4%，1985年为17.7%，1986年在紧缩调整的影响下，也可望达到8%。

在积累和消费的关系上，"六五"计划期间，改变了过去片面追求积累、忽视消费的倾向，积累率从"五五"期间平均的33.2%（其中1978年高达36.5%），"六五"期间平均降到30%以下；扣除物价上涨因素，居民实际消费水平平均每年增长7%以上，大大超过了过去几个五年计划时期的平均增长速度。再从产业结构上看，"六五"期间，改变了过去长期片面强调重工业，忽视农业、轻工业的倾向，与过去相比，农业、轻工业增长速度显著加快，重工业增长速度相对放慢。现在农业、轻工业、重工业在工农业总产值中大约各占1/3，工业内部重工业与轻工业的比例，现在大体上各占一半，比较适合我国目前生产力水平，关系较为协调。与此同时，第三产业增长速度也开始加快。但我国第三产业仍很落后，目前在国民生产总值中所占比重，比一些低收入的发展中国家还低。

再从发展方式看，"六五"期间，我国开始注意集约方式的发展和提高经济效益的问题。在固定资产投资总额中，用于现有企业更新改建等投资的比重有所提高。由于提出了把经济工作转移到以提高经济效益为中心的轨道上来的任务，一些经济效益指标，如社会劳动生产率的增长率、每百元积累新增加的国民收入、每万元国民收入消耗的能源等指标，都有不同程度的改善。

从以上简单列举的几条可见，中国的经济发展战略，无论在发展目标上、发展格局上、发展方式上，都开始有所转变。但由于这种转变还处于初期，旧的发展战略的影响仍然存在，因此经济发展中还存在着某些不稳定因素。"六五"中期，又逐渐出现了追求产值和攀比速度之风，特别是1984年第四季度以来，随着社会总需求的膨胀，我国经济重新出现了旧模式当中常见的发展过热的势态。1984年工业生产比上年增长16%，投资和消费的增长大大超过国民收入的增长，带来外汇储备的下降和部分物价的上涨。这种经济过热的势头1985年上半年继续发展，工业产值比上年增长23%，经过我国政府采取一系列稳定经济的措施，1985年7月才开始逐渐冷却下来。1985年下半年工业生产增长率（比上年同期）下降到12%，但1985年全年工业增长率仍达18%；1986年一季度工业增长率继续下降，上半年比1985年同期增长4.9%，全年增长率可能恢复到7%~8%。1986年全社会总需求与总供给的平衡有所改善，但国民收入超额使用的问题仍未消除，而目前某些地方和部门压产值争速度的呼声又开始提高。总之，这两年我国经济的发展显示出比较大的波动。与此相关的是积累率在"六五"后期又有上升趋势，1984—1985年两年达30%以上。根据我国经验，积累率以维持在30%以下较为合理。在产业结构方面，虽然"六五"期间农、轻、重等几大产业之间的比例趋于协调，但各大产业内部结构与产品结构仍不合理，不适应消费结构的变化。能源生产虽然增长较快，但由于整个经济增长过快，能源交通的缺口更扩大了。质量效益问题和内涵发展问题虽然已经提上议事日程，但是重量轻质和铺新摊子之风并未消衰，甚至计划规定用于现有企业更新改造的资金，也有相当一部分挪用于新建扩建，以至于设备落后、工艺落后和产品落后的状况未有显著好转。"六五"期间某些宏观经济效益指标的改善，主要是产业结构调整的结果，而企业微观经济效益则改进不大。这说明，"六五"时期我们虽然初步扭转了经济效益长期下降的局面，但总的来看，我国的经济发展还处在从低效益的粗放经营向高效益的集约经营过渡的起步阶段。

经济体制模式转换中的重大进展

我国经济体制方面的模式转换在过去几年也获得了重大的进展，开始突破过去带有军事共产主义供给制因素的传统的集中计划经济模式，朝着有计划的商品经济的方向迈进了不小的一步。

首先，随着国家所有制和集体所有制两种公有制并存的传统模式的突破和以公有制为主体的多种经济形式、经营方式共同发展格局的形成，随着各级国家行政管理部门简政放权，企业在生产计划、产品销售、产品价格、资金使用、劳动工资等方面有了程度不等的经营自主权，过去过度集中的决策权力结构已经开始逐步向多层次决策结构过渡。

其次，随着指令性计划范围的逐步缩小，指导性计划和市场调节范围的逐步扩大；随着调整和放开相结合的价格改革的开始推行，随着市场横向联系的逐步推广和经济杠杆的逐步启用，过去的直接行政控制机制已经开始向间接的行政协调机制过渡，并且逐步增加市场协调的因素。

再次，随着企业对国家和企业内部各种承包责任制、上缴利润改为上缴税负制度的逐步推行，以及工资奖励制度的逐步改革，过去吃"大锅饭"的平均主义分配制度也开始向收入分配同经济效益、劳动贡献联系起来的动力利益结构转换。

最后，在企业的改组与联合、中心城市的综合改革试点（目前有六十多个城市在进行试点）和建立经济区的试验过程中，我们正在探寻着打破过去那种政企职责不分、纵向隶属关系为主、部门分割和地区分割的组织结构，逐步建立政企职责分开、横向经济联系为主的经济网络的途径，这方面遇到的阻力，比前几方面都大。

总之，经过过去几年的改革，我国经济体制模式的转换也取得了不少进展。但我国全面的经济改革现在还为时不久，新的经济机制还远远地没有完整地建立起来，旧的经济体制的作用也远远没有退出舞台。虽然农村经济和非国有经济成分的改革，在决策权力的分散化、调节机制的市场化和破除平均主义的分配制度等方面有比较大的进展，但是城市经济和国有经济成分的改革，仍然是初步的、探索性的，在这里，旧的模式还没有发生根本性的变化。企业的自主经营权力，特别是大型企业的活力还很不够，国家下放给企业的一部分权力，也往往被部门和地方各级行政机构所截留，这里也包括从政府机构改组中成立的各色各样的行政性公司组织。横向经济联系的发展，仍然受到上级主管机关和条块分割的限制。微观经济放开放活的措施，往往只注意给企业以动力的方面，如强调放权放利，而忽视给企业以压力的方面，特别是企业财务预算约束软弱的问题远未解决，市场竞争优胜劣败的压力也不强烈。不少企业有了提留利润的权力之后，不仅未能自我节制数量扩张和投资饥饿的欲望，而且曾在乱发工资、奖金方面导致了消费基金的膨胀。价格严重扭曲的状态尚未根本改变，各类企业的外部条件很不平等，企业的财务状况在很大程度上取决于同上级行政机构讨价还价的结果。由于这一切，在执行让一部分企业、一部分人先富起来以带动大家共同富裕的政策的过程中，先富后富的收入差别往往并不反映经营和劳动客观效果的大小，这又刺激了收入分配中的互相攀比。在采取放活微观经济的改革措施时，宏观控制的改革措施没有及时跟上；在直接的行政控制范围减少的同时，间接的经济参数手段未能及时取代，这样就造成了某些宏观失控的现象。1984年第四季度以后的投资失控、消费失控、信贷失控、外汇失控等问题，就是这样产生的。对此，我国政府采取了加强宏观控制的一系列措施，开始见到成效，但是在市场机制和企业行为还没有重大改变的条件下，加强宏观控制目前仍只能主要依靠并强化直接的行政手段，这样就不免对经济改革的进程产生一些消极的影响。如何在加强宏观控制的同时改善宏观控制，特别是如何运用间接的市场协调手段，仍需要进行探索和试验。

经济发展与经济改革的关系

我国的经济发展与经济改革，是在相互联系和相互作用中进行的。一般地说，战略模式和体制模式是互为条件、互相制约的。追求数量增长、强调重工业发展并以粗放方式为主的发展战略，必然要求高度集中的、主要依靠行政指令进行直接控制的经济体制；而以满足多样化需求为目的，强调质量效益和以内涵方式为主的发展战略，则要求有较多的分散决策和主要依靠经济参数进行间接控制的经济体制。经验证明，经济体制改革的顺利进行需要有一个比较宽松的经济环境，要造成一个供给略大于需求的有限的买方市场。只有在这种环境下企业才有改善经营管理和提高质量效益的压力，这就要求相应改变过去的强速发展战略。另一方面，传统发展战略的根本转变，比较稳定的有限买方市场的最终形成，也只有在彻底打破旧的经济体制及其内在的数量驱动和"投资饥饿"等痼疾，才有可能。

在战略转变和体制改革之间既有互相促进的方面，也有矛盾的方面。例如，在1979年、1980年我国经济发展的路线、方针开始转换的初期，曾一度出现较大的财政赤字和较多的货币发行，物价上涨加快，经济发展潜伏着危机。这固然有在此以前发生的冒进的后遗症，基本建设投资过多的原因，但也同1979年农村改革中农副产品收购价格提高幅度过大，以及财政体制改革中财权下放过快有一定的联系。过去几年，我们既有改革步子过大使经济发展出现周折的情况，也有经济发展过热使改革所需要的良好环境逆转，改革不得不放慢的情况，如前述1984年下半年经济增长速度过高，投资规模过大，信贷、外汇和消费严重失控，使一些原定的改革（如价格改革、工资改革）方案不得不推迟出台或者放慢实施的步骤，以便用一定的时间和力量稳定经济，治理经济环境，为进一步改革创造条件。

这样看来，当前我国经济大变动中的战略转换和体制转换，并不是一个平坦的过程。这不仅是因为这两者之间的相互制约，还由于发展模式转换与体制模式转换本身还有各自内在的矛盾。就发展模式转换来看，由于我国目前社会生产力还不是很高，这就产生了两方面的矛盾：一是现在经济生活水平总的来说还比较低，只能说基本上解决了温饱问题，离物质生活丰裕尚远，对某些基本物资还不是选择优劣而是解决有无和多少的问题，这就为旧的数量型经济模式的延续存在的趋向提供了温床；与此同时，随着经济的发展和人民收入、消费水平的逐步提高，在消费结构上开始出现由必需品向非必需品、由不加选择到讲究选择、由注重数量到注重质量的转换趋向，这就为质量效益型经济取代数量型经济提供了客观需要。这两种趋向之间难免存在种种摩擦。二是我国经济正在从落后的农业经济和比较先进的非农业经济并存的二元结构向现代化的经济结构转化。一方面，城市经济和大工业经济明显地出现了内涵发展的巨大潜力；另一方面，以充裕的农村劳动力为背景，我国广大农村乡镇经济的外延型发展的前景十分广阔。目前我国有一亿多农业劳动力过剩亟须向非农业部门转移。随着现代化事业的推进，需要进一步转移的又何止一亿！而大量农村人口从农业向非农业经济的转移，将给我国的经济增长和经济结构、消费增长和消费结构带来巨大的变化，给整个经济发展带来新的压力，从而增加发展模式转换本身的摩擦。

再从经济改革方面看，由于我国生产力发展水平比较低，经济上存在着二元结构，再加上幅员辽阔、发展不平衡、管理人才和经验不足等，我国经济体制改革不能采取"一揽子"方式，只能走"渐进式"的道路。在这种情况下，新旧双重体制并存的局面，也是不可避免的。逐步推进改革的方式和新老体制的并存与逐渐消长，可以避免改革中的大震动，但是两种体制的混杂，也会使经济的运行发生一系列棘手的问题。在改革的过渡时期，双重体制的矛盾和摩擦到处存在。目前生产资料的双重价格，是双重计划体制和双重物资分配体制的集中表现。计划内产品实行较低的计划价格，而计划外产品则实行较高的协议价格或市场价格，这种情况的产生在过渡时期有着它的必然性和必要性，但其弊端不少。它造成计划内产品纷纷流向计划外，冲击计划内生产建设的物资保证。双重价格使国营大中企业处于不利地位，同时刺激技术落后的小企业的发展，从而带来企业规模结构和技术结构的恶化，延滞发展模式的转换过程。两种价格的落差，还给投机倒卖非法牟取暴利提供了温床，削弱了市场管理的有效性。在双重价格的紊乱之中，各个地方为了保证本地区的利益，纷纷组成自己的物资供应渠道，这又加剧了地方割据、贸易壁垒和"以物易物"的倾向；在某些地区、企业和个人利用价格落差获得高额收入的情况下，又引起普遍的收入攀比，成为消费基金膨胀的原因之一。

　　上面我简单地分析了我国经济发展与经济改革的内在矛盾和相互制约的关系。这些矛盾和摩擦决定了战略转换与体制改革的曲折性和复杂性。历史的进程决定了我们必须把我国经济大变动中的上述双重转换推进到底，因为回到老的经济模式是没有出路的。我们要在坚持模式改造的方向的同时，充分看到这项伟大事业的曲折性和复杂性，制定出正确的经济建设和经济改革的方针和措施，克服可能遇到的险阻困难，把中国经济的航船导向实现社会主义现代化的彼岸。

经济发展与体制改革的关系

　　双重经济模式转换的全部机制和运行规律，是个极其复杂的问题，需要我国经济学界进行多方面的研究。下面要讨论的问题是，面对当前我国经济生活中存在的问题，在"七五"期间如何处理好经济建设与体制改革的关系，把双重模式的转换进一步推向前进。1986年春召开的六届四次全国人民代表大会，通过了《我国经济和社会发展第七个五年计划》。这一文件把我国经济发展和经济改革紧密地结合起来，规定了"七五"计划期间的发展战略和改革方针，对于进一步推动经济发展模式和经济体制模式的转换，将起着十分重要的作用。

根据"六五"时期的经验和针对当前我国经济存在的问题，《"七五"计划》规定"七五"时期最主要的一项任务是"为经济体制的改革创造良好的经济环境和社会环境，使改革顺利进行，基本上奠定新的经济体制的基础"。

前面说过，经济体制改革的顺利进行，需要一个比较宽松的经济环境。这里首要的一个问题就是经济增长速度不能安排过高。"六五"后期重新出现的过高速度，带来经济生活的紧张，对社会风气也有不良影响，在这种经济环境和社会环境下，经济体制改革是难以正常进行下去的。而且过高的速度超过了国力承受的能力，也不可能长久支持下去。因此，按照《"七五"计划》的规定，"七五"期间要把目前过高的增长速度转入正常的速度，年平均增长率降到7%左右。与世界各国经济发展率比较，这是一个不低的速度。

为此，必须继续着重解决固定资产投资规模过大和消费基金增长过快，以控制社会总需求的问题。在控制固定资产投资总规模的前提下，适应经济现代化的要求，适应人民消费水平提高和消费结构的变化，进一步合理调整投资结构和产业结构，把建设的重点切实转到现有企业的技术改造和改建扩建上来，把提高经济效益和产品质量放到突出的地位上来，坚持走集约为主的扩大再生产的路子。对于经济建设这些方面的任务，《"七五"计划》中规定了明确的战略方针，它们的贯彻和实现，将为"七五"期间经济体制改革的顺利进行，提供一个适宜的经济环境。

另一方面，新的经济建设战略方针的实现，离不开经济体制改革的配合。我国改革的意义，不只是为了当前，更重要的是为了下一个十年和下一个世纪前50年，奠定一个经济持续稳定发展的良好基础。因此，按照《"七五"计划》的要求，"七五"

期间应当把改革放在首位，要力争在今后五年或者更长一段时间内，基本上形成有中国特色的新型社会主义经济体制的雏形。

为此，《"七五"计划》在经济体制和经济调节手段方面，也规定了一整套改革的方针和任务。这些方针、任务，归结起来，就是要"在进一步完善微观经济活动和机制的同时，从宏观上加强对经济活动的间接控制"。过去几年，我们在微观经济的放开放活方面做了许多工作，取得了很大的成效，但由于没有及时把宏观控制配套跟上，因而带来某些失控现象。今后加强宏观控制，按照改革的要求，应当从直接行政手段为主过渡到间接的经济手段为主，着力发挥经济杠杆的作用。但是，如果没有微观经济活动的灵敏反应，经济杠杆的作用就难以充分发挥出来。如果市场机制（包括商品市场、资金市场、劳动市场）很不完善，经济参数（包括利率、税率、汇率等）严重扭曲，企业的财务预算约束十分软弱——如果这些状况没有根本改变，微观经济的灵敏反应也是难以指望的。所以，今后宏观管理的改革，必须与微观机制的改革同时进行。为了解决好这个问题，"七五"期间的经济体制改革，主要是抓好以下三个方面的改革。

一是进一步增强企业特别是全民所有制大中型企业的活力，使企业真正成为相对独立的经济实体，成为自主经营、自负盈亏的社会主义商品生产者和经营者。

二是进一步发展社会主义商品市场，有步骤地开拓和建立资金市场、技术市场，促进劳动力的合理活动，完善市场体系。

三是国家对企业的管理逐步由直接控制为主转向间接控制为主，建立新的社会主义宏观管理制度，逐步完善各种经济手段和法律手段，辅之以行政手段，来控制整个经济的运行。

上述三个方面的改革，是互相联系的有机整体。"七五"期间需围绕这三个方面的改革，配套地搞好计划体制、价格体制、财政体制、金融体制和劳动工资体制等方面的改革，以形成一整套把计划与市场、宏观控制和微观放活有机地结合起来的机制和手段。这个问题解决好了，就可以实现我国经济发展速度、比例和效益的统一，实现整个国民经济的良性循环。新的具有中国特色的经济发展模式和经济体制模式的最终确立，必将大大推进我国社会主义现代化建设事业。

中国经济特区发展战略的若干问题

——在香港中文大学亚洲研究中心的讲演
（1986年12月）

一、我国从1979年起，开办了深圳、珠海、汕头和厦门四个经济特区，引起了国内外人士的注目和关心。几年来开办特区的利弊得失，一直是人们议论的一个话题。对于特区的发展前景和未来，中外经济界人士更加注意。我以为，要对特区以往工作做出正确的评价，对今后的发展做出恰当的估量，就需要对中国建立的经济特区的性质、特区发展的战略目标和战略阶段，有一个大体的分析和明确的认识。

二、1985年，我和中国社会科学院一些学者，到深圳对特区发展战略问题作了一番调查研究，其部分成果已在报刊上发表。我们指出，中国政府建立经济特区的意图，并不是简单地划出几块出口加工区以吸引外商办厂，从而解决就业、创汇问题，也不是简单地设立自由港和自由贸易区，发展转口贸易，而是要通过特区，扩大对外经济联系，更好地吸引外资，引进先进的科学技术和管理方法，发挥"四个窗口"和"两个扇面"的枢纽作用。同时，在经济体制改革方面作大胆的试验，为全国的体制改革提供经验，以促进我国社会主义现代化建设，并为收回香港主权、保持香港的稳定和繁荣，促进我国台湾地区回归，为实现"一国两制"的战略决策做出贡献。按照这种意图设立的经济特区，由于目的的多重性，它们的任务和性质不同于世界上许多地区兴办的单一的出口加工区、自由港、自由贸易区、科学园等特别区域，而是要把它们的功能都摄取进来，成为一个综合性的经济特区。建立这样具有多重目的的综合性经济特区，其难度要比建立单一的加工区、自由港等要大得多。这是我们在观察特区问题时不能忘记的。

三、特区建设的战略目标是由它在全国社会主义现代化建设中的战略地位和作用决定的。从上述我国政府兴办经济特区的战略意图看，特区要在对外开放与经济改革中先行一步，探索道路，提供经验，以带动沿海和全国的开放和改革。基于特区的这种战略地位和作用，再考虑到它的毗邻港澳或面对我国台湾地区的特殊地理位置和促进祖国统一大业所起的特殊作用，我们对经济特区发展的战略目标得出一个概念，即它们应该是外向型的，以工业为主的，工贸并举、工贸技结合，兼营各业的综合性经济特区。这一观点已被吸收到国务院有关文件中了。但对其中某些提法或其含义，国内经济学界人士历来有不同看法，近年来仍在继续讨论。这一讨论进一步深化了对经济特区发展战略问题的认识。

四、经济特区创办了几年之后，1984年我国决定进一步开放沿海14个城市和海南岛，1985年又决定把长江三角洲、珠江三角洲和闽南三角地带开辟为经济开放区。这样，由点到线，南北千里的沿海地区形成了一个多层次的开放地带。沿海地区开放带的形成和发展同经济特区所进行的试验是分不开的，这证明办特区的方针是正确的。但是，随着开放城市的增加和开放地带的扩大，经济特区在对外开放中的地位和作用已经发生并将继续发生变化。一方面，特区毗邻港澳台的地理优势，是其他城市难以替代的，作为全国实行开放政策的先行试验场所，国家对经济特区实行的特殊政策和优惠条件仍然保持，必要时还将采取更加开放的政策措施。特区管理线的启用，使特区实行更加开放的政策措施有了更好的条件，如最近即将对深圳进一步简化入出境手续，即为一例。从这个意义上讲，特区将保持它在对外开放中的特殊地位和作用。另一方面，增加一批开放城市和开放地带后，外商到我国投资地点选择的自由度扩大了，经济特区不可能完全保持过去吸引外商投资的那种特殊地位，因为沿海的开放城市和地区对外商投资所提供的条件，虽不如特区，但也是优良的。因此，经济特区不能再仅靠优惠政策来吸引投资和引进技术，而要更多地靠自己的特殊优势，以及提供更好的投资环境、更佳的职工素质和更高的行政办事效率，在吸引外资的竞争中来求得自己的发展。

五、在经济特区开放的方向问题上，1985年我们提出了应以外向型作为发展方向以后，国内经济学界继续有"双向型"或"开放型"的议论，其理由是特区要发挥"四个窗口"和"两个扇面"的枢纽作用，其经济发展方向就不光是对外，还要对内；既要利用外资外技，又要利用内资内技；产品既要外销又要内销。这种主张忽视了一个重要之点，即特区在我国沿海开放地带中其外向度应该是最高的，把特区等同于一般对外开放城市，对特区经济活动在内外关系上不分主次，其结果必然导致特区发展战略目标方向的模糊化，导致特区工作避难就易。过去几年有些特区办了不少离开了特区战略意图的内向型企业，一个重要原因就是方向不清。另有一种看法，认为特区的外向型经济就是外贸导向型经济，其目的在于扩大出口创汇。当然，扩大出口创汇是特区的一个重要任务，但这种看法没有注意到特区战略目标的多重性，办特区不仅仅是为了出口创汇。如果外向型仅限于此，那特区就无异于一般的出口加工区和自由贸易区了。

考虑到特区在外向程度上比其他开放地带有更高的要求，我们1985年提出特区外向型目标的三个主要标志：一是资金来源以外资为主，外资在整个工业投资中达到50％以上；二是产品以外销为主，出口的特区产品应当逐步达到占特区企业生产的商品产值的70％以上；三是进出口贸易的外汇收支要平衡有余。这三个标志是就深圳特区来讲的，经过一番努力爬坡的过程是可以达到的。当然，这三个标志对各个特区不能机械地套用，尤其是其中具体的数量界限，要考虑到各个特区的不同情况适当调整。比如1986年年初特区工作会议要求在"七五"期间争取工业制成品60％以上能够外销。但对于厦门特区目前老企业比重和内销比重较大的情况来说，实现起来就可能不同于其他几个特区了。

六、在特区产业结构及其重点选择的问题上，多数人的认识已经统一到应以先进工业为主，工贸并举，兼营旅游、金融、房地产等各业上来。但在讨论深圳产业结构问题时仍有执着以商贸为重点的主张，其理由是深圳的优势在于毗邻香港，就要利用这种交通便利、信息灵通、渠道通畅的有利条件，大力发展对外贸易，使之成为一个大型的转口商埠和购物中心，并结合发展有关的加工、包装、储运等事业。也有认为深圳应从旅游、商贸局部外向向工业、农业、金融等更大范围的外向发展。还有一种意见主张深圳为加强国外经济技术及文化交流服务，其发展战略方针应以流通性、服务性的第三产业为主，以带动工业、科技、农业、人才培训以及其他行业的全面发展。这些主张各有一定道理。发展商贸流通及为中外经济技术直接交流服务的行业，深圳确有其难以替代的优势，而且特区本身的资源有限，发展工贸所需的资源和市场如果没有商贸的相应发展是不行的，故必须十分重视。问题在于作为发展战略目标，商贸、旅游、服务行业是不能代替先进工业为主的地位的。因为特区要发挥"四个窗口"和"两个扇面"的枢纽作用，都需要一个载体，这主要是工业。特区办工业，才能使国外的资金、技术、知识、管理等与我国实际情况相结合，经过消化、吸收、改造和创新，再转移到内地；或者把内地的初级产品拿到特区，按照国际市场的需要，引进国外技术，进行后整理、精加工、精包装、梳妆打扮后出口。这些都是顺理成章的。当然，以工业为主，不等于第二产业在比重上要占优势，从长远看，特区产业结构中，还是第三产业的规模和比重要超过第二产业，第三产业尤其是商业、金融、咨询、服务、旅游等都要有很大的发展。但是，根据特区的现状和任务，在相当时期内，应当力争工业规模的不断扩大和工业比重有所增长；过早地与发达国家的产业结构相比拟，现在就把第三产业超过第二产业摆上议事日程，将会放松发展先进工业的努力，影响现有结构的调整和合理化，不一定是恰当的。

以先进工业为主，在某种意义上，也是以外向型工业为主，各个特区都要建立一个有自己特色的出口工业体系。对于我们强调发展外向型工业，有些港澳人士和外商有不同看法。一是他们更多地着眼于我国内地市场，一是担心会引起与港澳工业的竞争。当然，特区工业产品可以有一部分作为进口替代，或者根据"以市场换技术"的政策，或者按照国产化原材料半成品应用的情况，允许内销。特区应根据国际市场动态和发挥国内优势，不宜多搞国际市场上已趋饱和的产品，并注意开发间隙产品，以减少与港澳工业的摩擦。与国际市场容量相比，我国出口所占份额很小，回旋余地还是宽阔的。

根据上述要求，各个特区在发展工业时，要创立一个建立合理的产业结构和产品结构的规划。1985年，我们在深圳研究这个问题时，感到以内销为主的电子工业比重过大，有必要调整。同时，在食品、轻纺、精细化工和精密机械等方面，还有很大的发展潜力。各个特区应根据自己的不同特点，因地制宜，扬长避短，在产业结构上不搞一个模式。

七、特区要建立先进工业，有一个对于技术发展类型的选择问题。当然，就先进性来说，特区应尽可能引进知识密集和技术密集的东西，特区要起技术窗口、知识窗口的作用，也要以建立技术密集、知识密集产业作为长期奋斗目标。但是，要求现在中国特区引进的技术都是世界最先进的东西，那是不可能的，也是不必要的。因为作为窗口和枢纽，特区不但应考虑引进项目的先进程度，还要考虑自己的消化吸收能力；不但要考虑能把技术吸收进来，还应考虑能把产品销售出去，增强创汇能力；不但要考虑引进项目是否适合特区发展情况，还要考虑是否适合我国现阶段建设的需要。总之，要把技术先进性同经济合理性、把近期发展重点同长期奋斗目标结合起来。鉴于一些国家对我国保持技术差距的策略，而特区的工业基础和科学技术又不如其他一些沿海开放城市，在这里建立技术、知识密集型产业，客观上难度较大。所以，深圳特区"七五"期间工业结构发展设想：运用现代技术革命成果生产新兴工业产品的工业只占工业总产值的20%左右；而用先进技术装备起来的传统工业占60%左右；劳动密集型的传统工业控制在20%以内。当前，除着力发展少数"双密"企业，生产具有一定世界先进水平的产品之外，还要瞄准不同国家和地区的市场特点，生产技术比内地先进、有竞争能力、能出口创汇的适用工业产品。搞来料加工生产，不是特区工业发展的方向，但它目前仍是特区主要创汇的来源。通过来料加工学习技术、锻炼队伍，为将来发展创造条件，适当接受还是可以的。

八、关于特区发展的阶段划分问题。1985年我对深圳特区的发展，曾划分为三个战略阶段：（一）从建立特区到"六五"末期，是草创阶段或奠基阶段；（二）从"六五"末期到1990年前后，是开拓阶段或成型阶段；（三）从1990年前后到20世纪末是进一步提高阶段。深圳特区发展划分为三个阶段，对其他特区也是适用的。以后的讨论中，虽然在提法上有些不同，但三个阶段大体上为人们所接受。有的同志把三个阶段叫作创立阶段、调整阶段和开拓发展阶段，有的划分为准备期、发展期和成熟期。也有同志提出第一阶段是打基础阶段，第二阶段是外向型的初级阶段，第三阶段才是建成真正的外向型经济阶段。这些说法何者更为准确，还可以继续研究。问题在于特区目前正处于从第一个阶段转入第二个阶段，是否存在转型的问题？有些同志认为，目前特区的经济仍然是属于内向型的，没有做到"三个为主"（资金来源以引进外资为主、产业结构以工业为主、产品以外销为主），所以，仍然存在一个由内向外转型问题。但也有一部分同志不赞成"转型"的提法，因为创办特区的初期中央就提出了外向型经济的要求，几个特区也一直是按照这个要求建设的。目前是如何继续向外向型发展的问题。看来，特区建设以来，基本上还是按中央指出的外向型方向工作的，并确有进展，但由于各种主客观原因，当前离外向型的目标尚远，因此应采取积极有力的对策，逐步走上真正的外向型轨道上来。各个特区由于起步有早迟，条件有差异，要求不能一律化；它们目前大多处于建立外向型经济的关键时期。经过奠基阶段，要不要办特区的问题解决了，树立了办特区的信心；进入成型阶段，在基本上摸到了办特区的路子后，就要解决实际执行中的复杂问题。所以，目前时期，工作难度比奠基阶段更大一些。

九、如前所述，中国经济特区当前大体上已进入第二阶段即成型阶段。为了更好地朝着战略目标前进，有必要检讨一下前一发展阶段的工作。1985年有一段时期对特区的种种议论，有的把深圳特区说得一无是处，有的关心特区的朋友也怀疑特区是否出了什么问题。但是，几年来特区的建设成就是有目共睹的。概括起来说，一是初步创造了一个比较好的投资环境；二是在"吸收外资、引进技术"上打开了局面；三是工农业生产和第二产业有了很大发展，一批产品进入了国际市场，财政收入有了大幅度增长，人民生活有了很大的改善；四是在对外开放和经济体制改革两个方面，为沿海开放地带和内地提供了某些有益的经验，并培养、锻炼了一大批人才。

对特区的指责，主要是认为这几年的工作不尽符合当初办特区的要求，没有做到"三个为主"。当然，在肯定成绩的同时，也要看到特区建设和发展中确实存在不少问题。仍以深圳为例，1985年以来，大家注意到的主要问题，一是发展速度过快，摊子铺得过大。1980年以来，基建投资每年平均增长1.4倍，投资额超过了人力、物力、财力等主观条件和客观需要。这几年开发面积，包括罗湖、上涉、蛇口南头、沙头角等，总共已经达到50平方公里以上，而广州市搞了那么多年，现在也就是50平方公里。二是产业结构、投资结构不合理。头几年商业贸易、房地产业发展得特别快，1984年工业产值开始上去了，但是尚未扭转商贸为主的局面。1985年的投资中，工业项目占24%，而商业、房地产、旅游、宾馆这些非生产项目占总投资的35%，利用率不高，经济效益较差。三是外向的目标不够明确，投资来源中外资比重不够大，过多地依靠内资和银行贷款。新建工业不少是简单加工、内销为主，以致工业净产值只占总产值比重的20%左右，低于全国水平。不少企业出口创汇能力弱，造成外汇平衡上的困难。四是发展中放松了巩固、消化、提高和完善。在外引内联工作中筛选不严，管理工作没有跟上，造成某些不正常现象。其他几个特区也不同程度地存在这些问题。

看不到特区发展中存在的上述问题是不对的，它不利于特区向新的更高的阶段过渡；但是，因为存在上述问题而否定特区建设的成就，也是不对的。这些问题是前进中的问题、发展中的问题，有些是工作中的失误，有些是对办特区这件新事物缺乏经验，难免要走一些弯路，有些则是特区发展的阶段性所决定的。例如在草创阶段，要从城市基础设施的建设抓起，多搞一些房地产业，相应地多发展一些商业贸易，为引进资金技术、建立先进工业开路，就很难说是完全没有必要。当然所有这些问题，在进入新的发展阶段之后，都要在认真总结经验和改进工作中，切实加以解决。

十、标志着特区发展进入了阶段性目标转换时期的，是国务院1986年年初在深圳召开的经济特区工作会议。这次会议肯定了几年来特区建设的重大进展，明确提出"七五"期间特区的任务是建成以工业为主、工贸结合的外向型经济，把更多的先进技术引进来，使更多的产品进入国际市场，更好地发挥"四个窗口"和"两个扇面"的枢纽作用。要完成这个任务，关键在于经济特区的工作重点，要从前几年铺摊子、打基础转到抓生产、上水平、求效益方面来。特区今后中长期发展规划，不能再从加快发展速度和扩大建设规模着眼，而要着重于完善配套、充实提高；不能再以发展商贸、房地产业为重点，而要逐步建立有本特区特色的产品结构和产业结构，以合理的外向型工业作为主导。按照外引内联的原则，对项目严加筛选，下功夫办好一批能出口创汇的生产项目。特区的种植、养殖、旅游、建筑、商贸和金融等其他行业，都要围绕建立以工业为主的外向型经济协调发展。配合转型的需要，特区还要加快经济体制改革的步伐，建立微观放开搞活与宏观加强管理相结合的合理机制；在改善投资环境的工作中，特别要重视软件部分；在健全经济立法、提高人的素质、提高行政效率上做出新的成绩。1986年以来，各个特区按照年初特区工作会议的要求，克服工作部署调整中遇到的困难，取得了一定的成效。如深圳市决定今后几年不开发新区，不新建酒店、宾馆、高层建筑，按1984年水平安排1986年基建计划16.5亿元，比1985年实际压缩了42%，1—9月实际完成11亿元，比1985年同期减少41.5%，而竣工面积则高于1985年，又有117间工厂建成投产。工业生产1—9月比1985年同期增长19.6%，预计全年增长23.6%；这样，1985年超高速（60%）带来的问题有所缓解。1986年头9个月外资企业占深圳工业总产值比重达60%，工业品外销占工业总产值比重达到43%，其中蛇口达到68.4%。可以预

中国经济特区发展战略的若干问题

269

期，经过"七五"计划的工作，各个特区将不同程度地走上外向型经济的轨道。在此基础上，再经过10年到20世纪末或较长一些时间，我们就能把特区建成一个以先进工业为主、工贸并举、产业结构合理、科学技术先进、生活文化富裕、国际市场畅通、高水平外向型的经济发达地区。

十一、最后就加强深圳特区同香港的经济关系问题谈一点看法。过去曾有人认为，中国办特区是要与香港竞争，最后取而代之。这至少是一种误解。香港与深圳各有自己的优势与不足，两者之间不是相互排斥、相互消长的关系，而是相互促进、相互补充的关系。香港由于其地理位置和历史背景，已经在金融、贸易、航运、信息、旅游等方面形成了一个多功能的国际经济中心，并且有一定技术水平的工业基础；但是用地紧张，原料缺乏，本地市场狭小、科技力量不足。而深圳特区在实行比内地沿海城市更加开放的政策下建设几年，投资环境已初具规模，土地、劳力费用低廉，特别是有内地丰富的自然资源和广阔的市场作依托，有内地的工业基础和技术力量作后盾。因此，两地发展经济合作，必能相得益彰。现在中英关于香港前途的联合声明已经正式生效，香港已进入过渡期，今后11年内要保持香港的繁荣稳定，这是包括香港人民在内的全国人民共同关心的大事。当前，深圳特区正进入新的战略发展阶段，就是上水平、求效益，尽快把特区建成外向型的综合经济特区。深港的经济关系已进入一个新的历史时期。两地更要充分发挥各自的优势，取长补短，互相配合，互相促进，共同繁荣。

特区同香港发展经济合作的前景是十分广阔的。比如在工业方面，香港工业很大部分是轻工业，工业门类不齐，缺少工业生产资料，深圳可以适当发展机械制造、精密仪器制造、石油化学、原料等生产资料工业。通过香港引进先进技术和设备，对内地的原料和半成品进行精加工，然后输往香港，支援香港工业的发展。特别是在电子工业方面，香港已有一定基础，深圳在内地支持下起步也快。深圳和香港现在都要求发展中前工序的产品，如电子元件、零部件、基础件，这些产品不仅是香港、深圳和内地所需，在海外市场也有出路。深港电子工业相互协作，分工合作，朝着生产专业化方向发展，对双方都是十分有利的。又如食品工业，珠江三角洲和全国各地的农副产品资源丰富，特区毗邻香港，再外层就是东南亚国家，如能争取同有食品业经验和海外销售潜力的港商外商合作，利用有利条件，大大提高食品工业制作和包装技术，提高附加价值，生产有中国特色的具有国际水平的食品，这是很有前途的。再者，在特区建设的现阶段，深圳与香港展开"三来一补"业务，仍有必要。香港可以利用深圳土地、工资方面的优势，适当地把一些工厂转移到深圳来，既可以提高香港产品的竞争能力，又能为深圳培训技术骨干，提供部分利润。总之，深港之间工业合作领域很广，可以采用的方式也不少。除了工业之外，在贸易、金融、旅游以及科技、管理、人才、信息等方面的合作也都有很大发展潜力，这里就不多谈了。可以预期，到了1997年，深圳和香港都会在现有基础上取得新的进展，深圳有可能逐步缩小与香港的差距，使相互关系更加密切起来，共同促进祖国的繁荣昌盛。

对几年来经济建设与经济改革的反思[*]

（1987年2月2日）

一、历史性的重大成就

1. 党的十一届三中全会以来，我国经济持续增长。1978—1985年，农业总产值的年平均增长率为10.1%，工业总产值的年平均增长率为10.1%，国民收入的年平均增长率为8.8%，农业和国民收入比前29年的年平均增长率分别约高6个和3个百分点。1986年预计农业总产值增长4%，工业总产值增长9.2%。经济增长在年度之间的波动幅度比从前减缓，国民经济重大比例关系失调的状况得到改变，社会经济资源特别是农村劳动力利用比过去好。人均国民收入在1978年是315元，到1985年达到656元，7年里翻了一番。粮、棉、油、钢、煤、电的产量都达到了新的水平，大大增强了国力。因此，这8年是经济最活、人民群众积极性最高、国力增强最快、发展生机最旺盛的时期。

2. 产业结构日趋合理，出现了可喜的变化。从1979年起的头三年中，我们基本理顺了严重失调的工业与农业、重工业与轻工

---

[*] 本文是作者主持中国社会科学院经济建设与改革研究课题小组于1987年2月2日完成的研究报告，原载刘国光等著《80年代中国经济改革与发展》，经济管理出版社1991年版。

业等比例关系，缓和了"十年动乱"给我们造成的经济紧张和失衡状态，1982年农、轻、重的比率从1978年的1∶1.12∶1.48调整为1∶0.99∶0.98。在那之后，产业结构进一步走上了适应我国现阶段水平的典型发展道路：农业的比重有所下降，工业的比重稍有上升，物质性服务的比重开始上升。到1985年年底，工业和物质性服务的比例已经分别达到53.7%和18.2%。更为重要的是，在1979—1986年，我们改变了过去几乎所有农村劳动力都在搞饭吃的落后格局，在短短几年中，使7 000万左右的劳动力从农业转到了工业、商业、运输业、建筑业和服务业。整个社会劳动力中农业劳动力的比重迅速下降，非农产业特别是农村工业劳动力比重迅速上升。与此同时，原材料、能源、交通等基础结构得到了较大加强，电子等高精尖产业也有了可观的发展势头。

3. 我国的经济发展结束了以往长期的闭关自守状态，经济对外开放度显著提高。进出口总额在社会总产值中所占的比重在1985年为12.7%，是1978年5.2%的1.44倍。进出口总额年平均增长率在1979—1985年为24.6%，是前29年7.7%的3.2倍。进出口结构也有了改善的势头。1979—1985年引进的外资总额达到175亿美元。我国还设置了经济特区，在沿海确定了一批开放地带，为外资的直接和间接引进创造了较好的投资环境。这些都说明我国正在从一个封闭式的经济转向开放型经济。

4. 我国城乡人民生活水平迅速提高，是新中国成立以来人民得到实惠最多的时期。首先，我们改变了过去重生产、轻消费的状况，积累率从1978年的36.5%下降为1982年的29.0%。1986年的积累率虽然回升到30%以上，但城乡居民储蓄余额在1978年时不过210亿元，到1986年时超过2 000亿元，积累率回升中相当大的一个部分是从储蓄转化而来的，这和过去的高积累不大一样；其次，扣除物价上涨因素后，农民人均货币性收入已从1978年的133.57元提高到1985年的397.60元，增长了近两倍；城市职工的实际工资水平也从1978年的614元提高到1985年的1 148元，增长87％；1986年全国职工人均货币工资收入预计又增长14％；再次，我国不仅已基本解决长期以来一直难以实现的温饱问题，而且城乡人民的消费结构还有了较大的变化。到1986年年底，城乡居民的住房条件明显改善，家庭拥有的高档消费品已经从自行车、手表、缝纫机老三大件转向录音机、电视机、洗衣机新三大件。最后，就业比率大大提高，在城市解决了5 000多万名待业青年的就业问题，在农村有7 000多万名劳动力转到非农产业。有些发达地区，已出现了劳动力不足的苗头。

5. 我们在经济建设取得伟大成就的同时，在经济体制改革方面也取得了重大进展，得到了国内外的高度重视和评价。我国的经济体制改革起步比一些东欧国家晚了10年至20年。然而，从1979年以来，进展是相当快的。我国已经开始了经济体制模式的转换过程，从否定商品经济的僵化体制开始转向有计划的商品经济体制。体制改革首先在农村突破，家庭承包责任制的普遍推行，一举解决了农村经济中的“大锅饭”问题，极大地调动了农民的积极性。在城市，通过所有制结构的调整，在全民所有制经济为主导的基础上，发展了集体经济、个体经济、中外合资和外资企业；在全民所有制内部也本着使企业成为相对独立的商品生产者与经营者的要求进行了改革，使国营企业有了一定的利润动机和自主权。

6. 在建立和完善市场体系方面，改革了以指令性计划为核心的传统的经济运行机制，指令性的计划指标只有原来的1/5；统配物资在1978年有256种，到1986年只留下20种。为了促进市场体系的形成和发育，进行了价格形成体制、资金分配体制、劳动工资体制的改革；通过发展横向经济联合，逐步打破地区间、部门间的互相封锁。总的来说，市场机制在国民经济运行中开始显示出重要作用。

7. 在从直接控制向以间接控制为主的转换方面，缩小了用行政手段进行直接控制的范围，并从理顺经济参数出发，为经济手段发挥正常的调节作用作了必要的准备。对扭曲的价格先后进行了几次调整，提高了主要农产品的收购价格，提高了主要原材料、燃料价格，在一定范围内允许生产资料进入市场并放开了市场价格；对一些重要的进出口商品的国内价格有选择地与国际价格相衔接；对税率、利息率、汇率、工资等其他经济参数也作了有利于经济发展的调整。这就使我们有可能越来越多地利用经济手段进行间接控制。

二、行之有效的成功经验

8. 总结这个时期经济工作的基本经验，首先是我们在经济建设和体制改革中坚持了"三个结合"：第一，我们坚持了马列主义的普遍真理同我国的具体实践相结合，在坚持马克思主义的同时，发展了马克思主义。十一届三中全会以来的路线、方针、政策正是这种结合的具体体现，它保证了新时期的经济建设和体制改革沿着正确的方向顺利前进。第二，我们坚持了把四项基本原则同改革、开放、搞活结合起来，既保证了安定团结的社会政治局面，又避免了思想僵化和固守传统模式，保证了经济建设和体制改革的顺利进行。第三，我们坚持了把计划与市场、宏观控制与微观搞活、以公有制为主体与发展其他经济形式、共同富裕与适当拉开收入分配档次结合起来，这就保证了我们在经济建设和体制改革中能够按照建设具有中国特色的社会主义的方向发展。

9. 我们坚持不懈地推行了从数量型到效益型的经济发展模式的转换。经过反复实践探索，逐渐形成了与我国当前国情相适应的转换方式：第一，经济指导思想上的转变是经济发展模式转换的前提条件，而经济指导思想的转变首先取决于全党是否能够统一认识，因此，我们进行了一系列拨乱反正工作，着重批判了生产建设中的"左"倾思想，其中特别是"重积累、轻消费"，"重基建、轻改造"，"重速度、轻效益"等一系列急于求成的冒进思想和工作作风。以此为基础，在经济建设中逐步树立一整套新的经济指导思想，即把提高经济效益放在首位，用最大限度地满足人民日益增长的物质和文化需要代替为生产而生产的发展目的，用提高质量、增加花色品种、降低成本代替单纯追求增加产值产量，用内涵为主代替外延为主的发展方式，用平衡协调发展代替孤立突出重点的发展。

第二，经济发展模式能否转换的关键在于，当我们对把经济效益放在首位的指导思想有了统一认识后，能否有具体的改革措施和政策相应地跟上去。这里值得特别指出的是：通过转变经济运行机制，开始解决了产品实现这一有计划商品经济中的首要问题，生产者面向市场，以销定产，目前已局部出现了增加花色品种、提高产品质量的竞争；通过采取一系列新的农村经济政策，大大提高了农业资源使用的经济效益，因而在主要农产品的种植面积没有增加反而有所减少的情况下，产量和单位面积生产率却大大提高了；通过调整国民经济结构，工业生产提高了资源配置的经济效益，以往长期存在的工业消费品供应紧张状况已在较大程度上得到改善；通过价格信号的改善和财政、金融政策的引导，投资者开始注重中长期经济效益，投资结构有所改善，中央重点项目特别是能源、交通等基础产业投资比重上升，稳住了中长期经济效益提高的大局。部门、地方对于企业更新改造较前重视，用于这方面的投资比重上升，也有助于经济效益的提高。

10. 在经济体制模式的转换中，经过曲折，逐渐在观念认识和决策思路方面实现了"三个结合"：第一，逐步明确了改革的紧迫性和长期性的结合。在实践中我们体会到传统经济体制不改革不行，对改革的紧迫感日益加深；同时又日益认识到改革不可能是一次行动或一组行动，而是一个历史过程。因此我们在经济改革上不可能"一步到位"或不切实际地要求"加快过渡"，而是要在不失时机、持续改革的基础上，作好"过五关、斩六将"比较长期的打算。第二，逐步明确改革的分项有序性和配套性的结合。在以经济体制为中心对政治、教育、科技、文化等体制进行全面改革时，各方面的改革不可能相互割裂地单独成功，也不可能完全齐头并进。而是要从实际出发，既按轻重缓急有意识地加以优化分离，又分项有序地按客观联系的要求进行有机配套，以形成渐进式加小配套的转轨方式，即整个经济改革的过程是渐进的、分阶段的，而在各个阶段，则尽可能在相互联系的某些方面使改革衔接配套，以减少改革过程中的摩擦与震荡。第三，逐步明确了利益调整、利益刺激和利益约束的结合。经济体制改革是从调整利益关系、运用利益刺激起步的，不论是在农村实行联产承包责任制以及提高农产品收购价格，在城市改革企业工资和奖金制度，还是在城乡基本经济单位特别是国营企业的改革中，在企业基金、税后利润、折旧基金留成等方面，都给基本经济单位以实际的利益，以调动各方面的积极性。但单纯利润刺激造成了企业只能负盈不能负亏，又助长了收入攀比，使人们对利益刺激总不能满足。在实践中我们逐步认识到，经济改革不是简单的利益调整，也不是片面地给人们以现实利益或预期利益的刺激，而是给人们以平等机会进行竞争，在成功与利益、失败同惩罚联系起来的基础上给人们以利益约束。在改革中，取得真正成功的单位，应当不是简单地靠片面的利益刺激，而是靠增强奖罚对称的利益约束。

11. 这个时期的工作证明，处理经济建设和经济改革的关系是一项复杂的艺术。当国民经济处于极不稳定的情况时，发展模式的适当转变，是体制模式转变的必要条件。1978年我国经济正处于比例严重失调的状况，党中央不失时机地做出调整、改革、整顿、提高并把调整放在首位的战略决策。经过农村改革的率先起步和整个经济的有效调整，促进了城市改革由点向面的发展。1985年，我国经济又处在经济发展"过热"的势态中，党中央当机立断提出了加强宏观控制，并于1986年在改革方面采取巩固、消化、补充、改善的方针。经过适时的降速，为改革进一步深入创造了有利的条件。我们在前进过程中经常面临发展和改革谁摆在首位的两种选择，实践证明，合理的选择原则是：经济发展在短期内服从于体制改革，而经济改革从长期上服务于经济发展，这样可以保证在总体上处理好发展和改革的关系。

三、前进中的问题

12. 这几年在经济建设和经济体制改革中取得了巨大成就，同时也存在着不少问题。这些前进中的问题，主要是因为经济发展模式转换和经济体制模式转换都还刚刚开始，正处于新旧两种模式交替并存的阶段，不能不遇到转换过程中的种种摩擦和矛盾。其中最突出的是以下三个问题。

13. 前进中的第一个问题是国民经济中总需求与总供给的平衡问题并没有很好解决，传统发展模式和传统体制模式中存在的普遍的扩张冲动和有限的供给增长之间的矛盾，始终困扰着我们。直到1986年年底，国民经济总需求与总供给不平衡的总量矛盾虽有好转但仍然存在，并突出表现为：财政还有赤字，银行信贷规模偏大，物价水平的上涨虽有控制但基础并不巩固。

由此造成了两方面的不利影响：一方面是不利于经济的平稳发展，另一方面是不利于改革的顺利进行。从经济发展来看，如果和我国历史上曾经出现过的经济发展起伏波动相比，这几年在年度间波动幅度已经比过去小得多，波动时间也比过去短得多。但是从1979—1981年和1984年年底到1986年的两次涨落来看，特别是从季度、月份之间来看，经济发展的起伏波动还是不小的。实践说明，每当控制不住投资需求的膨胀以及由此带动的消费膨胀，虽然短时间里会出现经济高速增长的势头，但是靠财政赤字和货币超前发行支撑的需求增长，脱离了国力，没有相应的供给来保证；过一段时间便要进行调整，不得不采用基建下马等强制手段压缩需求，实行经济调整，增长速度大幅度下降。这样在片面追求规模速度造成经济发展起伏波动的时候，总的经济增长速度反而是低的。对于我们这样一个发展中的大国来讲，各方面想办的事情很多，只有保持一定的发展速度，把"馅饼"做得大些，才能过得去。也正因为这样，当出现需求膨胀时要不要压缩需求，往往会有种种不同见解。但是，今天不小压，明天要大压，只有在经济处于上升时注意避免需求的过分膨胀，力争经济稳定发展，从长期来看这样的经济增长速度才会是较高的。

前几年的经济体制改革，一直是在总需求与总供给不那么平衡，经济环境不那么宽松的条件下进行的。我们的确不能等出现稳定的宽松环境之后再着手改革，那样不合群众迫切要求改革的心愿。但另一方面，在经济不稳定的条件下进行改革，往往会产生种种摩擦，效果不好。前一时期的价格改革是在国民收入超分配、货币供应量偏多的情况下进行的，因而一方面价格体系不合理的状况虽然有所改善，另一方面又不能不因需求过大而引起物价的过度上涨，反过来又阻碍价格体系的进一步理顺。所以，改革和改革的环境虽然是互为因果的连环套，对投资承担风险责任的自我约束机制只有通过彻底的改革才能最终形成，但在经济不稳定中要周期地进行较大的经济调整，经济改革往往进两步退一步，使改革成为旷日持久的事情，因而控制需求膨胀，缩小并力争消除国民收入的超分配，争取有一个相对较好的改革环境，是我们经常应该注意的事情。

14. 前进中的第二个问题是还没有真正解决传统经济模式中

经济效益普遍低下的问题。在农村，农民的积极性是起来了，但整个农村经济资源的利用并不理想，农村经济结构调整特别是农业内部结构调整关系到提高农村资源配置效益，而价格不合理限制了结构的合理调整，普遍的分散经营又使得农村中还没有把规模经济效益提上议事日程，农民对农业生产进行投资的积极性还没有调动起来，农田水利设施和农业机具破坏多而建设少。在城市工业中，还是产值增长重于效益提高，不惜以高投入来保产值，造成种种浪费；能源上去了而加工工业上得更快，因缺电、缺运力而限制生产潜力发挥的状况还没有出现根本性改变；产品质量提高和品种变化，赶不上消费需求和消费结构的变化；技术改造和技术进步赶不上技术陈旧的速度，竞争能力还相当差。外贸亏损居高不下，换汇成本不断上升。更为重要的是，从中长期的发展来看，由于不注重投资质量，特别是不注重技术进步和主导产业在结构转换中的作用，将会导致整个经济发展的后劲不足。

值得注意的是，反映经济效益的几种重要指标呈现了相反的走势。从人均国民收入看这几年增长速度是快的，说明"馅饼"做大，宏观经济效益是好的。但是工业产值利税率则趋于下降，近年来只及历史最高水平的2/3，又反映经济效益并不好。这种相反的走势告诉我们：（1）这几年调整经济结构，轻工业比重上升，使宏观经济效益呈上升趋势，但经济结构调整还没有向深层发展，又限制了效益的进一步提高；（2）工业产值利税率的下降，既反映企业经营管理还差，又有着原材料提价和产值增长中有重复计算水分等因素；而且还有一个重要原因是这几年职工工资总额增长快于产值增长，1984—1986年工业产值增长快的年度为18％，低的年度为9.2％，而这三年工业企业职工工资总额增长年年都在20％以上，工资成本显著上升，造成产值利税率下降，从财政角度看当然是经济效益下降了。因此，单靠减税让利来调动企业和职工积极性这条路已经走到尽头，难以为继了。促使企业在改善生产经营，提高经济效益的基础上增加留利，争取实现产值、国民收入、上缴税利三者同步增长，仍是面临的重大课题。

目前我国经济发展模式和经济体制模式转换时期中出现的摩擦，有可能使各个经济主体的行为自觉或不自觉地走上与提高经济效益相反的方向。例如，原材料紧缺，会诱使企业增加库存；在指标环比考核或交税基数环比上升的规定下，企业不是通过提高效益来提高利润率，而是以外延方式扩大生产来增加利润量；在出现卖方市场的环境下，短缺没有成为促使企业发展创新的机会，反而成为质量和效益下降的诱因；重产值、轻效益本来是长期形成的习惯势力，由于产值增长迄今仍是考核成绩、选拔干部的依据和标准，当某些企业、部门和地区超计划高速增长受到表扬奖励时，也促进了对产值速度的相互攀比，而提高经济效益则并未引起普遍重视。出现这些情况，说明在前进中尚有问题，也说明只要我们有正确的政策措施，切实解决好发展模式和体制模式转换中的问题，在提高经济效益方面可以挖掘出很大的潜力。

15. 前进中的第三个问题是经济体制改革中没有解决好搞活企业和改善经济运行机制这两者之间的关系。这些年来，我们在经济建设上取得的成就毫无疑问在很大的程度上应当归功于经济改革，但经济建设中的问题和困难，也都与没有完成体制模式的转换密切相关。体制模式转换没有取得更快的进展以及在转换体制模式时出现了许多新的问题，关键在于我们没有处理好重新构造微观基础与改善运行机制这两者之间的关系。这几年，我们通过简政放权改善了企业与其领导单位的关系，特别是通过实行利润留成、利润包干以及利改税等措施使企业有了自己的财权和财力，企业比过去活些了；与此同时，通过价格改革使价格扭曲的状况有所改善，流通渠道比过去通畅，生产资料开始进入市场，还调整了税率、利率、汇率等，改善了在经济运行中利用市场机制的外部条件。这使得企业行为发生了一些变化，利润动机有所增强。但另一方面，在企业内部还缺乏把长期利益和短期利益结合起来的机制，自我改造、自我发展的意识不强，对宏观经济和市场环境的适应能力差，出现了企业行为短期化的倾向，企业只能负盈不能负亏的问题开始突出。

经济体制改革中改革企业经营的内部机制和改善企业经营的外部条件，是互为因果、互为前提的连环套，两者不能偏废。但是从当前来说，则主要是企业内部经营机制没有转换，对企业放了权、让了利却并没有使企业担负起相应的经济责任，因而需要沿着所有权与经营权分离的思路，重新构造微观基础，使企业真正成为相对独立的商品生产者，具有既负盈又负亏的经营机制，这将会提高企业对市场变化和宏观控制参数反应的灵敏度，推动已经形成的市场机制和间接调控手段发挥作用。再相应改善市场和宏观管理机制，又可以进一步推动企业经营机制改革的深化。这就有可能把经济体制改革推进到一个新的阶段。

四、通向更加繁荣的道路

16. 当前，国民经济的发展正处于一个更高水平的历史转折点上。全党和全国人民必须要以新的眼界和更大的努力来抓住历史赋予我们的良机，坚持发展模式和体制模式的转换，加快社会主义现代化的进程，争取到下一次党的全国代表大会时，把发展模式和体制模式的转换推进到一个新的阶段。

17. 在今后的国民经济工作中，我们应当从各方面采取有效的措施，求得国民经济的长期稳定发展，以利于体制模式的平稳转轨。在发展模式和体制模式的转轨过程中，经济活动会出现一些新的问题，社会生产过程也会出现某种不确定性，国民经济在客观上有时难以稳定。但是，我们不能因此而放弃对实现稳定经济和造成宽松的经济环境的努力。在稳定经济方面，从短期看关键仍然在于控制投资膨胀和消费膨胀造成的总需求膨胀和物价上涨。因为，总供给的增加在一定时期内总是有限的，特别是供给结构的改变本身又存在着或长或短的时滞，因此我们必须把实现总供给和总需求平衡的重点放在控制总需求的膨胀上，尽管在控制总需求时有可能影响总供给的增加，但不应当以此为借口来反对对经济过热的控制。当然，我们要尽量提高经济控制的艺术，避免因反应过度而造成经济不正常的萎缩。其次，我们也不能忽视总供给的增加。交通运输和能源（电力）仍是制约生产能力发挥和供给增长的"瓶颈"，仍然要切实抓好；农业方面1985年、1986年两年粮食比1984年减产，已经发出了"警告"信号，若不重视粮农利益的保障和新的投入，我们将可能犯"无粮不稳"的错误。当然在刺激总供给增加时不能诱导总需求的膨胀，否则就可能在另一种情况下出现新的不平衡。由于我们的经济体制正处于转变过程之中，导致需求膨胀的因素既和中央财政预算有关，也和地方、部门、企业有关，因而需要针对新的情况改进控制的艺术和方法，不但要压缩需求，实现现阶段的经济稳定，而且更重要的是要把经济的短期稳定同长期稳定统一起来，争取长期高效稳定发展。

对几年来经济建设与经济改革的反思

18. 坚持经济发展模式转换，一切从提高经济效益出发来安排生产和建设。我国经济发展已进入了新的阶段，其具体标志是城镇大量青年待业问题已基本解决，农村剩余劳力向非农产业转移的进展也相当快，这就为从数量型增长转向效益型增长提供了较前有利的条件。因而，在经济指导思想上统一了认识之后，要有相应的政策，特别是改革措施跟上去。当前特别要注意进一步缓解国民经济的结构矛盾，并力促国民经济的结构转换。这里的关键，首先是要以加快技术进步和提高中长期投资质量为轴心，推动整个经济的结构进步。其次是要加强短线产业和基础结构的建设，并尽可能促使生活资料生产能力同新的更高收入水平的消费结构相适应，把需求结构、消费结构的变化同生产结构之间的断层弥补起来。再次是要尽快制定出包括带头产业、优先发展产业、支柱产业、创汇产业等在内的完整有效的产业政策，并与进出口政策相结合规划出我国产业结构的基本格局与发展势态，采取一切可行的手段，有先有后、有张有弛地在保证以农业为基础的前提下，加快整个国民经济结构的工业化、深加工化和服务化。

19. 在整个经济改革中，应当以重新塑造微观经济基础为中心环节，处理好企业改革、市场体系形成和直接控制向间接控制转换的关系。几年来正反两方面的改革经验，已经证明了经济改革以搞活企业这一基本经济单位为中心环节的正确性。当前整个国民经济和经济改革的形势，又迫切地要求我们在现阶段坚定不移地把深化企业改革放在整个经济改革舞台的中心。农村经济在进一步发展中所面临的问题，是农业投资意识不旺，后劲不足。需要在巩固联产承包责任制的基础上，以改革农村基本经济单位为核心，实现土地相对集中经营，并相应进行农村产业结构的调整，像农村的第一次改革那样，进一步更大规模地把农村的生产潜力释放出来，从而有力地促进农村经济形势的根本改观，并在更大的程度上支持城市经济体制改革攻坚战的胜利。城市经济发展和改革面临的困难，也需要围绕搞活企业特别是搞活大中型国营企业为中心，对经济参数、市场体系、运行机制、控制手段进行配套改革，以求得城市经济改革的实质性进展。这样，可以把蕴藏在国营经济内的巨大生产潜力迅速地释放出来，从而为各方面的后继改革奠定可靠的基础。

为了深化企业体制改革，第一，要把企业改革的基本思路从放权让利转变到所有权和经营权分离上来。我国几年来企业改革的经验表明：以放权让利为起步进行改革，使企业有了一定的自主权，但继续按照这条思路进行企业改革，只能解决利益再分配而不能转变企业经营机制，并且在让权时就埋下了收权的种子。另一方面，从现代经济发展来看，生产社会化已经使所有权与经营权的分离成为历史的趋势。因此，以两权分离为原则，从所有者和经营者的分开入手搞活企业，这是企业改革的基本思路。

第二，在当前搞活企业这项城市改革的攻坚战中，要把转变企业内部的经营机制作为企业改革主攻方向。农村第一步改革时，外部经营条件问题实际上并没有完全解决，但以生产队内部经营机制的转变为主攻方向，一举就解决了农村吃"大锅饭"的弊病。在城市国营企业的改革中，关键也在于要实现责、权、利的真正统一和密切结合，才能使其成为一个不仅有权、有利，而且对其经营承担风险和责任的商品生产者和经营者。这就是说，正确地把握改革企业内部经营机制这个主攻方向，是当前搞活企业的关键。

第三，转变企业内部经营机制同改善企业外部经营环境要相衔接，要同市场体系的形成和由直接控制向间接控制的转换，进行配套改革。这样，既可以保证企业体制改革的深入和成功，又可以提高其他方面改革的效果。因为，企业微观基础的转变，提高了企业对市场机制反应的灵敏度，相应配套地着手运行机制的转换和经济参数的调整，其作用会比过去大得多，并促使企业行为的合理化，把企业内部的潜力进一步发挥出来。

转变企业内部经营机制的具体形式，对小型国营企业可以采取租赁、承包等，对大中型国营企业可以采取经营目标责任制、资产经营责任制以及利润递增责任制等，这些不同的经营形式，都在于把权、责、利一起落实到经营者身上和企业中去，形成企业自己的发展目标，改变企业行为短期化的倾向。至于股份制也是实现所有权同经营权分离的一种方式，便于发展多种联合形式，便于从各方面筹集资金，是适应生产社会化要求的一种组织形式，可以继续探索和试验。

为了搞好企业体制改革，我们还需要注意：（1）对企业改革的困难和风险要有充分的认识，从企业改革目前已经暴露出来的问题看，其中主要的，一是把企业改革等同于传统的利润承包，而不是改变企业内部经营机制，从而使企业改革变相流产；二是使企业改革成为新一轮收入膨胀的危险起点，或者以虚假企业股为招牌或低估企业资产价值瓜分国有资产，化公为私，或者把强化经营者的改革毫无根据地等同于经营者的收入剧增，进而诱导一般干部和职工的收入膨胀。（2）必须加强对企业改革的指导，防止微观改革中最容易出现的偏离倾向，因而需要使企业改革的操作和实施社会化、程序化和规章化。

波兰经济发展和经济改革的
一些情况和问题*

——波兰考察汇报
（1987年4月）

　　以中国社会科学院副院长刘国光教授为团长的中国社会科学院代表团，应波兰科学院的邀请，于1987年2月22日至3月9日访问了波兰。代表团的主要任务是与波兰科学院谈判并签订中波两国社会科学交流协议，考察波兰社会科学研究体制。这方面的情况已另作汇报。此外，代表团还顺便对波兰经济发展和经济体制改革作了一点了解，现将了解到的一些情况、问题和看法，简报如下。

一、关于波兰第一阶段经济改革的主要成效及其评价

　　自1957年以来，波兰先后进行了四次经济改革，前三次改革分别是在1957年至1959年、1966年至1970年（这两次均处于哥穆尔卡时期）、1972年至1980年（盖莱克时期）进行的。最近的这次改革开始于1982年。这次改革的主要内容是实行企业自主、职工自治及自负盈亏的"三自"原则。1987年召开的波兰统一工

*　原载《经济学动态》1987年第8期，李今早帮助整理。

人党第十次全国代表大会宣布，1987年波兰经济改革进入第二阶段。

对于波兰第一阶段改革的成效，可以从国民收入增长的变化、通货膨胀的控制以及对外贸易状况等方面来看。

首先，从国民收入增长的变化来看。这次改革开始前的三年中，国民收入生产水平连续下降。改革的前一年即1981年国民收入比上年下降12%，改革开始的1982年，下降幅度缩小到−5.5%。从1983年开始回升，这一年国民收入比上年增长6%，1984年又在此基础上增长5.6%，1985年增长3.4%。1986年国民收入计划增长3%~4%，实际增长5%。波兰同志说，1987年的增长是很宝贵的，因为它是在改革使劳动生产率有所提高的情况下，在国民收入连续几年上升的基础上取得的。

其次，从通货膨胀的控制情况来看。改革的前一年即1981年，波兰零售商品与服务价格比上年上涨21.2%，1982年突破三位数大关，比1981年上涨104.5%。从改革后的第一年即1983年起，零售商品与服务价格上涨幅度开始缩小，1983年至1986年分别为21.4%、14.8%、15%及18%。可见，第一阶段改革开始以后，波兰20世纪80年代初的那种剧烈通货膨胀的势头得到了一定程度的控制。

再次，从对外贸易状况来看。改革以前的几年，波兰对外贸易一直为逆差，改革开始的1982年，外贸十年来第一次出现顺差。1983年外贸收入占当年所创造的国民收入的21.6%，略超过改革前经济发展水平最高的年份即1978年21.3%的水平。1984年外贸收入占当年所创造的国民收入的22.4%，1985年为22%，1986年外贸继续保持顺差，约为10亿美元。这一成果是在非常困难的情况下取得的，因为与改革前的几年比较，国民经济发展在改革后的几年得到的进口支援很少，对外贸易条件对波兰也十分不利。

上述情况表明，近年来，波兰经济状况有所改善，20世纪80年代初的那种危机局面已有扭转。诚然，这种局面的形成与波兰政治形势的好转有关，例如，实行军管后，社会秩序恢复稳定，取缔团结工会，恢复正常的生产；作为国内最大政治势力之一的教会与政府基本持合作态度等诸因素都有利于波兰走出深重的危机，但是经济体制改革事实上也在一定程度上起了作用。

这次经济改革开始以后，波兰危机局面虽然有所扭转，但国民经济在总体上仍然未能恢复到危机前的1978年的水平。以下几个方面可以表明这一点：（1）1985年、1986年国民收入分别比1978年低11.5％和5％，人均国民收入低10％。（2）外债数额仍然有增无减，1986年仅欠西方国家的债款就突破300亿美元大关。波兰在欠西方国家的债款中，用美元结算的部分占40％，用西德马克、法国法郎及日元等货币结算的部分占60％，由于美元大幅度贬值，西德马克、法国法郎及日元等货币大幅度升值，波兰债务又增加一大块，无异于雪上加霜。（3）居民实际收入1982年比上年下降18％，虽然从1983年起开始回升，但1985年仍比1978年低5.3％。1986年尽管工资总额增加了20％，但由于物价上涨18％，再加上人口增加，所以居民实际收入提高得并不快。（4）1986年零售物价上涨又开始回升，比上年物价上涨率高出3个百分点。

综上所述，波兰第一阶段的改革有所进展，但步履维艰。波兰各界对第一阶段改革的评价是很不一致的，主要有两种观点：一是认为经济改革的成绩是主要的。波兰《经济生活》杂志副总编辑对我们谈道，人们说第一阶段改革成功或失败，都有道理，但是改革以来的变化是客观存在的，这几年来在物资供应方面有很大改善，最明显的是蔬菜、水果、副食品比以前多了。在精神方面的变化也比较大，反对改革、不赞成改革的人少了。另一种观点则认为，第一阶段改革没有取得什么成效。企业自主、职工自治及自负盈亏的"三自"原则并未真正得到贯彻。由于经济不平衡、供应紧张的问题尚未克服，国家不得不进行干预，关键部门的企业难以实行自主和自负盈亏。在价格体制方面虽然进行了一些改革，但各种补贴却有增无减。1985年对商品、服务价格和企业活动的补贴及补加费总额达16 000亿兹罗提，几乎占预算支出的一半。1986年补贴又继续增加，每人平均约补贴22 100兹罗提（约相当于人民币370元），比上年增长20％左右。同时，居民生活水平仍未恢复到1978年的水平。因此，许多人不满意第一阶段的改革。

二、关于经济平衡与经济改革问题

波兰经济改革是在经济不平衡的条件下进行的。改革前的1981年及改革开始的当年，国民收入分别比上年下降12％和5.4％，国家财政预算在这两年都是赤字，分别为1245亿兹罗提和808亿兹罗提。零售商品及服务价格分别比上年上涨21.2％和104.5％，1981年欠西方国家的债款达到270亿美元。总的来说，1980年至1981年波兰经济危机深刻，从西方国家的进口减少一半，从社会主义国家的进口减了10％。

波兰在经济不平衡的情况下进行改革，既有经济上的原因，也有政治上的压力。一方面，波兰1980年至1981年的经济危机再一次暴露了旧体制的弊端，当时摆在波兰人面前的选择是，如果继续实行旧体制，已经陷入危机的经济势必进一步恶化，更加不可收拾；反之，如果进行经济体制改革，则有可能使经济出现生机，因此，当时要求改革的呼声很高。另一方面，从政治压力来看，波兰当时不仅经济状况恶化，而且政治危机也很严重。1980年7月1日，波兰政府由于宣布提高部分肉价，引起了一场规模空前的全国性大罢工。这是社会主义国家中出现的规模最大、持续时间最长的一次罢工。波兰统一工人党第一书记盖莱克因而被迫辞职，雅鲁泽尔斯基执政后所面临的政治形势极为复杂，为了缓和国内政治矛盾，他也不得不打出改革的旗帜。否则，反对派就可能指责政府不愿进行改革，借机发乱。

但是，波兰改革的情况表明，经济不平衡严重影响了经济改革的进程。由于总供给大大小于总需求，适度的买方市场难以形成，在这种情况下，即使把自主权下放给企业、赋予企业以发展的动力，但由于没有市场的压力，企业仍然缺乏进行技术革新、改善经营、长期发展的现实动力。同时，由于经济不平衡、供应紧张的问题尚未解决，国家不得不进行许多干预，关键部门的企业难以实行自主和自负盈亏。正是由于这一原因，波兰推行的企业自主、自负盈亏的改革没有取得预期效果。这也正是波兰同志一再向我们强调的一点。波兰科学院经济研究所所长帕耶斯特卡说，经济平衡是最基本的东西，必须承认，没有达到平衡，就难以发挥经济杠杆的作用，改革就要受到影响。

改革是为了经济平衡、高速地发展，改革同时又需要以经济比较平衡为条件，这就是矛盾，也是改革的一大难点。经济改革与经济平衡的关系处理得如何，既关系到改革的进程，也影响到经济发展。从波兰的情况来看，改革是在经济危机的条件下开始的，波兰同志说，这是不得已的。所以不能由此得出结论，认为改革必然是或只能是在经济紧张的条件下进行。在经济严重不平衡、总需求大大超过总供给的情况下，正常的做法应当是放慢改革步子，严格控制总需求包括投资需求与消费需求，减轻经济不平衡程度，为下一步改革的深入进行创造条件。

从波兰的经验看，在经济不平衡的情况下，不大可能对经济运行机制（如计划机制、价格机制、市场机制）进行重大的改革，但不是说不能进行任何改革，帕耶斯特卡举了企业内部管理制度，如企业自治制度、劳动管理制度等的改革，在经济不平衡的情况下也是可以进行的。

三、关于波兰外债拖累问题

20世纪70年代前,波兰向外借债的规模并不大,在哥穆尔卡执政的14年(1956—1970年)间,外债总额仅为17.5亿美元。但是,从20世纪70年代初开始,波兰外债总额扶摇直上,1973年为25亿美元,1975年为65亿美元,1978年为150亿美元,1980年为235亿美元,1981年为270亿美元。到1986年年底,波兰仅欠西方国家的债款便达到335亿美元,此外,还欠其他社会主义国家的债。波兰是个不大的国家,但从欠债总额来看,波兰在世界上25个欠债超过100亿美元的国家中居第6位,每人平均欠债近1 000美元。现在,波兰处于借新债还旧债的恶性循环之中。据波兰中央统计局局长萨多夫斯基讲,这种局面会持续若干年,预计到1990年以后,波兰外债总额才可望开始下降。但波兰驻华大使邓鲍夫斯基对我们说,萨多夫斯基的估计过分乐观。巨额外债使波兰经济外部严重不平衡,不仅给经济发展带来很大的负担,而且给改革也带来沉重的拖累。

第一,巨额外债削弱了波兰经济基础,使经济严重依赖西方。由于大量的机器设备,以至许多原材料要指靠通过借债来进口,所以,当波兰经济发展困难,西方国家不仅不再向波兰提供新的贷款,反而从波兰银行纷纷提取存款以后,波兰经济便受到沉重的打击。1981年年底,波兰宣布实行军管,以限制团结工会的活动及罢工运动,以美国为首的西方国家在1982年年初宣布对波兰实行经济制裁,停止向波兰供应零配件、原材料、粮食及饲料,取消最惠国待遇。西方国家实行经济制裁便使波兰近1/2的工厂停产,1/5的汽车和拖拉机由于缺少配件而无法开动,畜牧业和渔业亦受到极大损失。

第二，大量举借外债助长了投资膨胀，恶化了积累与消费的比例关系。1970年至1975年波兰投资总额增长了一倍多，大量的外债从中起了推波助澜的作用。积累与消费的比例关系也在恶化，1970年至1980年积累在国民纯收入中所占比重从26％猛升到35％。这一比例大大超过西欧国家最繁荣时期的积累率25％~30％的水平。20世纪70年代积累率过高带来了许多后遗症，居民生活水平下降，生活必需品及日用商品经常缺货。进入20世纪80年代后，为了缓和消费与生产的矛盾，又不得不大幅度降低积累率。据官方统计，1986年积累率降低到22％，绝对额比1978年低32％。

第三，巨额外债给波兰经济改革带来沉重的拖累。数额庞大的外债使波兰经济发生严重的外部不平衡，进而引起对内部平衡的冲击。这种情况使波兰经济改革受到很大影响，如计划体制改革面临的困难就很大，指令性计划范围难以很快缩小。总需求超过总供给迫使物价迅速上涨，1986年零售价格上涨幅度再度回升，补贴难以很快取消，给价格改革造成很大压力。

波兰借债失误的首要原因在于指导思想的错误。波兰大举向西方借债始于20世纪70年代初。1970年12月盖莱克当选为党中央委员会第一书记后，批判了前任哥穆尔卡推行的"关门经济"政策，从而提出"开放经济的新战略"。1971年2月波兰统一工人党召开五届八中全会，决定实行向西方"积极借款政策"，指望依靠西方的资金和技术，推动本国经济的发展和提高人民生活水平，使波兰成为社会主义阵营中的日本，当时提出的口号是"要在十年内重建一个波兰"。实践证明，这种指导思想不符合波兰国内和国际的实际情况。同时，波兰借债失败还与他们在推行"积极借款政策"的过程中忽视了两个重要原则有关。其一，利用外资应当考虑本国对外资的容纳能力和一定时期内的偿债能力。国际上公认，一国还本付息额占当年外汇收入（外贸及劳务

波兰经济发展和经济改革的一些情况和问题

出口收入）的比重的最高限一般为20％，并把这一比例作为一国负债总额的危险线，波兰早在1976年就逾越了这条危险线，这一年还本付息总额约占当年外汇收入的34％。可惜的是，当时的波兰领导人并未认识到这一问题的潜在危险，因而未能采取有效措施。到20世纪80年代初，形势更加恶化，1981年还本付息额相当于当年外汇收入的130％。其二，利用外资过程中，应当对投资周期长短、规模大小的项目统筹安排，保证偿债能力，而波兰在获得的西方贷款中有55％以上用于进口专利和机器设备，重点发展机械、采矿、冶金及化工等重化工业部门，但这些部门投资规模大、周期长、见效慢，往往难以在短期内创利并到期还债。20世纪70年代末期，借债已主要不是为了发展生产，而是为了还债和保持经济的日常运转而进口原材料和零部件。

巨额外债不仅给波兰经济发展与改革带来沉重的拖累，而且在波兰人民的精神上投下了阴影。现在，当波兰人同我们谈论到经济问题时，言必谈外债。波兰沉重的外债拖累教训是深刻的，我们感到有以下几点特别值得重视。

1. 在经济建设的指导思想上，应当继续强调自力更生为主、利用外资为辅的原则。波兰的例子说明，积极利用外资是非常必要的，但如果走向极端，主要依靠借债搞现代化则是极其有害的。

2. 借债过程中应当重视控制外债规模、调整外债结构。国家应对一定时期的外债规模加以控制，保证到期清偿能力。关于外债规模能否为一国经济承受的测定，国际上一般通用两条"警戒线"，一条已如前述，即当年还本付息额占当年外汇收入的20％，另一条是外债余额等于当年出口收汇总额。我们应根据我国的具体情况，参照这两条国际"警戒线"，确定一定时期的外债总额限度。在外债结构方面，至少应考虑以下因素：长、中、短期贷款构成；利率高、低贷款构成；用于发展生产、增强出口能力的贷款和用于其他目的的贷款的构成；等等。其中特别重要的是要保证贷款主要用于发展生产、增强出口能力的项目。

3. 绝不能从波兰举借外债失败的例子就认为，一切外债都要不得，拒绝利用外资。波兰的教训不是简单地在于它举借了外债，而是由于它在借债的指导思想上和宏观控制与协调方面出现了错误。

四、关于波兰第二阶段经济改革

波兰把这一次改革划分为两个阶段：1982年至1986年是第一阶段，1987年是第二阶段开始的一年。为什么要提"第二阶段"？波兰科学院经济研究所所长帕耶斯特卡教授说："这只是一种叫法，实际上是把经济改革看作一个过程，改革在这一过程中碰到了困难。在这种情况下，或者改纲领，或者换提法（改词句）。"近来，波兰统一工人党和政府以及经济界人士在总结第一阶段改革的基础上，对第二阶段的改革方案进行了讨论。从现在公布的材料来看，波兰第二阶段改革方案中有以下几点值得注意。

1. 把恢复经济平衡作为第二阶段改革中的一个首要问题。恢复经济平衡，包括恢复经济内部的平衡与外部平衡，在经济的内部平衡中特别强调投资本身的平衡，为经济改革创造条件。在促使经济平衡方面主要采取以下措施：（1）严格控制工资增长，使工资增长同生产成果密切联系起来。1987年国家计划使职工工资增长12%，各企业不得超过这一界限。如果超一个百分点，企业就必须向国家缴纳相当于超额部分500%的超额工资税。如果企业在此情况下仍然继续提高工资，并且超额工资税达到或超过本企业利润的25%，国家即取消该企业所享受的所得税的一切免征待遇以及财政补贴。但因出口获利而增加的工资和发明创造者所得的报酬不受此限制。（2）限制涨价幅度。（3）提高出口商品免税率，改革外汇留成制度，鼓励出口，促进外部平衡。

2. 进行价格改革。第二阶段价格改革的主要目标是逐步放弃价格的成本公式，充分考虑反映供求关系的价格。价格改革主要包括三方面的内容：（1）减少官价和调节价的比重，增加议价比重，进一步扩大合同价格范围，与此同时，国家规定价格上涨的最高界限。（2）对出口商品实行成交价格，使国内市场价格与国际市场价格紧密挂钩。（3）在第二阶段将最终取消物价补贴，但近期主要是限制对商品生产和服务价格的财政补贴，促使企业提高产品质量和节约原材料。

3. 为了使企业实行正确的经济换算，在第二阶段改革中要废除对不赢利产品的财政补贴。取消对经营效益差的企业的各种形式的保护。

4. 开放资金市场，促进资金横向流动。向自然人出售股票和有价证券，向企业职工出售记名股票。

5. 继续深入改革企业工资制度，把改革原则落实到工作岗位上。在第一阶段改革中，波兰全国约有5 000家企业实行了新的工资制度，即工厂工资制度。工厂工资制度增加了工资的浮动部分，收入增加同劳动成果的联系比以前紧密。第二阶段改革中，将继续推行和完善工厂工资制度，使改革深入发展。

谈中国经济理论研究*

——中新社记者专访

（1987年5月28日）

国内经济学者面前的紧要之事，还是要对改革和开放进行大胆探索。中国经济理论工作者要进一步解放思想，锐意开拓，为经济体制改革提供理论指导。

理论突破与敏感点

国内的经济学家过去几年取得了一系列理论上的突破性进展。例如，社会主义是否只有一种模式、计划经济和市场机制的关系、公有制和多种经济成分并存，以及政府在经济运作中的地位、职能，等等。"计划经济和商品经济可以协调共存"这一成果，认为这是国内近八年来经济体制改革的理论依据。

"'反对资产阶级自由化'是否给经济学界带来一些压力？"记者问。

刘国光说，从他个人来讲，没有感觉到什么足以妨害经济体制改革理论研究的压力，对于中国经济改革的目标——发展公有制基础上的有计划的商品经济，党内外有识之士的看法是一致的，至于各种改革途径，方案孰优，经济理论界一直存在不同意见。从学术自由的角度看，不同观点之间的争鸣，不但允许，而

---

* 本文系中新社记者秦朗专访，原载泰国《新中原报》。

且必要。

至于近来有极少数人对八年来的经济改革持否定态度，认为"租赁、承包是私有制，发展商品经济是资产阶级自由化的根源"等，刘国光则报以淡然一笑，他告诉记者，经济界对于租赁、承包、雇工、股票、债券等敏感问题的研究和试验，一切都在照旧进行。

对八年改革的反思

1987年年初，中国社会科学院等几个有关部门，各自组织了一批经济学专家，对国内自1979年开始的经济体制改革进行了一次全面的反思和评估。中国社会科学院的十几位学者经过一个多月的努力，最后完成了一份题为"对几年来经济建设与经济改革的反思"的报告，这份报告已呈送中枢机关。

这份报告认为，尽管存在一些问题，中国的经济改革还是取得了伟大的成就。改革的八年是中国经济最具活力，人民热情最高，国力增长最快，发展生机最旺盛的时期。改革和开放在今天的中国已是大势所趋，任何人想加以阻挡，都是难以办到的。

"全方位"学术交流

学习、借鉴国外经济学各流派中有益于中国的成分，是发展中国经济理论的必由之路。

这几年，国内经济学界更进一步开展了"全方位"的学术交流。现在，西方和东方经济学家的著述在中国大量被翻译出版；中外学者频频互访。大陆经济学者还一直关注海外同胞、同行们在经济学术论著的新建树。

寄厚望于青年学者

　　中国近年成长起来的一批青年学者知识面广，具备较新的知识结构，对新思想敏感，勇于接受挑战，而且长于老一辈经济学家所不善为的数量分析。仅中国社会科学院，崭露头角之辈就有数十人。他们中间不少是在职的博士研究生。华生、何家成、边勇壮等人合作推出的"资产经营责任制"理论，已经受到政府高层的重视，在重庆、沈阳等二十多个城市的一百多家企业试行。

　　由十亿中国人进行的这场伟大变革的理论将在这一代青年学者手中完成。

谈中国经济理论研究

关于社会主义初级阶段的对话

——《文汇报》记者专访

（1987年7月14日）

记者（周锦尉、黄罗怡）：最近，关于社会主义初级阶段的讨论方兴未艾。我们想请您谈谈，怎么理解我们现在正处在社会主义初级阶段？

刘国光：关于社会主义初级阶段，党的十一届六中全会、十二次代表大会和十二届六中全会都提到过。我理解，其含义有两层：一是说我国社会已是社会主义社会了，其社会主义的基本特征要坚持。二是说我国社会主义的成熟程度还很低，仅是初级阶段。正确估量一个社会生产力、生产关系、上层建筑的发展程度，是我们制定政策的重要依据。我们必须从这个实际出发，不能超越阶段。

在社会主义发展阶段的划分上，估价过高是对社会主义建设很不利的。这方面教训很多。比如苏联，斯大林在1939年就提出向共产主义过渡；赫鲁晓夫则在20世纪60年代提出了全面开展共产主义建设，到1980年将进入共产主义的口号。从勃列日涅夫开始，口号便不再那么冒进了，他提出建设发达的社会主义；安德罗波夫则提出建设发达社会主义的初始阶段；戈尔巴乔夫更是指出要建设发展中的社会主义。其中的思想发展轨迹是不难发现的。我国也曾提出过要跑步进入共产主义、搞穷过渡等。这种脱离现实的估价给我们带来了很大的损失。这也是"左"倾错误的危害。问题主要出在脱离生产力发展的水平，片面强调生产关系和上层建筑的作用，以为这样就能很快向高级社会过渡。事实证明，这种做法行不通。

记者：划分社会主义初级阶段有什么现实意义？社会主义国家是否都要经过初级阶段？

刘国光：社会主义初级阶段理论的提出，是依据实事求是的原则，从中国生产力的实际水平出发的。我国的现状是：生产力水平、商品化程度、社会化程度都很低，在此基础上建立的社会主义生产关系和上层建筑也很不成熟。因而，不能把我国看成是成熟的社会主义。

由于中国是从半殖民地半封建脱胎而来，没有经过资本主义阶段，因此生产力和商品经济的发展都很不充分，必须经过一段较长时间的社会主义初级阶段，去发展生产力，提高社会化、商品化水平，在此基础上才能使我们的生产关系和上层建筑成熟起来。其他殖民地半殖民地落后国家进入社会主义社会，看来也要经过这样的阶段。而那些生产力比较发达或中等发达的国家如果进入社会主义，就不一定经过我们所说的初级阶段。

记者：社会主义初级阶段是中国所必须经历的阶段，这是必然无疑的。那么，您能否再谈谈，社会主义初级阶段的主要特征是什么？

刘国光：社会主义初级阶段主要特征，简单地说就是生产力水平较低，也包括商品化的程度低，社会化的程度低。我们的生产关系、上层建筑也不成熟，同时，人的文化素质也不高，目前甚至还有不少文盲。在这种情况下，正如邓小平同志所指出的，现在还不能说我们的社会主义是够格的社会主义。

目前我们的经济体制，仍沿袭了苏联的做法，如集中管理等。这是有历史原因的。苏联建国后一直处在战争环境中，处在帝国主义的包围之中，因此，经济必须要集中管理。我国在新中国成立后把国际和国内的阶级斗争估计得很严重，那时的经济实际上是"战备经济"。而现在的情况完全不同了，因而不能再沿用过去的一套了。现在不能只搞统一物资调拨，只搞指令性计划，而要搞商品经济，要有商品交换。

有人把所谓"产品经济"的理论说成是从马克思恩格斯那里来的，这是不对的。马恩没有直接讲过"产品经济"这个概念，"产品经济"的概念是后人概括出来的。马恩只讲了从发达资本主义国家进入社会主义，应搞直接分配、计划经济，那得有个物资极为丰富以及和平自由的环境才成。而我们现在的条件离马恩所说的条件相差很远，因此，还应该搞商品经济。

记者：我们正在进行的改革是完善社会主义生产关系和上层建筑的过程，它是否贯穿于整个社会主义初级阶段之中呢？

刘国光：改革是针对过去错误的僵化体制来讲的，它的目的是完善社会主义生产关系和上层建筑，但是它同一般意义的生产关系、上层建筑的"改进""完善"不同，有其特殊的含义。改革的概念在党的十一届三中全会以前没有提过，它是指对过去的僵化体制模式进行彻底的、根本性的改造，其程度比一般说的"改进""完善"更深入、更彻底。改革需要有一段比较长的历史时期，集中力量改造旧的模式，不是三年五年就能完成的。对于用不用"改革"的字眼，苏联、东欧国家很讲究。苏联在柯西金时提过改革，以后一段时间不提改革，而只是提完善，直到最近戈尔巴乔夫才讲要进行改革。我们知道，一般意义的"完善"是贯穿于社会主义建设的整个过程，而改革是在社会主义的一些特殊阶段出现的。我认为，在社会主义的初级阶段，作为模式转换的改革也并不贯穿于整个过程。当改革完成了，僵化的体制基本上被新的有生机和活力的体制替代了，社会主义初级阶段也就此结束了。看来实现现代化还要经过若干年的努力，当然，到那时仍要不断完善生产关系和上层建筑。

记者：社会主义初级阶段是整个社会主义的一部分。照您的说法，是否社会主义初级阶段本身还得再区分成几个小阶段呢？

刘国光：确实如此，我以为从经济体制的演变看，社会主义初级阶段中还可以区分为三个小阶段。第一阶段是旧体制时期。由于缺乏经验、教条主义等原因，经济体制比较僵化。那种传统的、高度集中的、忽视市场机制、不要商品经济的僵化体制，在我国存在了近三十年，苏联存在了六七十年。第二阶段是体制转换时期或改革时期。即传统的高度集中的僵化体制开始转化成有计划的商品经济体制的时期。现在我们就处在新旧体制的转轨时期，即处于既是旧体制向新体制转化，又是新旧并存的阶段。原来说"七五"计划时期可以解决新体制的框架问题，现在看来时间还要更长一些。第三阶段是新体制时期。即旧的僵化体制模式被基本上抛弃，新体制已居主导地位，基本框架已经形成。改革将把生产关系和生产力推向社会主义初级阶段的较高水平。此时，改革的基本任务就完成了，但仍处在社会主义的初级阶段。当然，新体制建立以后，还要继续完善企业机制、市场机制和政府管理经济的体制。

记者：您认为改革完成的标志就是新体制的建立。那么新的经济体制的主体是什么？

刘国光：将来新的经济体制的主体，不少同志认为是"国家调控市场，市场引导企业"。即国家不直接来管企业，而是通过市场来引导企业。这是个有争议的观点。当然，国家直接控制企业的情况也还存在，但已不是主体。新体制建立后，经过完善，能在很大程度上促进生产力的发展，使我们逐步达到中等的发达水平，加上政治上的民主化和法制化，逐渐达到由社会主义的初级阶段转向社会主义的较高阶段。

记者：社会主义初级阶段的特征之一就是公有制为主体的多种经济成分并存，以及按劳分配为主体的多元化分配形式并存。当我们脱离社会主义初级阶段后，是否还会有非社会主义成分存在？是否还允许非按劳分配形式存在？非按劳分配的形式有哪些？

刘国光：在社会主义的初级阶段，我们的经济是以公有制为主体的多种经济形式并存。这适应于我国生产力发展不平衡的实际状况，有利于生产力的发展。据我看，目前个体经济和私营经济等非社会主义成分发展得还不够，应继续发展，当然同时要加强管理。当我们脱离了社会主义初级阶段，这些非社会主义经济成分，只要它还有利于生产力的发展，并且不危及公有制为主体的体制，看来还可以允许存在。现在某些生产力水平大大高于中国的社会主义国家，最近改革的趋势之一也是所有制的多样化，允许非公有制的存在。从这点也可看出，对这个问题不要轻率下结论，要让历史来做结论。

以按劳分配为主体的多元化分配形式，是社会主义初级阶段的分配形式。要让一部分人先富起来，不能光靠按劳分配，因为劳动的差距是有限的，虽然可以有一些大科学家、大艺术家先富起来（这方面按劳分配做得还很不够），但毕竟是少数。要使更多的人富起来，那还得靠商品经济的发展。只要非社会主义经济成分存在，那么非按劳分配的形式也必然存在。非按劳分配形式同非公有制形式的存在，这两件事是互相联系的。

非按劳分配成分中包括部分经营收入、资产收入、资金收入（债券利息、股息、红利）等。企业家的经营收入一部分是复杂劳动收入，还有一部分是机会收入、风险收入等，后一部分是非劳动收入。在当前，为了克服平均主义，拉开收入差距，不但要强化按劳分配，也要使非按劳分配部分得到合理的强化，这样能促使居民的收入不全部转化到消费上去，造成消费需求膨胀，而是通过储蓄、购买股票、债券等方式转化到生产资金上去。

当然，经济发展的总趋势应该是公有化程度越来越高，按劳分配的主导地位越来越强。但在近期，我们还应扩大非公有制的成分，鼓励经营收入等非按劳分配的分配形式。到了社会主义高级阶段，进入共同富裕后，非社会主义成分会有下降，差距会逐步缩小。但差距总会存在，因为没有差距的社会就无法前进。

记者：我们现在的短缺经济是怎样形成的？如何才能加以克服？它是不是社会主义初级阶段所固有的特征？

刘国光：短缺经济是一个很复杂的问题。我认为，凡是集中的体制一般都是短缺经济。现在有两种主张，一种认为在改革过程中能创造一种宽松的经济。另一种认为这根本不可能。只要改革没有完成，短缺经济问题就根本解决不了。

短缺经济是高度集中、吃"大锅饭"的旧体制造成的，这种短缺必须要靠经济体制改革来解决。但不能说改革注定了只能在"短缺"中进行。应该看到，现在的"短缺"比过去要好多了，过去烦琐的票证现在少了，排队少了，买东西挑选的余地大了。值得注意的是，短缺经济并不是贯穿社会主义初级阶段始终的，而是随着改革的完成而缓解、而解决的。

短缺经济的形成除了体制上的原因外，还有经济发展战略方针上的原因。如果我们的发展战略追求高速度、大投资，而且还促成高消费，那必然会产生短缺经济。如果我们能控制投资规模、控制速度，那就能有助于我们克服短缺经济。短缺经济并不是社会主义初级阶段所固有的特征，而是在社会主义的一定阶段，在传统体制和传统发展战略下产生的。发展战略的转换和经济体制的改革能缓解并最终消灭"短缺"。

记者：您曾提出了中国经济双重模式转化的理论，能否请您谈一谈？

刘国光：我认为，中国的经济面临着双重模式的转化。一是体制模式的转化，二是发展模式的转化。体制模式的转化，就是指旧的僵化的体制向有计划的商品经济新体制转化。发展模式的转化，就是指从追求数量、追求规模、追求外延扩大再生产的发展战略向追求质量、追求效益、追求内涵扩大再生产的发展战略转化。这样来控制需求，提高效益，增加供给。双重转化的现实意义就在于能逐步缓和短缺经济。

记者：发展生产力，是当前最根本的任务。为此有人提出：凡是社会主义的东西，包括政策、理论、措施，必定是有利于生产力发展的。您认为这种说法对吗？

刘国光：对。我认为，这个命题是正确的，即凡是社会主义的政策、理论、措施，必然有利于生产力的发展。那些不利于生产力发展的政策、措施、理论，就不可能是社会主义性质的。比如平均主义、大集中等，都破坏了生产力，因此不是社会主义性质的。社会主义应该是集中与分散相结合、计划与市场相结合的有计划商品经济。

但这个命题反过来讲是不能成立的。是不是"凡有利于生产力发展的，都是社会主义的"？不一定。也可能是非社会主义的。马克思就曾在《共产党宣言》中，对资本主义发展生产力的巨大作用评价很高。由此可见，发展生产力的东西，也有可能是资本主义的。但只要有利于社会主义，我们也可以利用。

记者：那么对于资本主义的东西，哪些可以为社会主义所用呢？

刘国光：资本主义社会有的东西，凡是适用于社会主义商品经济的发展和社会化大生产的，我们都可以吸取，如企业的科学管理、资金市场等。有些东西是社会化大生产和商品经济高度发展所产生的经济形式，像股份制，资本主义能用，我们社会主义也能用。总之，只要符合商品经济、符合社会化大生产、符合现代化的要求，我们就应该拿过来，然后同我们社会主义公有制结合起来运用。比如私营企业，它在社会主义公有制为主体的条件下，同资本主义社会中的情况是不同的，它受到我们社会主义公有制体制的制约，因此可以允许它发展。

　　但是，有些资本主义的东西，虽然对发展生产力有进步作用，但我们坚决不能用。比如资本主义原始积累的种种方式，那种用血与火的残酷手段发展资本主义商品经济，是我们所要摒弃的。

经济改革呼唤有胆识的理论家*

——《现代人》记者专访

（1987年7月17日）

　　这段时期是新中国成立以来经济理论研究条件最好、出成果最多的时期，经济学家们取得了一系列理论上的突破性进展。比如说，社会主义是否只有一种模式、计划经济和市场机制的关系、公有制和多种经济成分并存、政府在经济活动中的地位和职能，等等。特别应该指出的是"计划经济和商品经济可以协调共存"这项成果。几十年来我们对这一问题是持否定态度的，结果越统越死，无视价值规律，带来了一系列问题。这一理论建树可以看作是我国八年来经济体制改革的一项重要理论依据。

　　有的同志曾撰文，划分了我国经济学研究的流派。我个人认为这样做为时尚早。经济理论的研究，有着不同观点。如对经济改革的大目标——发展"有计划的商品经济"这一点，就有不同的解释。有的同志认为，"有计划的商品经济"，核心在商品经济，应充分发挥市场的调节作用。市场管不了的再由国家进行二次调节。另一些同志则认为"有计划的商品经济"，重点在计划上。大家都赞同"有计划的商品经济"这个目标，所不同的是有的强调前者，有的强调后者。去年（1986年）计划学会的会议上，许多学者还提出，由国家调控市场，市场引导企业的模式。

　　经济学界关于经济体制改革目标、模式的讨论，出现争鸣

　＊　本文系《现代人》记者晴朗专访，发表于该刊。

不但是正常的而且是必需的。党中央一直鼓励、支持这种争鸣。因为，只有学术自由，百家争鸣，才是认识真理的唯一道路。在经济理论研究上，还需要进一步解放思想，锐意开拓，进行大胆探索。

开放的学术研究环境，对国外各经济学流派中有益于中国的成分学习和借鉴，是发展繁荣经济理论必不可少的。搞改革，发展商品经济，这对于我们是新课题。但西方搞商品经济已经有几百年的历史，是"老资格"了。我们当然可以从他们的商品经济理论中学到有用的东西。不过有一点必须明确的是，学习和借鉴不是照搬，不是代替。不能把西方的理论当成包医百病的"良药"。因为我们的国情毕竟和西方不同。

20世纪70年代末，一些同志曾表示担忧，认为经济理论研究面临后继乏人的危险。现在看来，这种担忧可以完全消除了。随着经济改革的进展，一批青年经济学研究人员已经迅速成长起来。这批青年人知识面广，具备较新的知识结构，对新思想敏感，勇于接受挑战。他们把数量分析方法大量运用于研究工作中，给我国的经济理论带来新的活力。仅中国社会科学院系统，取得相当成绩的青年经济工作者就有数十人。不久前颁发的孙冶方经济学奖，90%的获奖者是中青年。35岁以下的获奖者占了全部获奖人数的40%。像华生、何家成、边勇壮等青年理论工作者合作推出的"资产经营责任制"理论，已经受到国务院有关部门的重视，开始在重庆、沈阳等二十多个城市的一百多个企业试点。也许可以这样预言，由十亿中国人民从20世纪70年代末开始的伟大的经济改革的理论总结，将在我们有胆识的学者手中完成。

经济理论在八年改革中实现
重要突破*

——《人民日报》记者专访
（1987年7月20日）

继续推进改革要求理论界解决一系列新课题

经济改革以来，我国经济理论在哪些方面有所突破？改革的实践给经济理论提出了哪些需要探索的新课题？

刘国光：改革以来，我们在理论上的第一个重要发展，就是确认目前我国社会还处在社会主义的初级阶段。

记者（董焕亮）：记得1958年"大跃进"时，不少人头脑发热，认为建设社会主义的任务已胜利在望，很快就可以向共产主义过渡。有人甚至提出"跑步进入共产主义""提前进入共产主义"等口号。党的十一届三中全会以后被纠正过来了。

刘国光：党的三中全会前的一些提法不符合当时我国生产力发展水平与性质，人为地降低了社会主义和共产主义的标准。这种理论与现实的矛盾，长期困扰着人们，折磨着我国的经济。现在，我们像列宁曾经做过的那样，把理论重新从"天国"引向人间，根据我国社会生产力发展水平，经济、政治体制的发育程度和完善程度，全民族的文化科学知识水平，以及人民的消费水平

---

　* 原载《人民日报》。

等，如实地承认我国目前还处于"社会主义的初级阶段"。这就从根本上摆脱了不切实际的提法对实践的束缚。

记者：现在的提法概括了我国现阶段最重要的国情，是建设有中国特色的社会主义的基本出发点，是理解经济体制改革的一把理论钥匙。

刘国光：是的。再有，党的十一届三中全会以前，我们把苏联从20世纪30年代起形成的过度集中的计划经济模式，看作社会主义经济的唯一模式。三中全会以后，我们认识到发展社会主义可以有多种模式，为从实际出发改革我国经济体制，建设具有中国特色的社会主义，提供了理论前提。这是经济理论的又一重大突破。

记者：过去有哪些所谓"社会主义原则"，并非社会主义的固有属性，而是人们附加给社会主义的东西？

刘国光：例如，对经济过分集权的管理和平均主义的分配，重工抑商，排斥商品货币关系，都是这种附加的东西。我们建设具有中国特色的社会主义，就是要根据国情，逐步探求、建立包括多种类的所有制结构，多层次的经济决策结构，计划和市场相结合的调节体系，国家、集体和个人三者利益相互促进的利益结构，适合社会化大生产客观要求的经济组织管理结构等内容的目标模式。

记者：据了解，在八年改革期间，我们根据生产力发展水平，对所有制结构进行了调整。以1978年与1986年作比较，我国工业中全民、集体、个体经济成分从分别占80％、19.8％和0.2％，变成69％、29％和2％。这种调整与经济理论的突破有何联系？

刘国光：我们在认清我国目前还处在社会主义初级阶段的基础上，纠正了所谓越大越公越纯就越是社会主义的论点，这是理论上的第三个突破。过去，脱离生产力发展水平搞生产关系的

"穷过渡"，造成低效益、高浪费。群众中有句口头禅"美洲有个'加拿大'，中国有个'大家拿'"，形象地说明了超前过渡的危害。改革中，经济理论界破除了经济形式单一化的旧观念，认识到在公有制为主体、全民所有制经济占主导地位的前提下，应当允许多种经济成分和多种经营方式存在，允许和鼓励集体经济、个体经济、中外合资企业以及外商独资企业有不同程度的发展。

记者：在经济理论上，除有硬性附加给社会主义的东西外，过去是否也曾把一些本来不是资本主义特有的东西当作资本主义的"专利品"？

刘国光：是的。比如过去认为，所有权和经营权的分离只是私有制经济才有的，社会主义经济必须实行两权合一，理由是如果将经营权交由某集团或某人执掌，势必削弱和侵蚀生产资料的公有制。正是以这种理论为依据，国有国营，集体所有集体经营，这种传统模式实行了30年之久，成了禁锢很多人头脑的"天经地义"的东西。农村改革首先冲破了"两权合一"的桎梏，土地等基本生产资料的集体所有权未变，联产承包责任制使农民获得充分的经营权，结果很快就使农业生产成倍增长。同样，两权分离的原则也适用于城市改革。租赁、承包、企业之间互相参股等，都是所有权与经营权分离的形式，资本主义可以采用，社会主义也可以利用。肯定社会主义经济可以实行两权分离是理论上的第四个突破。

记者：据我所知，过去在理论上是排斥商品经济的，认为在社会主义时期商品经济是消极的、异己的力量，必须严格加以限制。

刘国光：商品经济是任何有社会分工，又有利益差别界限的社会所共有的经济现象，同样不是资本主义独有的"专利"。根据党的十一届三中全会通过的《关于经济体制改革的决定》，我们冲破了过去把社会主义计划经济同商品经济对立起来的观点，明确地认识到社会主义经济是在公有制基础上的有计划的商品经济。这涉及整个经济体制改革的目标模式，可以说是八年来经济理论第五个突破，也是最重要的突破。

记者：传统理论认为，计划不是预测，不是建议，而是指令，主张"计划—市场排斥论"。我们发展有计划的商品经济，对计划的理解与以往的观点有何不同？

刘国光：过去把指令性计划看成社会主义计划经济存在的标志，甚至把计划机制与市场机制看成水火不相容的关系。现在认识到，社会主义经济的运行不能单靠计划调节，而应实行计划调节与市场调节相结合；在计划管理方面，应当逐渐缩小指令性计划的范围，实行与市场机制的作用紧密联系的指导性计划为主的管理体制。这是第六个突破。

过去认为社会主义市场仅限于个人消费品市场，生产资料不是商品，不能进入市场，资金、劳务、技术等生产要素更被绝对地排斥在市场之外。现在，从只承认单一的消费品市场发展到确认完善社会主义市场体系，这是经济理论的第七个突破。

记者：匈牙利经济学家曾形象地比喻说，社会主义国家进行价格改革好似轮船航行在"神秘的百慕大三角区"。

刘国光：是的，我们勇敢地接受了这一挑战。在价格理论上，破了把价格仅看作计算工具和再分配工具的传统观念，立了价格作为经济调节重要杠杆的新观念；破了把稳定物价看成物价固定不变的传统观念，立了把物价基本稳定与灵活调整结合起来的新观念；破了单一国家定价、国家调价的旧观念，立了调放结合，并逐步扩大市场价格的价格形成机制的新观念。这是第八个突破。

从时间上看，八年改革中，经济理论上最早突破的对象是收入分配领域的平均主义，我们先是强调了按劳分配，继而强调允许一部分地区、一部分企业和一部分劳动者先富起来，以吸引并带动大多数人逐步走向共同富裕。为实现这一目标，逐渐确立了在商品经济条件下实行按劳分配为主的多种分配方式并存的观点。

记者： 这是第九个突破。

刘国光： 第十个突破是在国家职能方面，破除了国家作为政权机构与作为全民所有制财产所有者两种职责不分的观点，确认国家这两种职能应当分开。我国是社会主义国家，国家具有双重身份：一是作为政府，代表了国家行政权力；一是作为全民所有制财产的所有者，代表了一定的经济权利。在这种认识基础上，我们提出"国家职能分开，税利分渠分流"的宏观管理制度改革的构想。

记者： 近八年，我国经济逐步实现从封闭型经济向开放型经济的转变。据统计，截至目前已引进280多亿元外资，引进14 000多项技术和设备。这对于解决"四化"建设急需的资金、技术问题发挥了重要作用。请谈谈对外开放的实践与经济理论突破的关系。

刘国光： 经济理论的第十一个突破，是破除了片面强调自力更生导致闭关自守的观点，提出实行对外开放，有计划地引进外资，引进技术，积极发展对外贸易，把中国经济纳入世界经济分工的体系，以加快国民经济建设的步伐。不这样做，就无法迎接新技术革命的挑战，就不能建成四个现代化的社会主义强国。

记者： 上面您谈了经济理论的十一个方面的突破。但是，从目前情况看，仍存在理论落后于改革实践的问题，不少争论亟待澄清，不少难点亟待突破。

刘国光： 我们需要继续探索和深入研究的问题很多，下面列举十一个主要课题：

1. 社会主义初级阶段不同于高级阶段的质的特征；

2. 计划商品经济模式中计划与市场的关系和结合方式；

3. 实现国有经济两权分离的各种形式（利改税、租赁、承包、股份制等）的比较研究；

4. 对合作经济、个体经济、私营经济的研究；

5. 所有制关系改革与经济运行机制改革的关系，企业改革与价格改革的关系；

6. 进一步建立和完善市场体系的研究；

7. 价格改革中的双轨制研究；

8. 经济改革与经济发展的关系，改革的环境问题；

9. 如何在改革中控制通货膨胀；

10. 合理拉开收入差距、克服平均主义与消除不合理的收入差距问题；

11. 如何科学地界定各级政府管理经济的职权范围。

邓小平同志最近指出"改革开放要更勇敢一些"；同样，经济理论界也应进一步解放思想，更勇敢地进行探索，才能做出无愧于当今改革时代的更大贡献。

经济理论在八年改革中实现重要突破

关于我国经济体制改革的目标模式及
模式转换的若干问题（节要）

（1987年7月）

　　改革是当代世界的巨大潮流，也是我国社会主义初级阶段中的一个重要任务。我国的经济体制改革已经过八九年实践，以经济发展为中心的全面改革正在逐步展开，经济体制改革也将不断深化。在此时刻，进一步研究经济体制改革的目标模式以及由旧体制向新体制转换的途径，既是为推进改革提供必要的理论准备，又是为保证改革顺利进行而采取的实际步骤。1984年，国务院体制改革委员会委托我们"组织力量，在前一阶段研究的基础上，提出一个中国经济体制改革的设想"。作为当时可供参考的方案之一，我们拟出了《建设具有中国特色的经济体制的总体设想》[①]。现在奉献给读者的这本书，则是同一课题继续探索的又一阶段性成果。

---

* 本文系《中国经济体制政策的模式研究》（中国社会科学出版社1988年版）一书的"代序"，也是全书的提要。在全书定稿后，经与沈立人研讨，由他起草一个初稿，再由刘国光修改补充定稿。此次发表有删节。

① 原稿完成于1984年8月，初次公开发表于《中国社会主义经济的改革、开放和发展》（研究报告集），经济管理出版社1987年1月出版。

研究目标模式的意义和依据

改革经济体制要不要择定一个目标模式，曾经历过一番有益的争论。最早的分歧来自对模式概念的不同理解。起初有的同志把模式当作固定不变的定式和依样描画的模特，这样理解的模式当然是不可取的。后来大家认识到，模式无非是"类型""形态""形式"的意思，只是研究和分析的工具，是从具体的经济体制中排除了细节而得到的理论抽象，是对某一种经济体制的基本规定性的概括，是指这种经济体制的基本框架和主要运行原则的总和，于是有了共同语言。

但是这几年来，在实际工作和人们的议论中，仍旧出现过对择定目标模式的怀疑和否定。

一种意见是：改革无从进行总体设计，无法形成统一部署，也无须择定目标模式；不如"边设计，边施工"，先干起来再说，碰到什么问题就解决什么问题，在实践中总结经验、摸索前进；或者叫作"单项突进，撞击反射"。诚然，我们在开始起步时，由于准备不足，经验不多，不可能考虑得很仔细，也不应当要求一切方面都有了具体规划才着手改革，那会耽误时间，踌躇不前。但是，与任何工作一样，如果只有行动而没有明确的目标，或者仅靠经验办事，就难以提高自觉性，防止和克服盲目性。这几年的改革，成绩很大，同时碰到不少问题，有时是走走停停、进进退退，原因之一是改革的目标还不够清晰，各个单项改革之间缺乏配套，导致某种程度的机制紊乱、时序颠倒和措施冲突。因此，在改革重点转入城市，多点试验已有几年之后，择定改革的目标模式正是当务之急。

另一种意见是：为改革拟定任何具体目标都是徒劳的，从来没有按照方案进行改革的成功事例，农村的"包产到户"就不是实现什么既定规划的结果；中国的经济改革虽然做出了《决定》，将来不一定甚至不可能就这样做，只可能是一种"无确定止境的改革"（open-ended reform）；所以，按照设想进行改革，带有"天真"的性质。这是把改革的确定性和不确定性混淆起来了。改革的目标模式，为改革择定一个总的方向和基本框架，尽可能划清一些大的范围和界限，绝不是对所有细节的具体规定。在这方面，目标模式有它的确定性，区别于不要目标的改革。另一方面，任何设想和规划都只是一种基于当前认识程度的预期，必须接受实践的检验，并在不断实践中得到校正、充实和提高。这又是它的不确定性，为目标的择定及其实现留下了进一步完善的余地。社会主义各国的改革，尽管还没有一个取得完全的成功，但都有了不同评价的进展，证明按方案改革有它的积极意义。我国的"包产到户"来自群众首创，而其普遍推广则是作为一种模式得到肯定之后。因此，及时地择定方向性、总体性、轮廓性的目标模式绝不是"天真"，而是一种渐进的"成熟"。

还有一种意见是：改革的目标模式就是"有计划的商品经济"，无须他求。这是过于简单化的看法和想法。有计划的商品经济是一种高度概括，不能作为一种体制模式的表述，而且对这种概括也有不同的解释，例如有人强调"有计划的商品经济"提法中的"有计划"一面，有人则强调"商品经济"一面；有的还把其具体化为计划调节与市场调节的结合，而且对这种结合的运行机制的认识上有相当大的差异。在此前提下，可以也应当有各种体制模式的分类和选择。同样，例如"小的放开、放活，大的管住、管好"或"集权与分权相结合"等，都只是择定体制模式的基本原则，不能成为具体的目标模式。

总之，体制模式体现的是经济运行的主要机制和规则，改革就是体制模式的重建和转换。当前，择定改革的目标模式是重要的战略决策，它有利于坚定改革的信念，明确改革的方向，抓住改革的根本，避免和抵制由于细节的纠缠或暂时的困难可能发生的各种干扰，进而坚持不懈地把经济体制改革进行到底。

经济体制改革要有一个目标模式，在肯定这点后，就有一个如何具体择定目标模式，其依据或原则是什么的问题。

我们择定的目标模式，服从于建设有中国特色的社会主义这个大前提。具体地说，就是坚持马克思主义与中国实际相结合，坚持四项基本原则与改革开放相结合，坚持经济发展与经济改革相结合，坚持经济改革与政治、文化、教育、科技改革相结合。所谓有中国特色的社会主义，就经济领域来说，主要表现在两方面：一是有中国特色的经济发展模式，二是有中国特色的经济体制模式。发展有赖于改革，改革是为了发展。择定经济体制改革的目标模式，这是建设有中国特色的社会主义经济的重要组成部分。

因此，我们择定改革的目标模式，首先应当是社会主义的，不能离开这个基本的方向和道路。社会主义经济的基本特征是生产资料公有制和按劳分配，在改革的目标模式中必须坚持。但是，我们目前处于社会主义的初级阶段，也就是说，既是社会主义的，又是经济不发达的，于是带来某些具体情况。我们坚持公有制，不是只承认全民和集体两种所有制而排斥其他所有制形式或片面追求公有制的比重，也不是主张越公越好或片面追求公有化的程度，而是根据社会生产力的发展水平，在保持公有制为主体的前提下，允许和适当发展包括诸如私营经济等若干非社会主义所有制因素在内的多种经济成分，形成多元化的所有制结构，并对公有制尤其是全民所有制采取多种经营方式。我们坚持按劳分配，不是只承认一种分配原则和分配形式，而是在保持按劳分配为主要原则的前提下，允许一定范围的非按劳分配，并正确处理公平和效率的关系，鼓励一部分人先富起来，又防止出现不合理的差距过大，争取实现共同富裕。

坚持社会主义的方向和道路，必须在公有制为主体的所有制结构上和按劳分配为主要原则的分配制度上划清改革的目标模式同资本主义的界限，但同时必须看到，作为社会化生产的商品经济，目标模式又要吸收与资本主义相似的东西。例如经济的运行要通过市场来进行，要充分利用和健全市场机制；企业作为市场的主体，要成为独立的商品生产经营者，才有其内在活力；市场的客体不仅是一般物质商品，还包括各种生产要素，要有完善的市场体系；要通过各种经济杠杆，进行以间接控制为主的宏观协调，等等。当然，由于商品经济发育程度的差别，我国目前处于由不发达的商品经济向发达的商品经济过渡的阶段，不能与已经充分发达的资本主义经济作机械的对比，又不能停留于原始的粗陋的商品经济门槛上。

我们择定的目标模式，同时应当是中国式的，不能离开自己的基本国情。国情是指历史、地理、自然、社会、文化、道德等多种因素的综合，与经济体制不是简单的、外在的挂钩，而是深入其内在肌体，起着潜移默化的决定作用。拿我国传统的经济体制来说，过去一般认为基本上属于苏联模式，我们认为同中有异（例如遗留较多的供给制痕迹等），但那仅是外观或表象。进一步考虑，就能发现在本质上存在很大不同。例如我们也企图实行高度集中的计划经济，以无所不包的指令性计划一统天下，而实际上的计划度并不高，指令性计划的覆盖面并不广，计划的指令性力度并不强，计划工作的现实却是行政性的一事一议、讨价还价和放权收权的反复循环；另外，计划管不到的那一大块，即所谓"大计划、小自由"的自由领域，范围并不小，特别是数以十万、百万计的工、商、建、运等小企业，产供销没有多少计划安排，基本上处于计划外空间，本来应当和可能让市场机制来进行调节，结果也不然，而同样难以摆脱不同级次的行政权力的羁绊。这就使得在传统体制中，计划机制和市场机制都未能发挥其应有的调节作用。这不是体制本身的缺陷，根本上是由于我国来自半封建半殖民地社会和未经工业化的农业社会，自然经济和半自然经济是主体，原来不具备典型的生产社会化和商品化、货币化的条件，并且封建性的宗法关系及其相应的意识形态根深蒂固，束缚了企业的活力和整个经济的运行。经过30多年的经济建设，工业化有了基础，商品经济有所发育，思想意识也有所变化，但是没有突破发展中国家二元经济的格局。应当看到，我们进行经济改革，起点很低、跨度很大，任重而道远，实现目标模式绝不是三五年或八年、十年内指日可待的事。

符合基本国情，还有其他一些因素不能忽略。例如，我国是一个人口众多、幅员广阔的大国，地区之间、部门之间的发展很不平衡。这与一些经济发达或比较发达的小国就不一样，必然给经济决策体系的设置和经济利益体系的处理带来很多复杂性。例如，一个有两三千万人口和几十个大型企业的国家，国家与企业的关系比较直接和简单；而在我国，不仅其间不能不有不止一级的中间层次起着联系和组织的功能，并且在发达和不发达地区也有各自的特点。在那些国家，只要拆除行政藩篱，统一市场不难形成；而在我国，在相当时期内，可能会继续存在以大中城市为中心的某些商品的区域市场。不少同志指出，我国的改革，当前和今后的条件会变化，不同地区的环境也不同，不可能是一律的，大同中会有小异。这都告诉我们，择定目标模式既要参照一般原则，包括内涵上的所有制关系重建与运行机制改造相结合、微观搞活与宏观管理相结合、计划与市场相结合、刺激与约束相结合、物品市场与要素市场相结合以及方法上的紧迫性与长期性相结合、单项与整体配套相结合、先行与后续改革相结合等。还要特别注意时空上的有序化和地区化。例如在农村和城市、沿海和内地、发达地区和欠发达地区，就不尽相同。

择定有中国特色的社会主义经济体制模式，应当是理论与实际相结合、总结自己经验与借鉴别人范例相结合。也就是说，研究这个问题有着多种历史的和逻辑的思维线索：（1）以马克思主义的基本原理为指导，特别是尊重关于生产关系适合生产力性质的规律以及商品生产和商品交换的规律，运用马克思主义的立场、观点、方法来解决我国的实际问题；（2）总结自己的经验，包括新中国成立以来体制演变和这八年来多点试验正反两方面的经验，从中摸出规律，提高认识，继续前进；（3）有分析地吸收其他社会主义国家先后进行多次改革的理论和经验，其中有比较成功的和不尽成功的，有基本适合我国的和不一定适合我国的；（4）借鉴资本主义发达国家和发展中国家进行宏观经济和微观经济管理的某些理论和具体做法（例如美国的财政金融调节、法国的计划指导、联邦德国的社会市场调节等），弃其糟粕，取其精华，特别是其中属于社会化生产和商品经济的一般规律，并非资本主义所专有，可以为我所用。从这些方面看，几年来经济体制的理论研究和实践探索，以及对外国理论和外国情况的考察、介绍和比较，是有成绩的，使我们打开了眼界，增长了知识。同时表明，现在择定经济体制改革的目标模式不仅有其紧迫感，也具备了基本条件。在此过程中，出现各种不同的观点、评价和建议是完全自然的，有助于我们的认识更加深化、更加全面、更加系统。总之，择定改革的目标模式并不是一次就能完成的决策行动，而是一个不断探索和逐渐接近真理的过程。所以，我们应当在已经达到的进展的基础上，进一步研究有关经济体制改革的种种理论，更多更好地开展实证调查，把目标模式的论证工作提高到新的水平。

目标模式的择定

经济体制的模式，根据对其构成要素的不同分析，有着多种多样的分类标准。这几年来介绍的经济学文献，大家已经熟悉的有好几类。例如1976年纽伯格和达菲在《比较经济体制》中就认为，任何经济体制都包括三个相互联系的组成部分：决策结构、信息结构和动力结构。林德贝克提出一个"多面体"：在决策上，是集中还是分散；在信息传递、资源配置和协调机制上，是通过市场还是通过行政；在财产关系上，是私有还是公有；在动力机制上，个人和公司是通过经济刺激还是通过命令来推动自己的行为；在个人之间和公司之间的关系上，是竞争性的还是非竞争性的；在整个经济体制与外部的关系上，是开放的和国际化的还是封闭的和自给自足的。对社会主义的经济体制，有的经济学家往往突出一个主要标准。例如，布鲁斯从经济决策的角度，分为基本的或主要的宏观经济决策、一般的或日常的微观经济决策、个人或家庭在劳动力分配和消费选择方面的决策三个层次；列出四种模式："军事共产主义"模式、集权模式、分权模式即含有受控制的市场机制的中央计划经济模式、"市场社会主义"模式。科尔奈则从经济协调的角度，分为行政协调和市场协调两类；前者又分为直接的行政协调（ⅠA）和间接的行政协调（ⅠB）两种，后者又分为没有宏观控制的市场协调（ⅡA）和有宏观控制的市场协调（ⅡB）两种。这些分类各有特色，相互之间也有沟通，例如集中决策往往与行政协调相配比，分散决策往往与市场协调相配比。

　　参考各家理论，我们把经济体制模式的构成要素分为五项，就是：（1）所有制结构；（2）经济决策结构或经济决策体系；（3）经济利益或经济动力体系；（4）经济调节体系；（5）经济组织体系。这就是所谓"五分法"。通用的"两分法"，分为微观经济基础和宏观经济运行机制，大体上前者是指所有制结构（包括公有制的内涵及其实现形式），后者包括了以调节体系为中心的其他一些方面。有些同志根据我国"七五"计划的改革设想，认为构成经济体制的主要是企业、市场和国家对经济的调控这三个基本点。这些提法并不矛盾，"三位一体"可以作为一种实施模式，其中企业属于微观经济基础，国家对经济的调控属于宏观层次，而市场则横贯于微观、宏观之间并为二者之沟通，市场机制加国家调控大体上构成经济运行机制。根据上述五个层次，我们曾经把经济体制模式分为五类。本书中稍予调整，可以分为六类，就是：（1）"军事共产主义"的供给制模式；（2）传统的集中计划经济模式；（3）改良的集中计划经济模式；（4）间接行政控制模式（ＩＢ）；（5）计划和市场有机结合的模式；（6）"市场社会主义"模式。这一系列模式，有如阳光通过三棱镜析出的光谱，一端是完全排斥市场机制的"军事共产主义"，另一端是接近完全市场调节的"市场社会主义"，中间则是计划度和市场度不同形式的联系或结合。

在上述六类经济体制模式中，我们应当择定哪一种？我们认为，"军事共产主义"是某些社会主义国家在革命战争环境下出现过的经济管理体制，我国过去的经济体制中也有过相当浓厚的军事共产主义供给制因素，这是改革要克服的东西，当然不能作为改革的目标。市场社会主义模式在有的社会主义国家试行过，结果微观经济比较活跃，但宏观经济往往失控，也不适合中国改革的需要。传统的集中计划经济模式，以苏联为代表的一些社会主义各国奉行多年，在当时背景下发挥过一定的积极作用；但是后来弊病日益显露，先后成为改革的对象。第三、第四两种，基本上是第二种的"改良""改进"或"改善"，只能作为一种过渡模式，不是目标模式。与社会主义经济是有计划的商品经济相适应，看来可以把上述第五种模式作为我国经济体制改革的目标模式。对这种目标模式的具体表述，过去先后提过"含有市场机制的计划经济模式"或"计划（调节）与市场（调节）有机结合的模式"。我们考虑，不如改称"在计划指导下有宏观控制的市场协调模式"或许更加确切。这种模式，不同于我国过去的传统模式，不同于其他社会主义国家在改革中已经择定的模式，与资本主义国家的经济制度更有本质上的区别。这种目标模式的基本框架，从它的构成要素即其子模式来看，可以作如下的概述。

一、所有制结构

所有制关系是经济运行机制赖以形成的前提和基础。两者之间相互联系、相互制约。有什么样的所有制结构，有什么样的公有制内涵，就会要求和形成什么样的经济运行机制；同样，有什么样的运行机制，也会对所有制关系要求与之相适应。长期以来，我们从固定的公有制尤其是全民所有制的传统观念出发，仅看到所有制对运行机制的基础作用，得出"公有制→指令性计划调节→计划经济"的单向结论；现在有必要同时循着另一向逻辑来进行反思，即"有计划的商品经济→计划调节与市场调节相结合→相应的公有制的实现方式"。其他国家的改革经验也表明，只改革运行机制而不改革所有制结构和公有制的实现方式，总不免是跛行的。

传统的理论把包括社会主义在内的共产主义社会看作是一个以共同占有生产资料即财产公有为基础的社会。长期以来一些社会主义国家只承认全民所有制和以全民所有制为最后归宿的集体所有制两种公有制形式。这种传统的所有制模式，导致所有制结构的单一化和两种公有制之间关系的封闭化，特别是全民所有制的国有、国营化（国家直接经营企业、政企职责不分、所有权和经营权不分），进而把国家当作一个大工厂，把企业当作这个大工厂的各个车间。传统经济体制的种种弊病，大多来自传统的所有制模式，集中表现为企业的微观效率低下，宏观控制也往往失效。针对这个症结，南斯拉夫在所有制上进行改革，实行企业自治使微观效率有所提高，而宏观管理容易失控。有的国家开始把国营企业的所有权和经营权适当分开，所有制结构也出现了多元化进程，但是问题还没有完全解决。

我国原来的所有制模式，基本上沿袭苏联一套，农村实行政社合一，城市的所有制结构越来越朝单一化的国有经济方向发展，而国营企业则两权不分。这几年进行初步改革，农村变化很大，城市有所进展，出现了多种经济成分并存，国营企业正在多点试验改革。在此基础上，对所有制改革的目标模式的择定，着重在两方面。

1. 在所有制结构上，建立以社会主义公有制为主体、国有制占主导地位、多种经济成分并存、相互之间开放的多元化模式。这有几层意思：（1）公有制是主体，体现了坚持社会主义方向。因为只有公有制的生产关系与不断发展的社会生产力相适应，否则实行私有制或"公有财产私有化"，都不能克服与社会化大生产的根本矛盾。（2）国有制为主导，是由于那些生产高度社会化的部门如铁路、邮电、银行、外贸等适合于这种形式，并且国家直接掌握某些关系国计民生的非竞争性部门和大型企业，有利于增强整个国民经济宏观运行的可控性。（3）多种经济成分并存，除了各种形式的集体所有制经济外，还有个体经济、私营经济和外资企业，作为公有制的必要补充。这与社会主义初级阶段的社会生产力发展水平及其不平衡状态相适应，与有计划的商品经济的发展要求相适应，有利于发展生产、搞活流通、扩大就业、便利生活和对外开放。（4）相互之间开放，打破封闭，主要是允许和提倡不同的外部组织形式如各种合营企业和经济联合体，达到各种所有制的互相渗透和各种生产要素的灵活组装。至于多种经济成分的具体形式有哪些，在整个国民经济和不同部门、不同地区的比重各占多少，有待于在实践中进一步探索，不宜过早地画出框框。

2. 在公有制特别是全民所有制内部，本着所有权和经营权分开以及责、权、利统一的原则，建立多种形式的经营责任制模式。这是全民所有制经济的重新构造，目的在于增强作为经济细胞的企业活力，使它成为相对独立的商品生产经营者，自主经营、自负盈亏，具有自我改造和自我发展的功能。这在不同行业和不同规模的企业，应当有多种形式，不宜搞一律化。目前试行的租赁制、承包制（其中又有个人承包、集团承包和全体职工承包）和其他经营责任制以及各种股份制，有待于进一步开拓和总结、比较、提高。其中重要的问题是明确财产关系，形成企业的自我调控机制，克服企业的短期行为，培养企业家并调动广大职工的积极性。

二、经济决策体系

经济决策是经济主体根据对经济过程规律性的认识，对解决经济问题的不同方案加以理性分析和经验比较，然后对自己的经济行为做出选择的程序化过程。这对经济活动的成败和效益至关重要。决策主体有三层次：国家（包括地方）、企业和个人（或家庭）。由谁进行决策，怎样分配决策权，各经济主体相互之间是什么样的权力关系，形成经济体制中的决策体系。决策权与所有权有联系又有区别，不能等同起来。决策的动机和目的取决于经济利益，决策方式和决策过程又与调节体系相呼应。

社会主义国家传统的经济决策体系，其特征一般是：高度集中，以纵向的行政手段为依托，以指令性的强制为实现决策的主要方式。高度集中，就是集中于国家机构，国家机构的权力过大，企业和个人的权力太小。这种高度集中的决策权力在社会生产力和商品经济不发达、产业结构和经济联系较简单而经济发展的战略目标是实现以重工业为中心的工业化和增强经济实力和国防实力的条件下，可以动员经济资源，推动经济发展。但是，随着经济发展，其弊病日益暴露，表现为经济运行不活，企业和个人的积极性受到抑制。当前的趋势是：经济发展的内外联系越来越复杂，经济运行有很大可塑性，资源的有效利用和优化配置存在不断扩大的选择空间；经济发展由单纯追求总量扩张逐步走向更高层次的结构和质态变化，加强了决策选择的意义、作用和影响；于是，决策主体的主观能动性相应提高，其行为目标和行为方式直接制约和改变着经济过程的结果；特别是经济运行中的市场因素越来越呈显性，企业的利润动机增强，参与决策和自主决策的意识也增强。对照之下，排斥市场机制的、高度集中的决策体系存在着功能性和结构性的双重障碍，与商品经济发展的客观要求越来越相悖。社会主义各国改革的思路大体上是把决策权的集权转向分权或集权与分权相结合的不同模式。

我国原来的经济决策体系也基本上属于高度集中的模式。过去的几次"改革"，主要是在中央政府和地方政府之间的放权和收权，完全是行政性的，很少触及国家和企业的关系，没有改变企业作为国家行政机构附属物的无权状况。最近几年来，开始注意扩大企业的决策权力。作为一个目标模式，不能停留于民主集中制一类界限模糊的概念上，而要进一步明确为在国家集中必要权力前提下的企业、个人多层次、多元化的决策体系。

1. 国家集中必要的决策权，这不仅是一个大国实行宏观经济管理和调控的需要，同时体现了以公有制为基础的社会主义本质。但是，国家决策要明确区分为两个方面：一是基于作为公有制的所有者权力的决策，二是基于政府机构权力的决策，不能混为一谈。前者的决策权包括：在两权分开后的选择经营者，从资产利益最大化的角度强化对经营者的约束和监督；保证资产收益，在税制改革后实行利税分流；支配资产收益，进一步转化为投资；最终处理国有资产，实现产业结构和资源配置的优化。后者的决策权主要是在全社会的规模上成为特殊的经济管理中心，以协调国民经济的运行和发展，在总体规划基础上运用各种经济政策和经济杠杆，自觉地、经常地保持宏观经济的大体均衡。这也就是政府机构的经济职能，其手段要以经济为主、法律和行政为辅，其方式要由传统的微观控制、直接控制转为宏观控制、间接控制。由于我国是一个地区之间发展很不平衡的大国，还必须重视中观层次的作用，国家决策权要在中央和地方各级（特别是省、自治区、直辖市一级）之间有适当分工，具体界限还待进一步探索。

2. 企业决策权的建立是改革的中心环节。国营企业前一阶段从放权让利入手，至多只是一个突破。作为目标模式，必须在实行两权分开的前提下，使企业经营者自主决策本企业的日常经营活动，并承担决策的后果，包括利益和风险。在与国家的决策关系上，主要包括五个方面：领导人的产生、短期的投入产出、长期的投入产出、企业内部的分配、产品和生产要素的定价。在企业领导人即经营者产生的方式（如任命、招聘、选举等）上，国家作为所有者自应过问，其他各个方面的决策权宜放给企业自理，并与外部环境结合起来，使企业真正成为市场的主体。

3. 个人的决策权，包括四个方面：一是作为生产过程参与主体的劳动者，应有流动择业的决策权；二是作为公共财产所有权的分享者，应有参与管理、分享决策之权；三是作为消费者，应有完全自主选择消费品的决策权；四是作为商品货币关系的承担者，应有自主处理个人所有商品货币财产的决策权。扩大个人决策的自由度，将使原来缺乏个性的归属型的个人，逐步成为马克思所预期的联合体中的"自由人"。

三、经济利益体系

任何社会生产都是为了实现一定的经济利益，这是一切经济活动的起点和终点。经济体制中的各种经济关系，归根到底，也不外是直接的经济利益关系或间接地与经济利益相联系。因此，经济利益体系，就是经济体制中的动力体系。只有建立合理的经济利益体系，整个经济才能富有活力和生机。决策体系和调节体系，很多方面以利益体系为基础。社会主义经济利益体系的特征是在公有制基础上奠定了全体人民在根本利益上的一致性。但是，只看到这一点是不够的，必须同时承认存在着多元利益主体。过去，我们根据利益主体在经济生活中的地位，划分为国家、集体（企业）、个人三个层次，这是分析经济利益体系的基本线索。但是，只看到这一点是不够的，还必须作深入一步的分析。例如国家的利益，按其职、权，分散在各部门和各地区，这些部门和地区享有各不相同的利益；集体的利益，分别不同所有制，形成不同的经济利益群体，内部通行不同的利益原则；个人的利益，由于职业、能力和环境的差异，同样在利益关系上有差别。此外，还有工农、城乡和地区之间的利益差别。这些利益主体或群体之间，有矛盾，有冲突。处理好这些利益关系，正是改革经济利益体系的任务。

我国传统的经济利益体系强调根本利益的一致性，但对差别利益分析不够，承认不够，其弊病是缺乏利益刺激，片面依赖政治动员和思想动力，于是扭曲利益结构，重视国家利益而轻视企业和个人利益；并且缺乏利益约束，并由此带来"数量驱动"、投资饥饿、企业亏损和职工的"铁饭碗"；因此，利益界限也模糊，即所谓两个"大锅饭"和几个"一样"（干多干少一个样，干好干坏一个样，干与不干一个样），严重挫伤了人们的积极性。初步改革以来，促进了多元利益主体的独立化，如中央对地方实行"分灶吃饭"，国家对企业着手解决财产关系和分配关系；形成了双轨制的利益体系，也就是利益来源和利益形式的多样化，利益分配渠道除计划外更多地通过市场；于是，开始出现利益结构的新格局，企业和个人可以支配的收入在国民收入中所占比重不断提高。但是，还存在许多障碍和偏差，表现为利益刚性或利益攀比影响利益调整；利益刺激加强而利益约束仍然乏力；追求近期利益而忽视长期利益，重视个别利益而丢掉公共利益；在一部分人、一部分企业和一部分地区先富起来时，如何保证收入差距拉开的合理化，消除不合理的收入差距及其带来的社会不安等问题也没有解决好。

择定经济利益体系的目标模式，是要建立一个具有多层次经济利益的主体，既有合理的利益刺激，能够调动各个经济行为主体的积极性；又有必要的利益约束和利益协调，使国家、集体和个人三者以及其中不同层次、不同群体的利益能够得到完整的实现，从而促进国民经济有活力地稳定运行。这样的经济利益体系，以发展有计划的商品经济为出发点，以按劳分配为主要原则，在一定范围允许非按劳分配形式和机制的存在，以处理好公平和效率的关系。

1. 利益主体的多元化。从纵向看，由各级政府代表一定范围的、超越集体和个人利益以上的国家利益，并在根本利益一致的前提下承认企业和个人的差别利益；从横向看，由于社会分工、脑体分工和工农差别、城乡差别的存在，形成更细密的利益主体和利益群体。对这些利益主体，要有明确界定，并得到法律保护，建立相互尊重经济利益的社会通则。

2. 利益来源的多样化，这是实现经济利益体系均衡运行的条件，也是保证利益刺激强劲有力、利益约束严格紧密的需要。构成利益来源的主渠道有两个：一是劳动，二是资产。以公有制为基础，劳动是谋生和取得利益的基本手段，要切实贯彻按劳分配原则，鼓励多劳多得。同时，也要允许国家、集体和个人凭借自己拥有的资产和资金而获得一定的收益，以促进社会资产的积累和充分使用。此外，经营者的收入一部分是经营管理复杂劳动的收入，属于按劳分配范畴，另一部分是风险收入、机会收入，虽不属按劳分配范畴，也应允许存在，以鼓励造就企业家人才队伍。对按劳分配收入特别是对非按劳分配收入带来的收入差距，要通过税收等经济手段进行适当调节。

3. 利益形式的货币化，这有利于准确界定不同利益主体之间的利益关系，并保证其可测性，也有利于经济利益的存量调整和增量分配。传统体制中以实物形式表现的经济利益，如住房、公共服务、特需供应等，应当逐步取消。此外，人们的利益和动力不限于物质刺激，还有精神鼓励，应当加强这方面的工作并予以改进。

四、经济调节体系

所谓经济调节，是指这样一种经济运行的过程，即按照社会需要的构成及其变化，通过一定的方式和手段，将社会资源（人、财、物等生产要素）按比例地配置在各种产品和劳务的生产、流通和消费上，实现国民经济长期、持续、协调地稳定发展和人民物质、文化生活的逐步改善。这也是通过对人们经济利益的调整来实现社会资源的合理配置。把经济调节看作只是由国家来决定资源分配是不完整的，它还包括各个经济主体的行为在内。所谓经济调节体系，一般是指由经济计划、调节机制、经济杠杆和经济政策、经济法规、经济信息等组成的完整体系。它决定经济运行的基本规则，是整个经济体制的核心，往往代表经济体制的特征和模式。调节机制，主要是计划机制和市场机制，反映计划和市场的各自运行规律。经济调节属于宏观经济活动，又与微观经济活动密切相关（后者也可叫作微观调节）。经济调节模式决定于所有制关系及其结构、生产和交换的社会形式，以及生产社会化的程度和经济发展战略模式。

社会主义国家的传统调节模式是以指令性计划为主的高度集中的计划经济模式，基本上排斥市场机制的作用。后来的改良或改革，都是不同程度地引入市场机制，开始向市场倾斜。我国原来的经济调节体系也是这样，资源分配的权力集中于国家，企业和劳动者只是被调节的对象；调节方式主要是行政性的指令性计划，特别是直接安排产值产量、物资调拨和固定价格，作为调节主体的各级政府，其职责、权力和利益相互脱节；信息也按纵向系统传递，集中到中央一级处理，难免失真。这种体制模式，适合于传统外延型、数量型的经济发展战略，并随着经济发展，越来越显示其弊病，表现为社会供求总量的周期性失衡，产业结构的畸形化，特别是社会资源的产出率低。改革以来，在原来基本上一统的计划调节的旁边逐渐生出并扩大了市场调节的一块，目前处于双重体制即两种调节机制并存并开始向两者有机结合过渡的阶段，整个经济运行比过去活了一些，但是企业内在活力不大，并出现不少摩擦。

经济调节体系的目标模式是经济运行机制从而是整个经济体制目标模式的代表，也可以叫作有计划指导和宏观控制的市场调节（协调）体系。其特征是：国家的宏观总体调节和分层次调节相结合，外部调节和经济实体的自我调节相结合，自上而下的纵向调节和横向调节相结合，以经济杠杆为主并辅以必要的行政手段。

1. 指导性计划是经济调节的主要依据。有人主张实行完全自由放任的市场调节，这不符合社会主义经济的基本特征和宏观经济管理的实际需要。但是，坚持经济调节的计划性绝不是保持指令性计划为主或仅予修修补补，而是实行以指导性计划为主的计划体制。指导性计划是宏观管理的主要依据，是对经济发展和经济活动的战略性规划；它的任务是通过间接控制，形成一个稳定发展的经济环境，为企业活动创造有利的客观条件；它以企业的相对独立商品生产经营者的地位为前提，对企业没有强制的约束力，但要起到积极的引导作用；它以市场的需求和变化为准则，而不是依靠上级领导人的拍板；它的实施主要靠运用各种经济杠杆，并辅以必要的法律、行政手段。

2. 市场机制是商品经济运行的内在要求。以发展有计划的商品经济为总目标，必须在计划指导下充分发挥市场机制的作用。也可以说，在商品经济条件下，经济运行的内在机制主要是市场机制。因为在商品经济条件下，生产是商品生产，交换是商品交换；不仅物质产品是商品，生产要素也是商品或具有不同程度的商品属性。社会必要劳动时间只有通过市场机制的调节、社会总劳动的分配才能形成。随着市场体系的发育，市场机制的调节在广度、深度上都将进一步开拓。但这不是完全自发的市场调节，而是在计划指导下有宏观控制的市场调节，从而区别于资本主义的"市场经济"。

3. 指令性计划将逐步缩小而只在必要的场合予以保留。把指导性计划作为计划体制改革的目标模式，并在调节机制的运用中充分发挥市场机制的调节作用，不等于在可以预见的未来能够完全取消指令性计划。这不仅是由于市场发育的程度所制约，更是由于在生产社会化的较高层次和某些长期资源配置环节，采取有限的指令性计划，与市场机制相配合，有利于解决整个利益和差别利益、长期利益和短期利益的矛盾，节约和合理地分配稀缺资源，防止过度竞争，并降低全社会的交易费用。现在的设想，国家仍旧要掌握部分财力，直接投资于基础设施、基础工业和新兴产业以及非营利性事业；必要时仍旧要掌握少数重要物资，或通过强制性的合同订货，以保证重点生产建设的需要。

4. 运用各种经济杠杆进行间接控制。调节体系的改革，总的方向是由对企业的直接控制转向以间接控制为主，也就是靠运用各种经济杠杆和经济政策来进行宏观经济管理和调节。（1）价格杠杆，这是最重要的调节机制，拟以有控制的市场价格为主要形式，而不是以计划固定价、完全自由价为目标；（2）税收杠杆，要改单一税制为复合税制，拟实行以经过改革的流转税类和逐步开征的所得税类并重的新模式，并实行税利分流，考虑国营企业资产收益的上缴不纳入经常性财政预算；（3）信贷杠杆，其作用将越来越重要，特别是运用利率来调节资金供需和货币供应量，并在投资体制上坚持以银行贷款替代财政拨款（新建在外），达到控制投资需求和提高投资效果的目的；（4）汇率杠杆，要改变目前汇率僵化的状况，逐步实行有管理的浮动汇率，而不是与自由兑换外汇相配合的自由浮动汇率；（5）工资杠杆，直接关系到亿万劳动者的经济利益和调动其积极性，要真正做到按劳分配，建立有控制的市场竞争差别性工资，并与改革劳动体制、开辟劳动力市场相结合。这些经济杠杆要相互协调，注意综合运用。

五、经济组织体系

经济组织体系是经济体制的骨架，是经济运行的组织形式和组织保证。国民经济是一个多层次、多要素、多单元的大系统，由千万个生产、流通、服务等企业所组成，分为不同的部门和行业，分布于不同的地区，相互之间发生千丝万缕的关系。随着生产社会化和经济商品化、货币化的发展，分工越来越细，单位越来越多，联系越来越频繁。这些单位形成什么样的组织体系，既有它的技术、经济尤其是商品关系的内容，在社会主义制度下，

关于我国经济体制改革的目标模式及模式转换的若干问题（节要）

又有政府机构管理和服务于经济的职能的要求。经济体制的各方面都要有相应的组织形式，以规范单位之间的相互行为，进而组织经济运行。合理的组织体系，在微观上保证企业的活力及其行为的合理化，在宏观上保证各行业、各地区和整个经济协调、高效地运行。

我国传统的经济组织体系，反映国家管理经济的双重职能混一，特征是政企职责不分，其广度、深度和可控度都非资本主义经济所能比拟。这实际上是把国家作为至高无上的、唯一的经济主体，使企业的主体特征消失。其结果，不仅束缚了企业的活力，并且造成条条块块分割，导致企业的组织极其松散，国家和企业之间的中间组织很不发达，部门和地区之间的横向联系发生障碍，也是经济运行效率低下的一个重要原因。过去的几次"改革"，只在原有的政府组织体系内对权力进行调整，始终没有解决政企职责不分的问题，也始终难以形成符合商品经济发展要求的新框架。

经济组织体系的改革，目标模式是彻底分清政企之间的职责，彻底打破条块之间的割裂，发展以企业为主体的专业化协作组织，并以此为基础，建立国家和企业之间的各种中间组织，建立行业组织和以城市为中心的经济区组织，进而明确国家的经济职能，形成一个合纵连横、以横向联系为主的有机网络，以适应社会化大生产和商品经济逐步发展的要求。实行这个转换，关键在于调整国家的经济职能，把一部分不该管的事交给企业、交给社会，并防止企业组织的行政化和出现新的行政性条块。

1. 企业组织的专业化、联合化、群体化。原来的企业附属于条块，组织极其松散，各自为战，搞"小而全""大而全"。在打破横向联系的障碍后，就能逐步走向专业化、联合化、群体化即集团化，从松散到紧密，形成多种多样的形式。这样做的好处，不仅取得规模经济效益，并且使商品关系由外部转向内部化，可以节省交易费用。

2. 中间组织的重建和更新。在国家和企业之间需要系统的中间组织，主要是商业、金融业等商品和货币的流通组织，信息、保险等为生产、流通服务的组织，以及科技、教育、文化、卫生和其他社会组织。在排斥商品货币关系的传统体制下，这些组织很不发达，特别是流通组织单一化、服务组织残缺化，迫使企业办社会。随着市场机制的发育，要求重建和更新中间组织，促使其大量成长，走向社会化、专业化和规范化。这是社会分工深层化的必然趋势。

3. 改进部门管理，加强行业管理。原来的行政性部门管理各成系统，缺乏对全行业的统筹兼顾，不能组织部门之间的相互协作，纠缠于一事一议和讨价还价等琐碎事务。改革之道在于打破部门封锁，废除隶属关系，变管企业为管行业，着重于全行业的统筹、协调、服务、监督和政策控制。同时，需要有行业协会一类自下而上的、实行民主管理的社会性经济组织，管理各行业的公共事务，并作为企业和政府之间的桥梁。

4. 建立以城市为中心的区域性组织。城市本来是以流通为主的经济中心，在条块分割后，其功能日益萎缩。市场机制的发展促进了城市的新生，要在调整地方政府职能的基础上，更充分地发挥中心城市的作用。当前的困难是习惯于按照传统的行政观念来组织城市经济，不少地方热衷于计划单列和行政升级，形成新的块块或"省中之省"。突破这个障碍，将促进整个经济组织体系的改观。

5. 政府机构的经济职能和组成形式。推动以上改革进程，必须同步实行政府机构经济职能的转换，即以宏观为主、战略为主、协调为主、服务为主。与此相应，要大力精简专业主管部门，充实综合、调节和监督部门，建立国有资产管理组织，并提高工作效率，提高服务质量，大量节省行政开支，真正成为一个精干、高效、廉洁的人民政府。

上面提出构成经济体制五个要素的改革目标不是彼此孤立的，而是相互联系的，结合为一个有机的运行机体。其中，经济决策体系和调节体系决定经济运行中的资源配置，也就是人力、物力、财力都通过分层次的决策，依靠计划和市场机制进行配置；经济利益体系决定经济运行中的动力，每个层次的决策主体的行为都受其谋求的利益所支配，各种调节机制都要靠利益为动力而运行；经济组织体系既反映决策体系的结构形式，又是经济调节机制赖以发挥作用的载体。这是一个方面。另一个方面则以所有制结构为微观基础。经济体制的改革就是沿着微观基础的再造和运行机制的转换两条线索并行地推进。企业、市场和国家调控的"三位一体"，或者表述为"国家调节市场、市场引导企业"的模式，同样包括了宏观运行和微观基础两个方面，其特色是把市场作为两者的联结部，把有计划的商品经济的基本轮廓描绘出来了，使人印象鲜明、容易理解。

双重体制的由来及其向目标模式的转换

经济体制改革，就是从旧体制模式向新体制模式的转换。在目标模式择定后，如何转换，有一个具体的道路和方式问题。我国在改革中，出现了新旧体制并存的双重体制。开始是不自觉的，后来逐步认识到这是改革进程中不能避免的，并且这种过渡模式也具有中国的特色。研究双重体制的由来，其矛盾、摩擦以及向目标模式转换的条件和步骤，成为我国经济体制改革中具有重大理论意义和实际意义的课题。

一、双重体制的由来和表现

体制模式的转换，要不要经过双重体制阶段，过去外国的经济学家多数持否定态度。主要理由是新旧体制并存必然同时存在两种互相抵触的运行机制，有如同时存在两种不同的交通规则，让一部分汽车靠左行驶，另一部分汽车靠右行驶，势将造成混乱。其实，双重体制的出现与否，取决于改革实行一步走还是分步走，即采取"一揽子"方式还是渐进方式。采取"一揽子"的改革方式，旧体制向新体制转换的过程短暂，旦夕之间除旧布新，无所谓双重体制。采取渐进的改革方式，新旧交替有个较长过程；在此期间，新的方生，旧的未灭，两种体制同时存在。但从世界各国的改革实践看，两种方式的选择并不自由：一方面，过去一些国家在着手进行改革时，倾向于"一揽子"解决，而实际上并不能一步到位，往往旷日持久，花去十几年或更多时间，还未实现新旧体制的完全替换；另一方面，也缺乏有意识地通过双重体制去逐步实现转换的成功事例，有的国家一度碰到新旧体制并存的矛盾，往往见难而退，又回到旧体制的轨道上去。这有不少经验可以总结。

与这些国家比，我国在改革之初就提出"摸着石头过河"，即走一步看一步的渐进方式，也就是选择通过双重体制的道路，不能不说是开创了一个先例。这种双重体制，几乎表现在整个体制的一切方面，从企业体制、市场体制直至国家管理体制，无一幸免。企业有了逐步扩大的一部分经营自主权，但是仍未摆脱条条块块的各种行政干预，因此不得不一只眼睛盯住市场，另一只眼睛盯住上级。国家开始打破原来靠无所不包的指令性计划直接控制企业活动的做法，但又不能真正做到以间接控制为主，因此不得不时而用行政手段，时而搞市场协调。在商品和生产要素的运动上也是如此，特别是生产资料，一部分继续由国家以计划进行调拨，另一部分则在企业、地区之间自行协作进而通过生产资料市场交换。农副产品的购销渠道和价格形成也相类似。由于渠道不同，价格也不相同：一种是固定的计划价，一种是浮动的市场价，于是，双重价格的并存成为双重体制的一个突出标志。此外，在投资上，同样是一部分继续由国家财政无偿拨给，另一部分由地方、企业自筹，还有银行贷款和通过金融市场筹集。这种双重体制，从生产、流通到投资，范围越来越广泛，形式越来越多样，造成企业行为的双重化和国家宏观控制行为的双重化。这已经不限于原来所说的双重体制主要是指一部分企业实行新体制、另一部分企业实行旧体制，而是深入到各个企业的内部，同一企业有一部分产供销活动按新体制原则运行，另有一部分活动按旧体制原则运行，并且相互交织，有时不能明确地划分了。

我国的经济改革为什么会出现双重体制的格局，这既有客观的必然性，又有主观的决策因素。我国体制模式的转换不可能采取"一揽子"的方式，必须逐步推进，是基于下述原因：

（1）原有的生产力水平较低，商品货币关系不发达，经济上存在二元结构，科学文化也较落后，改革的障碍多、难度大，不可能一蹴而就。

（2）原来的经济体制不仅是高度集中的计划经济，并且带有较多自然经济的供给制因素，起点很低，而改革的目标较高、跨度很大，同样需要一个较长的过程。

（3）作为一个大国，地区发展很不平衡，城乡差别也大，认识的统一、人才的培养和经验的积累都比一般小国需要更久的准备，很难从旧模式一步地、同步地转换到新模式。

（4）总结自己和别人的经验，改革是一项大工程，关系到经济发展战略的转换、经济环境的治理、经济结构的改造和企业机制、国家职能的重建，采取渐进方式是有利的、可行的。西方有些观察家还认为，中国在政治上的承受能力比较大，不同于其他国家，能够容忍双重体制的摩擦。至于有人把双重体制的出现视为主观失策的结果，起码是一种误解。

二、双重体制在改革中的积极作用

采取渐进方式，允许在改革过程中存在双重体制，这对改革不是消极的，而有它多方面的积极作用。

1. 有利于使改革及时起步。万事起头难，如果采取"一揽子"方式，必须经过充分准备，包括拟订改革的总体设想和全面规划，根据我国的复杂情况和人们把握问题的局限性，这是不容易做到的。勉强去做，往往要花很多时间，或者仓促上阵、考虑不周，都会推迟改革的起步或走上弯路、影响进度。现在分步走，在继续保持原有体制的同时，首先找准几个突破口，使新体制由点到面地逐步展开，就能使改革很快启动，打开局面。最早农村开始改革，接着城市进行试点，虽然双重体制并存，但终于顺利地破了题。

2. 有利于缓和改革的震荡。改革必须涉及人们之间经济利益关系的变动，采取一步走的办法，利益关系的变动过于剧烈，会引起社会的震荡，增加改革的阻力。采取渐进方式，就是在基本维持原有利益结构的基础上进行分步骤的调整，可以化大震为小震，积小胜为大胜，并取得绝大多数人的拥护。例如价格改革，如果不分步骤，必然超过国家和群众的承受能力；改变国家和企业的关系，在利改税等措施上分两步或三步走，既使财政收入有可靠来源，又使企业留利有不断增长。

3. 有利于持续稳定地发展生产，增加供给。涉及生产关系和上层建筑很多方面的经济改革，历来是一场深刻的革命，搞得不好，对当前生产会有不利影响，这在各国不乏先例。采取分步走的办法，能够做到建设、改革两不误。我们看到，尽管双重体制将带来一些摩擦，但是通过渐进方式，可以把摩擦控制在一定范围内。例如逐步缩小指令性计划和固定价格的范围，实际上是把计划调节的一大块稳住；同时，逐步扩大计划外空间，使市场机制逐步发育，逐步扩大其作用范围。这几年煤的增产很快，目前非统配煤矿的产量已经占很大比重，证明了改革对供给的促进是很明显的。

4. 有利于不断积累经验，造就改革人才。在我们这样发展中的大国进行改革，缺乏现成经验，特别是缺乏人才，难度是不小的。要求一步到位，即使作了缜密安排，仍旧要冒较大风险。采取渐进方式，可以在实践中不断总结经验，对新旧体制及其运行规则进行比较，从而摸索两者之间的衔接和转换途径，把风险减少到最低限度。在此过程中，干部和群众可以理解和熟悉改革，特别是新老干部可以更新观念，掌握规律，涌现包括大批企业家在内的改革人才，保证改革的善始善终。

渐进方式的上述好处，表明双重体制是有其积极作用的。对巨大变革采取逐步前进的方式，适应经济主体利益格局的有效调整，适应宏观管理机制体系的有效运行。这是我们择定目标模式及其实施道路的战略依据。有时人们议论较多的似乎仅是双重体制的弊病或它的消极方面，这是不完整的、不公平的。

三、双重体制的摩擦及其进一步转换的必要性

当然，我们也必须同时看到，双重体制的并存导致微观决策行为双重化和宏观控制行为的双重化，给经济生活带来一系列的摩擦。正如《"七五"计划报告》中指出的："改革必然是一个渐进的过程。在这个过程中，两种体制同时并存，交互发生作用，新体制的因素在经济运行中日益增多，但还不能立即全都代

替旧体制，旧体制的相当部分还不能不在一定的时间内继续存在和运用。这就决定了改革中不可避免地会出现种种问题和矛盾复杂纷呈的局面。"[1]这种摩擦，主要有：

1. 新旧体制交替过程中，常会在两种运行机制之间出现某些真空或漏洞。旧体制的破除和新体制的建立，纵横关系极其复杂，容易由于衔接不够如未立先破或破多立少、破快立慢而形成脱节，特别表现在宏观管理和微观活动之间的若干矛盾和混乱。1984年第四季度出现的几个"失控"，相当程度上是由于在微观活力有所增强而还未真正搞活并且自我调控机制还未形成的情况下，国家对企业的直接控制弱化了，间接控制系统还未成型，以致投资膨胀和消费膨胀变本加厉，造成了又一次比例失调，不得不重新加强行政性的干预。又如生产要素市场初步出现，而各种生产资料、资金和劳动力等市场发育不齐，互不对称，各项经济参数尚不健全，也妨碍其进一步成长。又如某些单项改革的试验似乎可行，综合而观则难奏效，往往来自具体步骤的欠协调。

2. 市场信号的多元化，导致机会不均和不合理竞争。一物多价，虽有特定的对象和渠道，但是很难建立相互隔绝的屏障，造成信号混乱，带来不良后果。不少企业在投入上追求低价的计划调拨，在产出上热衷高价的自由销售，于是自觉或不自觉地冲击着国家计划。企业之间经营效果的比较，不仅取决于经营效率，更取决于不同价格，使产值、利润等考核失真，有时则是"鞭打快牛"。与此相应，某些个人、企业甚至地方就钻双重体制和双重价格的空子，使集体的或个别的投机倒把、贪污盗窃和行贿诈骗、走私贩私等犯罪活动和不正之风尤为滋长。这些不仅严重地妨碍着市场机制的健康成长和计划机制的正常实施，并且形成不合理的收益悬殊，造成社会生活中的某些不满和不安。

关于我国经济体制改革的目标模式及模式转换的若干问题（节要）

---

[1] 《关于第七个五年计划的报告》，人民出版社1986年版，第41页。

3. 运行规则不稳定，使企业行为进而各级宏观控制行为无法杜绝短期化倾向。双重体制是一种不稳定的暂行体制，在摸索前进中不免有反复和改进。这种时序上的信号多变，使企业的发展战略难以明确，不得不着眼当前，企业行为不免趋于短期化。从另一方面看，为了保持原来的利益格局，在远景目标不透明的情况下，地方政府甚至国家的宏观控制行为也出现短期化的决策倾向。实行对职工的奖金刺激和对企业的定期承包，都含有类似的痕迹。作为其结果，则是影响产业结构和资源配置的合理化，刺激了一些小规模、低效率企业的盲目发展、高成本生产和社会性浪费。

此外，由于双重体制的摩擦，还带来一些观念冲突。改革是一场广泛、深刻的革命，是对传统思想、习惯势力和既得利益的冲击，本来要有一个逐步理解和适应的过程。在双重体制并存的情况下，部分人士对其复杂性认识不足，面对种种摩擦，有的会发生怀疑、惊慌甚至直觉地滋长抵触情绪。

面对双重体制并存的现状，怎么办？现在大体上有四种主张可供选择：一是回到原有体制，待创造条件，再进行"一揽子"的改革；二是维持现状，甚至把双重体制当作目标模式，采取某些措施来缓解其中的矛盾和摩擦；三是尽快从双重体制中跳出来，迅速向以间接控制为主的新体制过渡；四是明确双重体制是向目标模式转换的必由之路，努力创造条件，争取早日转入新体制的轨道。看来，走回头路是不行的，满足于现状是不彻底的，立即达到目标模式是不现实的。唯一的对策是在明确双重体制只是过渡模式的前提下，认清当前的摩擦根源主要来自旧体制的惯性、黏性和新体制缺乏配套等不成熟性，于是树立一个信念：改革中出现的矛盾，必须通过进一步的改革给以解决，千万不该见难而退或因噎废食。"每向狂澜观不足，正如有本出无穷。"改革是历史潮流，车轮既已发轫，一定要把它推向前进！

刘国光

经济论著全集

第
6
卷

四、对现阶段转换进程的估量

我国经济体制的改革，从农村算起，已有八年多了。这八年多的初步改革是从单一的传统体制向双重体制转换、逐步进入双重体制对峙的过程。对于八年多来改革取得的成绩和存在的问题，各方面的估量不尽一致，有的对改革的进展比较乐观，有的则把改革中遇到的困难问题看得比较严重。我们认为，成绩必须充分肯定，问题也应给予正视。

改革的成绩表现在，我国改革起步虽比一些东欧国家晚了许多年，但是进展不慢，在某些方面赶上了他们一二十年的历程。经过八年多的改革，中国经济体制的格局发生了以下显著变化：（1）随着所有制结构的调整和国家对企业放权让利，企业的地位在改变，活力在增强。企业有了程度不等的经营自主权，其经营意识、竞争观念和开拓精神都比过去大大增强了。（2）随着国家指令性计划和统一分配物资、统一制定价格范围的缩小，市场机制开始发挥重要作用，国家对经济的管理开始从直接控制为主逐渐向间接控制为主过渡。（3）在收入分配领域，随着各项搞活企业和调动职工积极性的改革措施的出台，国家、企业、职工三者的分配关系和经济建设资金渠道发生了新的变化。国民收入中国家财政收入所占份额下降，企业与职工所得份额上升；在投向生产和流通的资金总额中由国家财政无偿供给渠道解决的部分所占比重下降，而由银行信贷有偿供给渠道解决的部分所占比重上升。（4）随着对内对外开放政策的实施，我国过去的封闭型经济开始向开放型经济转变。横向联系的发展有力地冲击着国内经济中的部门分割和地方分割。以沿海为前沿的开放地带的形成为吸收外资和引进先进技术提供越来越适宜的环境。改革中取得的这些进展对中国经济的发展已经产生了积极影响并将产生越来越大的影响。

　　在回顾中国经济体制改革几年来取得的成就的同时，不能不看到，以城市为重点的全面体制改革，现在仍然处在初始阶段，新的经济机制还远远没有完整地建立起来，旧的经济机制的作用也远远没有退出历史舞台。虽然农村经济和非国有经济成分的改革，在决策权力的分散化、调节机制的市场化，以及在破除平均主义的分配制度等方面，有了比较大的进展，但是，城市经济和国有经济成分的改革，仍然是初步的、探索性的，旧的模式还不能说已经发生根本性的变化。总的来说，几年来改革中存在的问题主要体现在以下两个方面：（1）传统模式中经济效益普遍低下的症结还没有解开。这当然有传统的经济发展战略尚未根本转换的原因，但是传统体制模式尚未转换过来也是一个重要原因。在农村，农户内部的经济体制是基本上理顺了，而外部环境并不稳定，特别是农副产品的价格不断变动，比价不尽合理，近年来"剪刀差"又有所扩大，影响农民投入的积极性，影响农业规模经济效益的形成和提高。在城市，企业体制改革也不平衡，在国民经济中举足轻重的全民所有制大中型企业的责、权、利关系不统一，自负盈亏未实现，企业内部关系也没有理顺，使企业和职工的积极性不能充分发挥，各个经济主体的行为仍然短期化，走上与提高经济效益相悖的歧路。（2）搞活企业和改善经济运行机制之间的关系问题也没有解决好。企业比过去活了一些，但是没有真正活起来。经济运行机制有所改善，但是价格体系仍有扭曲，利率、税率、汇率等仍然固定化，市场体系仍旧很不完备。这就带来三种后果：一是企业还缺乏自我发展的意识和自我调控的能力，难以对市场信号和间接的宏观调控做出正确的反应；二是企业赖以施展其活力的市场化环境还没有形成，市场信号还难以及时正确地提供；与前两种情况相应；三是宏观经济管理还难以主要用间接调控手段取代直接行政手段，因而当宏观经济失控时，往往还要较多地采用甚至强化直接的行政控制手段，这很容易发生"一刀切"的毛病，影响经济的正常运转。

以上所述改革中的进程和问题，反映了体制模式转换的进度。能否认为，模式转换已经跨出了一大步，例如在计划和市场的关系上，已从改革前大一统的计划调节渐次发展到计划调节与市场调节板块结合，又从板块结合渐次发展到有所渗透，开始离开传统模式；但同计划与市场有机结合的目标模式相比，还有很大差距。从改革的长河看，现在还只是开了头，绝不是过了头。进一步推动模式转换，始终是改革的基本方向和基本线索。

至于双重体制向目标模式转换的途径，有过各种意见，其中之一是"突破论"，即以某一单项改革为重点，推动全面改革的深化。这个单项，有人认为是价格，有人认为是所有制，有人认为是计划体制，有人认为是横向联系，众说不同。我们认为，从长远看，不仅要抓住重点，还要注意配套，主要是处理好企业、市场和宏观管理这个"三位一体"的关系。具体地说，也就是微观构造和宏观调控、产权规范和市场发育、参数变革和组织理顺的关系。

五、模式转换的中心环节：增强企业活力

增强企业活力始终是整个改革的中心环节，这是由企业作为经济细胞即基本的生产、流通单元的客观地位所决定的。整个经济的运行，以企业为微观基础；在市场体系结构中，企业是市场的主体。改革的目标是为了建立一个充满生机和活力的新体制，而搞活经济和搞活市场，都必须以搞活企业为前提。当前改革的难点，正在于虽然集体企业、个体企业和小型企业比过去活了一些，但是占产值、利税和财政收入绝大比重的大中型全民所有制企业还没有明显地活起来。随着经济运行机制的转轨，企业对宏

观调节信号（包括价格信号和非价格信号）不能及时做出正常反应；相反，企业行为的不合理还有进一步恶化的趋势。其实，农村也出现了类似情况，表现为农户的投资意识不旺、生产后劲不足。这个问题不解决，即使市场体系逐步发育、宏观管理逐步改善，企业内藏的巨大潜力仍旧不能释放，整个经济仍旧不能高效运行。因此，进一步改革企业体制即重新构造微观基础的任务被摆上深化改革的重要议事日程。

微观基础的改革和企业活力的增强，有两条主线：一条是所有制结构的调整；另一条是公有制尤其是全民所有制企业所有权内涵或其具体实现形式的变革。所有制结构调整的方向比较清楚，全民所有制企业机制改革的问题似乎复杂得多。

我国的全民经济长期处于集中化、实物化、封闭化的大环境里，现在要逐步把它推向市场，困难很多。这几年的改革，先后经历若干阶段，首先是扩大企业自主权，实行利润留成制度；其次是推行盈亏包干责任制；然后是进行第一步和第二步的利改税。总的来说，这几步改革没有越出扩权让利的框框，也没有真正唤醒企业内在的活力，而只是适当调整国家和企业之间的权和利的关系，因为它未能有效地建立企业的自我调控机制。在总结经验后，人们逐渐认识到，改革企业体制和增强企业活力的方向应当是实行所有权和经营权的适当分离，在责、权、利统一的基础上，首先解决企业的经营机制问题。对此问题，又有两种不同思路：一是着眼于解决经济利益或收益分配关系，二是着重于解决财产关系问题。看来两者不可偏废，而要结合起来。利益是动力之源、活力之本。但是，如果解决利益关系限于减税让利，而利益的分配又缺乏内在的经济准则和规范，那就会只有利益，没有约束，不能根治投资膨胀的痼疾和消费膨胀的新病。以解决利益关系为起点，进而沿着产权关系明确化和财产约束或预算约束硬化的方向前进，或许可望在实行多种形式的两权分离的试验中探索出一条新路。我们相信，全民企业的"猜想"是可解的，它的优越性将充分发挥出来，任何把全民财产无偿地转为集体所有或者实行私有化的主张都是不符合中国改革的社会主义性质的，因而也是不能接受的。

六、模式转换的枢纽：完善市场体系

微观上放开、放活，宏观上管住、管好，这个概念在改革开始不久就提出来了，当时的困惑在于没有找到两者之间的联系点或结合部。在确认社会主义经济是有计划的商品经济后，人们逐渐认识到，这个结合部就是市场。以后，又出现了"国家调节市场，市场引导企业"的提法，也反映了市场是宏微结合的枢纽。离开市场，微观经济活不起来，宏观经济也管不起来。企业作为相对独立的商品生产经营者，它与市场的关系是鱼和水、演员和舞台的关系。宏观管理作为乐队的指挥，同样要面对这个大舞台和成群的演员。

把商品从只限于消费品而扩大到各种生产要素，把市场从只限于消费品和农业生产资料而扩大到一切生产资料以及资金、劳动力和技术、信息、房地产等，是我国这次体制改革的很大突破。于是而有市场体系的目标模式，就是不仅要使商品市场或物品市场渐趋完善，并且要使其他生产要素市场从被禁锢到开放、从不发达到逐步发达起来。当然，在公有制基础上，各种生产要素市场有它的特殊性，例如劳动力的商品属性和市场形成是否要有一定限制，土地、自然资源的商品化究竟达到什么程度，都有待进一步的理论研讨。

由于主客观的原因，我国原来的市场很不发达，完善市场体系要有一个长过程。这几年市场的开拓和孕育、发展，并不平衡。消费品市场大体放开，少数基本生活资料和供不应求商品还有限量或凭证券购买，地区之间也还有或明或暗的封锁。生产资料市场有了扩大，某些重要物资的市场交易部分对计划调拨部分的比例不断提高。拆借、贴现等短期资金市场已经出现，长期资金市场即直接的投资市场或债券、股票市场略有出现。劳动力的自由流动在农村、城乡之间和少数行业、地区之间稍有松动，但成为合法的市场还有不少问题。技术市场初呈星火之势，未达燎原之盛。住宅商品化，还在试点和起始阶段。与此相应，有关的市场机制也很不健全。这都说明，完善市场体系和健全市场机制还要付出极大努力。大家已经看到，这项枢纽关系到微宏两头，在双重体制向目标模式转换中的位置越来越上升。只有市场体系完善之日，才是目标模式实现之时。

七、模式转换的归宿：国家的经济管理由以直接控制为主转向以间接控制为主

在模式转换中，强调增强企业活力和完善市场体系的重要性，决不意味着可以忽视宏观管理的地位和作用。宏观管理成为国家经济职能的集中表现，也是增强企业活力和完善市场体制的必要条件。企业活力的增强要求伴之以宏观管理的更加有效，才能达到活而不乱。否则，宏观经济一旦乱了，企业就活不起来。同时，市场体系的完善也要求宏观管理的相应改革。舍此，或者是管得过死，或者是根本不管，都不利于市场的发育及其协调地运行。另一方面，实行宏观管理的改革又必须以增强企业活力为基础，以完善市场体系为前提。企业缺乏活力，对宏观管理的市场信号或政策信号不能做出灵敏反应；或者市场体系残缺、市场机制迟钝，都会影响宏观管理的有效实现。

宏观管理，与传统体制下的综合平衡，目的性是一致的。区别在于手段和方式。传统的综合平衡通过指令性计划，对企业

进行直接控制。在传统的综合平衡中，实物生产和分配的平衡占了主要地位。现在所说的加强宏观管理，是转向以间接控制为主，主要是通过社会需求和供给总量和结构，从价值量上进行调控，达到经济运行的协调和均衡。宏观管理的这种转换，把控制对象由直接对企业转向通过市场这个中介体，这也是整个体制模式转换的主要内容。目前，正处于两种控制方式并存并要求将重点逐步由前者转向后者的时刻。"六五"时期出现两次总需求过度膨胀的局面：一次在1981年，那时宏观经济管理主要还是实行直接控制，因此那次宏观失衡主要靠行政手段来压缩投资而得到解决。另一次在1984年年末，已经开始转向部分的间接控制，照理应该较多地靠财政、货币政策来压缩投资需求、消费需求而求得解决；但实际上由于企业机制不灵和市场发育不足，仍不得不依靠指标、额度等行政手段，使改革的进程发生了一点曲折。由此可见，改革进程中宏观控制的转换十分重要，也十分艰巨。因此，整个模式转换的成功，有赖于间接控制体系的健全；不妨认为，它是实现改革的一个归宿或终点。

建立和健全间接控制体系，主要表现为经济杠杆和经济参数的逐步完善化。这里，有两个问题必须讲清楚。有一种看法，认为我国宏观经济管理改革的目标模式可以照搬西方国家实行的那一套以财政货币政策为核心的客观管理系统。诚然，对于商品经济高度发达国家的宏观管理经验，我们可以借鉴。但是，宏观控制或宏观调节以经济利益为依托，社会主义以公有制为基础的经济利益结构中存在着与个别利益相联系的共同利益层次，要求国家掌握更充分的宏观经济计划决策权，以协调整个经济的有效运行。我国商品经济还不很发达，又有公有制和有计划的特殊属性，不能完全照搬西方那一套经验。还有一种看法，把计划作为行政手段，有它就是直接控制，间接控制就不能有它。其实，指令性计划才具有行政手段的性质。指导性计划作为宏观管理的战略依据，本身不具有行政性，对企业没有强制力，它的实现还要通过各项经济手段。所以，改革计划体制，搞好计划工作，仍是加强和改善宏观管理不可缺少的方面。

在宏观管理上，由直接控制通过双重体制向间接控制为主转换，主要线索是：逐步缩小指令性计划，逐步扩大指导性计划；宏观管理的内容从直接控制资源分配，逐步转向控制供需总量及其构成；宏观管理的对象也从企业逐步转向市场（不仅是产品市场，并且包括各种生产要素市场）；控制的手段和方式，越来越转向抓经济政策、经济杠杆和经济参数（市场参数和政策参数）；经济政策本身则从确定性较差的非法令性文件转向规范化的法律和规章制度。随着企业活力的增强，对市场的依赖度越来越大，随着市场体系的完善和市场机制的健全，市场的可控性或可调性也越来越大；在企业改革与市场改革的基础上，以间接控制为主的宏观管理体系终将实现，从而实现整个经济体制的改革目标模式。

发展社会主义商品经济的意义[*]

（1987年8月）

这一讲，我准备谈三个问题。第一，社会主义经济是商品经济的认识来之不易；第二，商品经济的充分发展，是社会主义经济发展不可逾越的阶段；第三，发展商品经济不会导致发展资本主义。

一、社会主义经济是商品经济的认识来之不易

发展社会主义商品经济，是社会主义国家经济体制改革中的一个带根本性的问题。由于是一个根本问题，所以涉及的方面很多，范围也很广。今天在这里着重从理论上谈谈发展社会主义商品经济的问题。党的十二届三中全会通过的《中共中央关于经济体制改革的决定》明确指出，社会主义经济是在公有制基础上的有计划的商品经济。这是在我们党的决定和文件中，第一次对社会主义经济的性质和特征做出的全面性概括和规定。这个深刻的概括是来之不易的。不但对今后我国的社会主义现代化建设具有根本性的指导意义，也是对马克思主义政治经济学的重大贡献。

马克思主义的创始人马克思和恩格斯生活在19世纪的资本主义社会。他们看到了当时发达的商品经济，分析了资本主义私有制基础上的商品经济中的矛盾，认为随着资本主义私有制转化为

* 原载《社会主义商品经济问题讲话》第一讲，北京出版社1987年版。

社会主义的公有制，商品生产和商品交换将不再存在。马克思在《哥达纲领批判》中说："在一个集体的、以共同占有生产资料为基础的社会里，生产者并不交换自己的产品，耗费在产品生产上的劳动，在这里也不表现为这些产品的价值。"恩格斯在《反杜林论》中也说："一旦社会占有了生产资料，商品生产就将被消除，社会生产内部的无政府状态将为有计划的自觉的组织所代替。"在这里，马克思和恩格斯预言社会主义革命在经济发达的资本主义国家取得胜利以后，商品货币关系将会消亡，社会将实行直接的资源分配、劳动分配和产品分配。

列宁对商品经济在社会主义社会的命运认识有一个发展的过程。他曾经在《国家与革命》这部著作中，设想未来的社会主义社会是一个辛迪加。也就是说全社会是一个大企业。十月革命胜利后，列宁和俄共开始按照这种构想来组织社会主义经济，他们想创造条件取消商品和货币，用产品交换来代替商品交换。后来由于内战的发生，当时只能实行战时共产主义。布哈林在回顾这一过程的时候说："我们当时并不是把战时共产主义看作是一种军事制度，即国内战争这一特定阶段中需要实行的制度，而是把它看作是胜利了的无产阶级普遍应采取的政策。"但是，列宁很快发现，这样做是不行的。他说："我们在这方面犯了很多错误，做得过分了；我们在贸易国有化和工业国有化方面，在禁止周转方面做得过分了。"所以以后转而实行了新经济政策，鼓励商品生产，扩大商品流通，发挥税收、价格等经济杠杆的作用。在国营企业中实行经济核算制。"从国家资本主义转到国家调节商品和货币流通。"这样，就使新生的社会主义经济很快地摆脱了困境。但是，由于列宁的去世，苏联没有来得及总结新经济政策的经验，对于商品货币关系究竟是权宜之计，还是提示了长远的发展方向的问题，没有做出明确的回答。

斯大林执政以后，把新经济政策看作暂时的退却。随着工业化和全盘集体化高潮的到来，重新强调高度集中统一和采用行政手段管理经济，计划管理的范围很宽，管得很死。斯大林在完成农业集体化以后曾经指出，社会主义有两种公有制，也就是全民所有制和集体所有制并存；所以就存在两个阶级：工人阶级和农民阶级，这就需要有交换。但是对于这两种公有制之间的交换是不是商品交换，斯大林长期以来没有明确的说明和论证，苏联理论界也一直在争论。到了1943年，斯大林才开始承认社会主义制度下存在价值规律，但是又认为社会主义制度下的价值规律是"经过改造"的。只是到了1952年，斯大林才在《苏联社会主义经济问题》这本著作中，肯定了社会主义经济中还存在商品生产和价值规律。斯大林认为，社会主义制度下存在商品生产和价值规律，是因为社会主义社会存在全民所有制和集体所有制两种公有制形式。全民所有制的国营企业之间是不是存在商品交换，斯大林是持否定态度的。他还认为生产资料不是商品，并且强调价值规律对生产资料生产是不起调节作用的，生产资料"脱出了价值规律发生作用的范围"。对于全民所有制企业之间实际存在的商品交换，斯大林主张用产品交换来代替。总的来看，斯大林是把整个国营经济当作一个大工厂、一个辛迪加的。苏联的高度集中的计划经济模式，正是建立在这样的认识基础上的。

　　上面的这些情况说明，马克思主义经典作家并没有为社会主义搞商品经济提供什么现成的结论。他们对于社会主义社会的一些构想和论述，在社会主义建设过程中不断受到实践的检验。20世纪50年代以后，高度集中的传统计划经济模式的弊端，日益显露出来。这主要表现在以下几个方面：第一，经济成分和所有制形式日益单一化。经济决策权高度集中在国家机构手中，企业的经济活动只能听命于上级领导机构。在这种情况下，全民所有制企业既不是相对独立的商品生产者和经营者，又没有相对独立的经济利益，不负盈亏责任。第二，经济活动的调节主要依靠行政手段，基本上不存在市场机制对经济的协调。不适应价值规律的作用，结果使价格严重背离价值，造成比例失调。第三，在企业的组织结构上政企不分，纵向隶属关系为主，地方、企业都追求自成体系，形成了分割化和封闭化的组织结构。这种条块分割切断了商品经济固有的横向经济联系，阻碍了社会主义经济的发展。第四，在收入分配上企业吃国家的"大锅饭"，职工吃企业的"大锅饭"，不能调动企业和职工的积极性。正因为高度集中统一的计划经济模式有上面这些弊端，所以许多社会主义国家20世纪50年代以后陆续开始走上了经济改革的道路，对于社会主义经济性质的理论认识也逐步深化。可以这样说，发展商品货币关系是当今世界上各个社会主义国家进行经济改革中面临的共同课题。南斯拉夫是这样，匈牙利是这样，其他社会主义国家也是这样。尽管各个国家的经济体制改革按照各自选择的方向发展，对社会主义经济中商品货币关系的理论概括也有差别，但是有一个共同的特点，就是在不同程度上承认与发展社会主义的商品经济。

我们中国对于在社会主义条件下搞商品经济的问题，也经历了曲折的历程。在新中国成立初期，由于多种经济成分并存，搞商品经济是很自然的事情。斯大林的《社会主义经济问题》这本书出来以后，我们学习了这一理论，并且按照苏联的高度集中的计划经济模式建设我们的经济。1956年提出"双百"方针以后，对于我国社会主义商品经济的讨论活跃过一阵子。但是，接着是反右派、大跃进、公社化，"共产风"刮了起来，于是商品经济消亡论就流行起来了。针对这种情况毛泽东同志曾经指出，我国的商品生产还很落后，还要大发展，商品的范围不限于个人消费品，有些生产资料也属于商品。在完全社会主义的全民所有制中，有些地方仍然需要通过商品来交换。他还指出，价值规律"是一个伟大的学校，只有利用它，才有可能教会我们的几千万干部和几万万人民，才有可能建设我们的社会主义和共产主义。否则一切都不可能"。可惜的是，毛泽东同志的这些正确的思想没有很好地在实践中贯彻。毛泽东同志晚年，出现了理论上的倒退，认为社会主义社会商品制度和货币交换跟旧社会没有多少差别，只能在无产阶级专政下加以限制。在"文化大革命"中，"四人帮"别有用心地把商品生产和资本主义等同起来，借口"堵资本主义的路"，到处"割私有制的尾巴"，实际上是竭力限制商品货币关系和价值规律的作用，商品经济的发展自然就更加困难了。

　　上面说的这种状况，直到党的十一届三中全会以后才开始根本扭转。我国的经济体制改革是从农村开始的，传统的排斥商品货币关系的经济体制首先是在农村突破的。但是在开头一段时间里，理论界一般只是提发展商品生产和商品交换，不太敢提发展商品经济。理论界对于商品经济是不是社会主义经济的属性问题，对于计划和市场的关系问题，认识有比较大的反复。有的同志曾经认为，在我国尽管还存在着商品生产和商品交换，但是绝不能把我们的经济概括为商品经济。如果作这样的概括，就会模糊有计划发展的社会主义经济和无政府状态的资本主义经济之间的界限，模糊社会主义经济和资本主义经济的本质区别。这种看法实际上仍然是把商品经济等同于资本主义经济。与此同时，人们认为只有指令性计划才是计划经济的基本标志，而把扩大引用市场机制的指导性计划的主张，看成是削弱计划经济、削弱社会主义公有制的。这些说法，都还没有跳出把商品经济同计划经济对立起来的老框框。这个重大理论问题的争论，直到党的十二届三中全会，才做出了明确的科学的结论。中共中央的《决定》确认社会主义经济是有计划的商品经济，这就从理论上突破了传统经济思想的束缚。这一认识上的发展是很不容易得来的，说明我们在社会主义条件下搞商品经济的确是马克思主义的新问题，不能够从马克思主义经典著作中找到现成的答案，必须通过实践进行不断的探索才能得到解决。

二、商品经济的充分发展，是社会主义经济发展不可逾越的阶段

对社会主义经济来说，为什么商品经济也是社会经济发展不可逾越的阶段呢？我认为有两个方面的原因，一方面，社会主义社会存在着广泛的社会分工，这是商品经济存在和发展的一般前提条件。另一方面，在社会主义社会里，不仅存在公有制的不同形式，存在以公有制为主体的多种所有制形式，它们之间需要通过商品交换来建立彼此的经济联系；就是在全民所有制内部，由于个别劳动和社会劳动的差别还存在，由于劳动还主要是人们的谋生手段，社会还要承认不同劳动者的能力是一种"天然特权"，因此人与人之间、企业与企业之间，仍然存在着在根本利益一致的前提下的经济利益的差别。这种经济利益的差别和矛盾，决定了它不可能把整个社会经济的运行当作一个辛迪加、一个大工厂来对待，而必须按照等价交换的商品经济原则来调节，这就必然存在商品货币关系。

理论界也有人认为，用利益差别来论证社会主义商品经济关系存在的必然性不符合马克思主义经典著作对商品关系的解释。的确，马克思主义经典著作反复讲过，作为商品首先是私人产品，私有制一旦消灭，商品关系就不再存在这些话。但是，商品关系不是起源于私有制，这是马克思也早就讲过的，只是以往我们对马克思的这些论述没有引起足够的注意，甚至被人们遗忘罢了。例如，马克思在《资本论》第1卷开头就曾经指出：商品关系体现的是在经济上"彼此当作外人看待的关系"，"在古代，商品交换是在共同体的尽头，在它们与别的共同体或其他成

员接触的地方开始的"。显然，当时并没有出现私有制，商品关系最早是在两个原始共同体之间交换商品的时候发生的，他们各自用自己的产品去交换对方的产品。从马克思的这些论述中我们可以看出，只要存在经济上的你我界限，彼此当作外人看待，就存在商品关系的根源。这种分析是符合马克思的原意的，所以我们说，用经济利益上的差别来说明社会主义商品关系存在的必然性，是符合马克思主义经典作家论述商品关系的精神的。

既然从马克思主义经典作家的论述精神中，可以解释社会主义商品存在的原因，那么为什么经典作家又预言在实行按劳分配的社会主义社会中，商品关系将不再存在呢？对这个问题的回答是多种多样的。我想介绍其中的一种看法供大家参考。

在马克思生活的年代，生产力的发展水平还是不高的，技术发展也远不像今天这样日新月异。那时候的产品品种少，人们的生活消费需求结构也比较简单。因此，马克思和恩格斯设想在未来实行按劳分配的时候，可以做到每个劳动者从社会获得他为社会提供了多少劳动量的凭证，这种凭证就是马克思设想的"劳动券"。然后，凭劳动券到社会的分配机关领取各种生活消费品，比如大米、面粉、糖、油、衣服等。就像我们在革命战争年代实行供给制的时候，干部、战士和其他工作人员按规定领取各种实物生活必需品那样。可是，现代科学技术的迅速发展，生产力的日益提高，一批又一批的新产品加入生活消费品的行列；随着产品质量的不断改造，消费资料中属于生存资料的部分不断缩小，属于享受资料和发展资料的部分不断增大，人们的消费需求变化很快很大。特别是随着消费构成经历着一次又一次革命性的变化，使得按劳分配通过实物形式根本行不通，面对这种情况，除了通过商品流通的形式以外，现阶段还找不到别的更好的办法来。所以，从消费品分配的角度、情况来看，同有些同志主张取消商品关系的想象相反，经济越发展，越是不能采用取消商品交换的办法来实现按劳分配；恰恰相反，经济越发展，越是需要通过商品交换来实现按劳分配。

发展商品经济，对于在我们这样一个原来经济就不发达的社会主义国家来说，十分重要，更加必要。这是因为只有发展商品经济，才能增强人们的价值观念和节约观念，促进技术进步，提高经济效益；也只有发展商品经济才能增强人们的市场观念和顾客观念，促进产需衔接，有助于在社会生产和社会消费之间建立紧密的联系；发展商品经济还将有助于冲破自然经济和条块分割的各种束缚，打破条条块块的分割和封锁，促进社会分工的专业化、协作化，促进劳动和生产的社会化。所有这些，都将有力地推动我国社会生产力的发展，加速我国社会主义现代化建设的进程。

三、发展商品经济不会导致发展资本主义

我国进行经济体制改革，发展商品经济，引起了国内外各种各样的议论和猜测。在国内，有些同志担心会走上资本主义道路；在国外，也有一些朋友存在一些疑虑和误解；有些外国人士希望我国沿着资本主义的方向进行改革。

所以会有这样一些议论，就大多数人的认识根源来说，是因为在社会主义以前，所有人类历史上有过的商品经济，都是建立在私有制经济基础上的商品经济，这样就使人们误以为发展商品经济就会发展私有经济。另外，由于在相当长的时间里，我们曾经强调"一大二公"，越"大"越"公"越好，不断地搞所有制的"升级"，不断地割资本主义私有制的"尾巴"。结果使所有制形式越来越单一化，商品经济也越来越受到限制。这样两种认识，看起来好像差别很大，实际上都是没有看到发展商品经济是完全可以建立在公有制基础上的，他们都是把发展商品经济和发

展私人资本主义经济当作是一回事，并且把壮大公有经济和限制商品经济当作是内在的必然联系。其实马克思早就说过："商品生产和商品流通是极不相同的生产方式都具有的现象，尽管它们在范围和作用方面各不相同。"历史已经表明，商品关系不等于资本主义，商品关系产生在原始社会的末期，远远先于资本主义存在，而且在资本主义以后的社会主义社会仍然要长期存在。所以说，发展商品经济并不等于就是发展资本主义。

在我国，现时存在着多种所有制，存在着多种性质的商品经济，但是占主导地位的是社会主义商品经济。我们要发展的正是这样的商品经济。社会主义的商品经济不同于资本主义的商品经济，那么它有哪些特点呢？

首先，社会主义的商品经济是建立在公有制基础上，以公有制为主体的商品经济。这是社会主义商品经济的最根本的特点。最近几年，通过所有制结构的改革，个体经济以及集体经济的个体经营形式有了很大的发展，从这当中逐渐分泌出来很少数的资金比较大、雇工比较多、带有资本主义性质的私人企业只是极少数；另外，随着对外开放，还发展了一些外资企业。非公有制经济确实有了一定程度的发展。但是，从总体上来看，全民所有制和集体所有制以外的非公有制经济，在整个国民经济中占的比例还是很小的。据1984年统计，在工业总产值中不到2％；在社会商品零售总额中不到15％，比例并不大，其中绝大部分还是自食其力，靠自己的劳动为生的。何况非公有制经济是在公有制占绝对优势的条件下活动的呢。所有制结构的多样化必须坚持公有制为主体的社会主义方向，那种认为经济改革和发展商品经济的方向，就是使原来的公有经济私有化，使集体经济个体化的看法是没有根据的。

社会主义商品经济的第二个特点是，它是有计划控制的，而不像资本主义商品经济那样，基本上是无政府状态的。商品经济就它的本性来说，有它内在的自发性，容易发生波动，走上盲目发展的道路，带来社会劳动的浪费。资本主义国家虽然对经济进行干预，但是由于私有制的存在很难从根本上克服市场经济的盲目和无政府状态。以公有制为基础的社会主义国家，可以制订发展国民经济计划，作为协调和控制整个宏观经济的依据。

当然，我们必须实事求是地认识到，在存在着商品经济的条件下，我们的国民经济计划就总体上来说，只能是粗线条的和有弹性的，不可能是无所不包的和僵死的，如果不承认这一点，就只能是官僚主义的空想。在计划的指导、调节和行政的管理下，我们就可以避免和大大减轻商品经济的盲目性和自发波动，使各项经济活动符合社会的整体利益和总的发展战略目标。

实行等量劳动和等价交换相结合的原则，走共同富裕的道路，这是社会主义商品经济的第三个特点。发展商品关系，不但意味着承认经济差别，而且会扩大经济差别，这是支配商品生产的价值规律发生作用的必然结果。发展社会主义商品经济，必然会使一部分人先富起来。我们不能通过限制商品经济的发展来限制经济差别的扩大，相反，要在坚持建立统一市场、平等竞争的原则、发挥价值规律优胜劣汰作用的同时，采取适当的影响收入分配的政策，特别是工资和奖金政策、税收政策，等等，来对不同企业、部门、地区劳动者的收入水平，进行适当的调节。既承认差别，又要使收入差别控制在适当的范围内，达到共同富裕的目的，这样才能充分调动全国劳动人民的积极性，使社会主义商品经济能够健康地发展起来。

总的来说，社会主义商品经济的发展，并不会像有些人担心的那样，恢复私有制，走向资本主义，相反，社会主义商品经济的发展，必将有力地推动社会主义现代化的进程。为了更好地实现社会主义现代化的任务，我们要学习一切有利于发展社会主义商品经济的知识，包括西方发达国家管理经济的经验。有人说，向西方学习，就是学资本主义。我认为不能笼统地这样说，我们要学的是适用于社会化大生产和发达的商品经济的知识和经验。社会化大生产和商品经济并不是资本主义专有的东西，资本主义在这方面的管理知识和经验，自然也可以用来为发展社会主义社会化大生产和商品经济服务。对于许多有利于我们发展社会主义商品经济的、值得借鉴的经验，我们不能故步自封、拒绝接受；我们决不应该害怕其中有资本主义的糟粕而因噎废食。有选择地、批判地学习发达资本主义国家管理经济的一些经验和方法，不等于学习资本主义，而是为了促进我国商品经济的发展，使它沿着社会主义的轨道前进。

发展社会主义商品经济的意义

在改革的实践中发展马克思主义经济理论*

（1987年9月）

中国八年来的经济体制改革，不但在实践上取得了显著的成就，而且在理论上取得了重大的进展，这集中地体现为对一系列传统经济理论观念的突破。中国经济体制改革理论的进展，是在党中央"解放思想、实事求是"的马克思主义思想路线指引下取得的。改革理论的发展，也就是马克思主义经济理论的发展。这里，仅就经济模式、所有制关系、调节机制及分配制度四个方面，简要评述理论上已经取得的一些主要突破和正在探索的问题。

一、确认社会主义经济模式的多样化为经济体制的全面改革提供了理论前提

长期以来，社会主义政治经济学中有一种传统观念：似乎只有按照马克思当初设想的未来社会模式建立起来的社会经济制度，才是社会主义；似乎只有按照苏联20世纪30年代到50年代形成的那一套方式和原则来组织和运行的经济，才是社会主义经济。结果，我们一方面试图完全按马克思针对生产力极大发展、

364　　*　原载《中国社会科学》1987年第5期。

社会化程度极高的社会所设想的理论模式来行事，一方面又照搬苏联在特殊历史环境下所实行的那一套体制模式。当时以为，经济体制越是符合经典著作，越是靠近苏联的传统模式，就越是社会主义。好像那就是社会主义经济的唯一可行的形式。这种传统观念在中国延续了近30年。

党的十一届三中全会提出改革、开放、搞活的方针以后，我国经济学界开始讨论中国经济体制应当朝什么方向进行改革的问题。随着改革、开放的发展，我们逐渐达到了这样一种认识：社会主义经济的组织和运行不只有一种解决办法，而可以有多种办法；不只有一种体制模式，而可以有多种模式。这是我国经济理论上的重大突破之一，表明我们的社会主义经济理论和实践已从过去简单的照抄照搬阶段转向独立的创新和发展阶段。

应该指出，最早按照新的方式而不是完全照搬马克思主义经典著作关于未来社会模式来组织社会主义经济的人，是列宁。十月革命后，列宁曾按照消灭商品货币关系的设想组织战时共产主义经济，但转入和平建设时期后，他发现这条道路行不通，便提出并实行了"新经济政策"。这是一个不同于经典作家原来设想的新的经济模式，它的基本特征是在社会主义建设中引入商品货币关系。尽管"新经济政策"在1928年后被斯大林当作过渡性办法而被取消，但是它不断启发着后人按照它的思路来探索发展社会主义的道路。从理论上最早论证社会主义经济不一定是苏联传统模式，而可以有另一种模式的人，是波兰经济学家兰格。他在30年代中期就提出社会主义计划经济也可以模拟完全竞争的市场来搞。虽然兰格模式只是一种纯理论设想，实际上并不存在，也难以实现，但是它告诉人们，社会主义经济运行并不是只有一条路子可走。在社会主义计划经济的一般原则范围内，有实现各种不同体制的解决方法的可能性。实际生活中首先突破苏联传统模式的是南斯拉夫，它发生于20世纪50年代初。以后，在60年代中期，匈牙利又开始突破。波兰、捷克等国在60年代也曾作过这种尝试。时至今日，世界社会主义经济体制形式已呈现出"百花齐放"的格局，进入了多样化发展时期。我国经济理论界确认社会主义经济体制模式不止一种，而有多种，正是对当代社会主义发展趋势的概括和反映。

我国经济理论界对于社会主义经济模式问题的认识，也有一个过程。起初，有些同志不赞成模式研究，认为我们过去搞社会主义建设没有讲什么经济模式，搞改革也没有必要谈论模式问题。当改革逐渐深入，碰到了改革措施不配套、不系统的问题，需要有一个总体性改革规划和目标设计时，理论界才普遍感到系统研究模式理论和探索中国改革的目标模式的必要性。这种认识在1981年6月党的十一届六中全会《关于建国以来党的若干历史问题的决议》中得到了体现。《决议》说，"社会主义生产关系的发展并不存在一套固定的模式，我们的任务是要根据我国生产力发展的要求，在每一个阶段上创造出与之相适应和便于继续前进的生产关系的具体形式。"

确认社会主义经济体制不只是一种固定不变的模式，而可以有不同形式，至少有以下三个重要意义：

第一，有助于理解我国当前的经济体制改革不是局部性的修修补补，而是根本性的模式改造。

在我国社会主义经济发展史上，不只有当前正在进行的这场经济体制改革。1958年和1970年，我们也曾经对经济管理体制进行过一些"改进"或"完善"，但是，过去的"改进"或"完善"，都是在不改变传统体制模式的情况下进行的局部修补，主要是围绕中央和地方的决策权限问题做文章，没有改变企业作为行政机关附属物的地位，没有改变一统的计划调节机制，没有改变国家（包括中央和地方）对经济直接管理的职能，总之，没有触及原有经济体制的基本框架和主要运行原则。这种不触及模式本身的改造而只涉及局部的修补，是不能称作"改革"的，我们过去叫"改进经济体制"，有的国家曾经叫"完善经营机制"。对于不适应生产力发展的生产关系的具体环节，对于不适应经济基础的上层建筑的具体环节，总是要不断地改进、完善，这种改进和完善的工作是经常的、永远会有的。而对于经济体制的全局改革即模式的改造，则一般要在一个比较集中的、不太长的历史时期里进行和完成的，也可能需要几十年的时间来完成，但不是无限期的。

从我国和东欧一些国家的实践经验来看，不触及体制模式本身而对原有体制的具体环节进行的修改补充，是有很大的局限性的。由于局部性变动往往会因传统体制的巨大阻力而发生反复，因而不易达到原定目的。我国过去经济体制演变中发生的"放—乱—管—死—放……"的循环，就是一个证明。某些社会主义国家过去曾讳言"改革"，只提"改进"或"完善"，在对原有模式没有多大触动的情况下，尽管对传统体制的一些破绽不断修补，但是他们的经济生活中的活力问题、质量问题、效率问题、产需衔接问题等原有模式的老毛病，老是解决不了，所以近来又不得不重提改革，即对原有经济体制进行根本性的改造。而要使改革不是限于局部完善而是直接涉及体制模式本身的改造，那么就要求理论上承认社会主义体制模式可以有多种类型、多种选择。这就为从一种体制模式向另一种体制模式转换，即社会主义经济模式的改造提供了理论前提。在我国的改革之初，也曾有同志回避讲"改革"，主张只提改进和完善经济计划体制，其思想实质是担心触动原有模式，担心模式改革会否定社会主义基本经济制度。但是，当社会主义经济多种模式的理论逐渐被普遍接受以后，这种担心也就逐渐被消除了，模式转换也就逐渐成为改革理论的热门问题。

第二，有助于正确对待历史上存在的各种模式，从中国国情出发，来设计我国经济体制改革的总体规划和目标模式。

搞经济改革，要不要有一个总体规划和目标设想？对这个问题，我们开始时也有不同认识。有的同志认为，制定改革的总体规划和目标设想没有什么意义，因为改革对于我们来说是个新事物，要通过一步步的实践和探索，才能摸清前进的方向和途径，不可能事先做出一个完满的设计，全想好了再干。有的则主张，应当有一个大体的目标设想和总体计划，虽然改革中有许多随机因素会发生作用，具体改革过程通常不得不"摸着石头过河"，但是在国情研究和模式比较的基础上选定一个方向性目标和大体的路数，就可以确定改革的劲往何处使，避免走不必要的弯路甚至误入歧途。后来，随着以城市为重点的整体性改革全面铺开，理论界才在后一种看法上统一了认识，主张从我国现在的国情出发设计和选择一个总的目标模式，即建立具有中国特色的社会主义经济模式。如果在理论上没有事先明确社会主义经济的组织可以有多种体制解决办法，那么选择和设计目标模式、规划总体改革方案也是难以进行的。有了这个理论认识，还可以正确对待历史上出现的并且有些仍然存在着的各种不同的模式，比较其长短优劣及它们各自的历史作用，不至于绝对地肯定或者绝对地否定某种模式，即既不把某种模式看成是已经定型了的不可改变的，又不至于因为后来情况变化需要改革而全盘否定它过去的历史价值。比如说，现在我们认为原来那种高度集中的、以行政管理为主的、排斥市场经济的经济模式愈益不适应于现代化建设的要求，必须在坚持社会主义基本制度的前提下进行全面的改造，用新的、有中国特色的经济模式来代替它，但是对于原有经济体制在我国社会主义建设的一定时期曾经起过的积极作用，并且这种体制中包含着的好的东西和过去工作中有益的经验，我们也不应采取虚无主义否定一切的态度。这就要求我们在设计改革的目标模式时，既要考虑一种经济模式向另一种经济模式的转换，也要考虑保持经济运行过程的连续性和不同体制模式之间的继承性。另外，从国与国之间的关系来看，有了上述理论认识，既可以使我们提出的改革目标方向具有自己的特色，不去照抄照搬别国模式，又可以有选择地学习和借鉴不同国别模式的优点，不会因为我们要创造一种适合我国特点的新型模式而轻率地否定别国模式和做法对它们自己经济发展的合理性和有效性。

第三，有助于丰富和发展马克思主义的社会主义学说。

前面我们讲过，过去我们总以为只有完全按照马克思关于未来社会的设想来建设社会主义，才是真正的社会主义，现在我们认识到，事情并不如此简单。实际上，马克思并没有为自己提出设计未来社会主义社会模式的任务。他提出的一些天才的预言，是以社会生产力有了极大的发展，生产社会化已达到很高程度的经济为对象的高度抽象。而现实的社会主义建设则是在与马克思的理论抽象有很大距离的不同条件下进行的，尤其我国当前还处在社会生产水平、生产社会化程度、商品经济发展程度都较低的社会主义初级阶段，社会主义经济的组织形式和运行机制必然呈现出不同的特点，并形成不同的模式。从理论上确认社会主义经济有不同模式的必然性，这本身就是对马克思经济学说的一个创新、一个发展。从十月革命到今天，社会主义经济发展才几十年。从历史长河看，社会主义经济建设现在还带有相当程度的试验性。目前各国都在探索适合于自己情况的发展模式和体制模式，因而对不同的社会主义经济模式进行比较研究，探索适合于中国国情的改革模式和转换途径，将深化马克思主义关于社会主义经济模式的学说。这也是摆在中国理论界面前的一个重大课题。

在改革的实践中发展马克思主义经济理论

二、确认社会主义所有制不是越大越公越纯越好而应是公有制为主体条件下的多样化发展

社会主义社会应当建立什么样的所有制结构？这是当前马克思主义的经济理论碰到的基本理论问题之一，也是建设具有中国特色的社会主义经济体制首先要着力解决的一个重大实践问题。改革前，人们对这个问题的误解最多，简单化倾向最甚，在"社会主义"的名义下附加了一些现在看来不是社会主义的东西。其表现主要有三点：

（1）误认为所有制越大越公越好，越大越公就越是社会主义。把全民所有制或国家所有制看成是公有制的最优和最高形式，集体所有制是低级形式，它应当尽可能"升级"到国有制，结果导致公有制形式朝单一的国有化方向发展。

（2）误认为公有制越"纯"越好，越"纯"就越是社会主义。一方面认为个体经济等非公有制形式与社会主义水火不相容，一方面又强调各不同公有制主体之间界限分明、互相隔绝，结果导致经济形式的封闭化。

（3）误认为公有制形式内部所有权和经营权必须是统一的，不但集体所有必须集体经营，而且国家所有必须国家经营，以为越"统"、越"集中"越好，结果导致经营形式的单一化。在近8年的改革实践中，我们突破了这些传统观念，使社会主义所有制理论获得了新的发展。

1. 破除越大越公越好的旧观念，确立由生产力性质决定所有制结构的新观念

在社会主义改造基本完成到党的十一届三中全会以前，我国所有制模式只有国家所有制和集体所有制两种并存的公有制模式。在一个相当长的时间里，由于"左"的错误，以为衡量社

主义程度的高低与社会生产力发展水平无关，而仅仅在于生产关系的先进与否，在于是否将"小集体"过渡到"大集体"，将集体所有过渡到全民所有；加上"文化大革命"10年中"四人帮"的干扰破坏，在越"大"越"公"越好的思想影响下，把集体所有制当作"集体资本主义"批判，结果使所有制模式越来越单一，越来越僵化。农村人民公社实行"政社合一"，竭力往"全民"过渡；在城镇，集体经济实际上变成了地方国营经济，国营经济政企职责不分，成了国家行政机构的附属物。这种单一化的所有制格局，不但降低了效率，助长了官僚主义，阻碍了生产力发展，而且使经济体制日益僵化，使得社会主义制度的优越性不能真正发挥出来。

改革突破了这一格局，革新了理论观念。我们从这几年所有制关系改革的实践中得出一条基本经验是：所有制形式的选择不应当由主观上的理想追求来决定，而应当由生产力水平、生产力组织的客观性质以及发展生产力和提高经济效率的客观要求来决定。中国现在既有现代化的大生产，也有落后的小生产，既有机械化、自动化操作，也有大量的手工劳动。即使就现代化生产力的发展来说，它也不是单纯朝着大规模统一集中的单一方向发展，而是出现了集中化与分散化的多种趋势。社会化、集中化程度较高的大生产适宜于采取全民所有形式，而分散化的小生产则比较适合于非公有性的个体或私人经营。集体所有制是一种兼容性很大的所有制形式，它可以兼容社会化程度不同的生产力，即不但可以和生产力发展水平不高、规模较小的生产过程相结合，而且可以和具有现代生产力水平及规模较大的生产过程相结合。所以，不能简单地说小集体不如大集体，集体不如全民。体现社会主义公有制优越性的标准不在于公有制规模的大小和公有化水平的高低，而在于这种公有制形式是适合还是不适合生产力发展的要求，是否有利于调动劳动者的积极性和资源利用的有效性。

"越大越公越好"的观念实际上是违反马克思主义关于生产关系必须适合于生产力性质的基本原理的。这一错误观念的破除，不但使我们回到了马克思主义的正确观点，而且为我们根据生产力的多层次性，正确选择所有制结构提供了理论依据，大大推进了我国所有制关系改革的实践和理论的发展。

2. 破除越"纯"越好的旧观念，确立多种所有制同时并存、相互交融的新观念

与"越大越公越好"相联系的是社会主义所有制越"纯"越好。这也是传统观念给社会主义附加上去的东西。这种观念认为，社会主义所有制应当是纯而又纯的，社会主义社会应当只容许公有制存在，而不应当允许非公有制成分存在。虽然在50年代中期以前和60年代上半期，经济学界曾有不少同志写文章论证中国在相当长的时期内应当允许个体经济有一个合理的存在范围并允许其发展，但在生产资料的社会主义改造基本完成以后，特别是从1958年到1979年以前，占支配地位的观点则是把非公有制成分当作社会主义的异物来看待。这样，不但个体经济不断被排挤而濒于消灭，而且农村人民公社社员的少量自留地和家庭副业也被当作"资本主义的尾巴"受到反复的刈割。另外，认为社会主义所有制要纯而又纯的另一个表现是强调不同经济单位（企业）的所有制形式的纯一性和排他性，全民、集体、个体等不同所有制处于相互隔绝、界限分明的状态。因此，每种具体的所有制形式是自我封闭的。

几年来的经济体制改革打破了原来公有制经济单一化的格局。首先是个体经济有了一个相当的发展。其次，在集体所有制内部，出现了多种所有制形式的新组合。拿乡村企业来说，这里既有从过去人民公社、生产大队筹资自办的社队企业演变过来的、以乡或村为范围的所谓"苏南模式"的集体所有制企业；又有以家庭工商业为基础的户办或联户办的所谓"温州模式"的个

体经济或新型合作经济；还有介于二者之间采取各种不同组合的所谓"混合所有制"经济。另外，在城乡之间以及在城市经济内部，形成了跨越不同所有制界限、跨地区、跨部门的新的经济联合体和企业群体。这样，企业的所有制性质越来越不纯一，全民所有制、集体所有制和个体所有制不再像过去那样互相隔离、壁垒森严，开始出现了不同所有制之间的相互渗透和相互融合，形成了全民与全民、集体与集体、全民与集体、全民与个人、集体与个人、内资与外资的联合，产生了各种类型的"合营企业"。在保持公有制为主体的前提下，非公有经济的发展，以及不同所有制之间彼此渗透和互相融合，大大地活跃了城乡经济生活，刷新了社会主义社会的所有制观念。

我们知道，马克思从来没有把哪个社会经济形态看成是纯一的。他指出，在一切社会形式中都有一种典型的生产关系，就像"一种普照的光"，支配着、影响着其他一切生产关系。他把"以自己劳动为基础的个人所有制""资本家所有制""公有制"等当作先后继起的不同社会经济发展阶段的典型所有制形式来阐述，并不否定各个社会发展阶段其他从属形式的存在。所以，那种认为社会主义社会所有制必须纯一的观点，既不符合马克思主义的理论，也不符合现代社会主义的实际。经济改革纠正了这一错误观点，并将社会主义所有制理论推进到了一个新的境界，这就是确认包括某些非公有制成分在内的多种所有制形式的共同发展和相互渗透，在保持公有制为主体这一"普照的光"的照耀下，已经并将进一步给当代中国社会主义经济的发展带来日益增加的活力。

3. 破除越"统"越好的旧观念，确立所有权和经营权可以分离的新观念

在所有制关系问题上，还有一个传统观念，就是认为公有制经济应当实行所有权和经营权的统一，国家所有必须实行国家经

营。认为"两权分开"只适用于私有制经济，不适用于公有制经济。虽然在20世纪60年代初有的同志提出了全民所有制企业中生产资料的所有、占有、支配、使用等"四权"，可以适当分开，但未引起理论界的重视，甚至以为这会损害公有制。从党的十一届三中全会以后，理论界逐渐突破了"所有权和经营权必须统一"的旧观念，到了党的十二届三中全会明确提出"所有权同经营权可以适当分开"的新观念，越来越多的同志认识到，此种分离是使经营形式多样化的条件和理论基础。

在八年来的改革实践中，由"两权统一"向"两权分离"的过渡，先是在农村集体所有制经济范围内进行的。在农村实行的家庭联产承包责任制，就土地所有制关系来说，也是所有权（集体所有）同经营权（农户经营）分开的一种形式。除了一部分原来生产条件很好的集体所有制和个体工商户，资产所有权与经营权还是合一的以外，很多合作企业和集体所有制企业都实行了两权分开。其形式是"集体共有、小集团经营"；"集体共有、个体经营"；"集体成员分股占有、少数人承包经营"；等等。因此，目前农村经济已经打破了改革前那样一种单纯"集体所有、集体经营"的清一色的格局。我国城市的集体所有制经济和原来的国营小型企业在实行承包租赁的场合，也实现了资产所有权与经营权的分开。近几年来，我们又试图通过利改税，实行承包经营责任制等办法，探索在国营大中型企业实现"两权分离"的途径。前面讲的不同所有制相互渗透和打破条块界限形成的各种联合，有不少采取了股份制的形式，这也是两权分开的一种方式。尽管还有许多理论和实际问题要研究解决，但由"两权统一"转向"两权分开"的改革方向已被实践证明是正确的，是有利于从根本上解决增强企业活力这一改革的核心问题的，因而不能不认为是我国社会主义经济发展史和社会主义经济理论发展史上的又一个重要突破。

以上三"破"三"立"仅仅是对我国近八年所有制改革理论和实践所取得的基本成就的简单概括，说明改革丰富和发展了社会主义所有制学说。但是所有制改革还有许多实际问题需要继续研究和深入探索。其中最为突出的是大中型国营企业的所有制关系的改革问题，寻求将所有权和经营权分开的适宜形式问题。在这方面，近一两年来，理论界提出了一些设想，如承包制、租赁制、资产经营责任制及股份制等，并在一些地方和企业进行了试点。前些时候有的同志把承包制、租赁制、股份制等，看成是搞私有化、看成是资本主义的东西。其实，这些都是所有权与经营权分开的形式，资本主义可以采用，社会主义也可以利用。只要把所有权控制在国家和集体手中，并且杜绝化大公为小公、化公为私的行为，就不会引起公有制性质的根本变化。总之，我们一方面要澄清那种担心所有制改革会导向私有化和资本主义化的无根据的忧虑，另一方面也要警惕某些把所有制关系改革引向邪路的主张。我们强调在社会主义条件下所有制形式、经济形式和经营形式的多样化发展，是"以公有制为主体"为前提的。只要这一原则不放弃，社会主义方向就不会改变。

三、确认社会主义经济运行机制不是单一的计划调节，可以实行计划和市场相结合

在1978年党的十一届三中全会以前，我国在经济运行机制问题上广泛流行的观念是：社会主义经济只能是计划经济，它的运行只能由计划来调节；商品经济和市场调节是资本主义的东西。因此，社会主义和资本主义的对立表现为计划经济与商品经济的对立和计划与市场的对立。中国八年来的改革实践和经济理论突破了这一观念。

认为社会主义经济同商品经济、同市场调节不相容，在表面

上符合马克思的设想，但实际上是不符合科学社会主义在当代实践中的发展要求的。不错，马克思、恩格斯设想的社会主义是把全社会当作一个大工厂来看待，在那里，全部社会劳动、经济资源及社会产品都由计划来分配，不存在市场机制，不存在商品和货币。但是，这个构想除了其高度抽象性特征外，是以生产力高度发展、生产过程高度社会化、社会经济发展已经达到了发达商品经济阶段为前提的。在这些前提基本上都不具备的基础上建立起来的社会主义，特别是在社会主义发展的初级阶段，如果硬要原封不动地照搬经典著作，结果只会是把具体、复杂、多变的实际经济过程理想化，而且由于自然经济势力的深厚影响，必将是名义上按马、恩设想办事，实际上却是按传统的自然经济的办法来改造社会经济，结果使社会主义变成为一种粗陋的形式。

因此，在现代社会主义阶段，尤其在其初级阶段，我们只能从现实的社会生产力水平出发并按照发展社会生产力的要求，在保留和完善计划调节的前提下，引入市场机制，发展商品经济，建立使计划经济和商品经济、计划调节和市场调节有机地结合起来的社会主义经济运行机制。这是从我国社会主义经济建设实践中引出的一个基本结论。

从理论发展史的角度看，我国在改革前的30年中，经济学界曾多次进行过关于价值规律在社会主义经济中作用问题的讨论，提出了很多好思想。孙冶方同志就提出过"把计划和统计放在价值规律基础上"的著名论点；顾准同志就提出过有点类似于"市场调节"的"自动调节"思想；等等。但可惜的是，这些思想要么是被当作"修正主义"思想批判了，要么是还有点羞羞答答，这就使理论界占支配地位的观点仍然是把商品经济和社会主义对立起来，把计划和市场对立起来。我们从孙冶方同志当年的著作中读到"社会主义经济不同于资本主义经济的地方"，"在于以计划代替了市场，以计划分配代替了买卖"这样的论述，就可见计划和市场对立的观念在过去经济学界的理论思维中扎得多么深！在我国，旗帜鲜明地突破计划和市场相排斥的观念，提出计划和市场可以有机地结合起来，是党的十一届三中全会以后的事。经过四五年的讨论，大家逐渐取得了统一的认识，其标志是，党的十二届三中全会通过的《中共中央关于经济体制改革的决定》明确肯定："社会主义经济是在公有制基础上的有计划的商品经济"，提出"实行计划经济同运用价值规律、发展商品经济，不是互相排斥的，而是统一的，把它们对立起来是错误的"。一举破除了在计划经济与商品经济、计划与市场关系问题上长期占统治地位的僵化观点，从而也指明了中国经济改革在运行机制上所要达到的目标，即计划调节与市场调节有机结合的目标，这是在中国经济改革理论的发展中，迈出的具有划时代意义的一步。

确立我国社会主义经济是"有计划的商品经济"，在理论上有三个重要意义：第一，它把社会主义经济同分散自给的自然经济区别开来。这就是说，在中国搞社会主义，一个首要的任务是彻底破除自然经济论的影响，用社会主义商品经济观来战胜自给自足和封闭自守的自然经济观，因为自然经济的传统势力是我们发展社会主义生产力的一个根本障碍。第二，它把社会主义经济同未来社会物质丰裕的产品经济区分开来。在我国现阶段生产力还不发达，产品还不丰裕，科学技术和方法还很落后的情况下，我们不能越过商品经济阶段搞产品经济，想要在自然经济环境下搞产品经济也是不现实的，硬要搞，就只能搞带有军事共产主义供给制因素的、传统的集中计划经济，使经济调节和运行中盛行集中化、实物化、封闭化和平均主义化，使社会主义的优越性难以发挥出来。第三，它把社会主义经济同资本主义社会的无计划商品经济区别开来。商品经济可以划分为两个类型：一是无政府状态的商品经济，二是有计划的商品经济。中国社会主义在经过了三十多年的发展之后，已经积累了许多计划管理的经验，绝不能把这些经验都一概说成是僵化的东西，其中有不少经过完善以后，对建立有计划的商品经济是有用的。我们也应当吸收西方国家发展商品经济的经验中适合于中国情况的东西，但绝不能把西方那种无政府状态的商品经济现成地全盘移植到中国来。总之，我们的改革是要在发展商品经济和利用市场机制的同时，加强计划指导和宏观控制，创立有自己特色的有计划商品经济。这三个理论意义同时向中国的经济发展提出了三个任务：

（1）冲破来自我们经济机体内部的自然经济传统和影响；

（2）遏止过早地跳跃到产品经济阶段；

（3）排除来自西方资本主义世界的自由经济主义的影响。实践证明，如果发展目标含混不清，就有可能随时向其中某种形式上靠，从而走上弯路和歧途。因此，我们应头脑清醒，坚定不移地沿着发展有计划商品经济的方向前进。

提出"有计划商品经济"的概念，确认计划和市场可以结合，首先碰到对计划和对市场的认识问题。在计划方面，过去有三个观念：

（1）计划只能是指令的。这个思想是从斯大林那里来的。斯大林认为，计划不是预测，不是建议，而是指令。

（2）计划应包括国民经济一切方面和细节，不仅包括控制宏观领域，而且包括控制微观领域。这个思想产生于对马克思和列宁曾把未来社会看成是一个辛迪加、一个大工厂思想的片面理解。

（3）计划实施方式主要采取实物指标体系，实行直接的计划分配。这是自然经济论影响的结果。

随着我国计划体制的改革，上述三个旧观念转变成了三个新观念：

（1）计划管理并不等于实行指令性计划，它也可以是指导性计划。改革应当逐渐缩小指令性计划，扩大指导性计划，改革后的计划应当以指导性计划为主，和市场结合的那个计划就是指导性计划。

（2）计划不能包罗万象，一般不需要涉及微观经济活动的具体细节，而主要是组织经济的宏观平衡，依据市场法则协调微观活动。

（3）计划的实现不一定都要采取计划指标体系，更不应当主要依靠实物指标体系，而应当更多地运用经济政策和价格、税收、利率、汇率等经济参数来调节经济活动。这样，在计划和市场相结合的新概念下，计划的含义发生了变化，计划的内容也要逐步加以更新。

在"有计划的商品经济"概念下，市场的含义也在改变。过去认为，社会主义经济中，只有消费品是商品，而实践中只有那些不是凭票证配给供应的消费品才受市场法则支配；生产资料不是商品，不能进入市场；至于资金、技术、房地产、劳动力等生产要素，更是绝对地被排除在市场之外。改革以来，随着计划指导下市场调节范围的扩大，市场的概念也在逐渐扩大。现在，不仅消费品，而且生产资料都被承认是商品而越来越多地进入市场；不仅承认作为商品的物品市场，而且承认资金、技术、劳动力、房地产等生产要素也可以形成市场。尽管各种要素市场的性质及其范围要有什么限制等还有许多问题需要讨论，但是提出建立和完善包括商品市场和要素市场在内的社会主义市场体系这一新概念，无疑是对社会主义经济理论的一个重要发展。

计划和市场结合的一个重要理论问题是"结合"的目标模式及其过渡的问题。严格说来，当代各社会主义国家在改革之前虽然理论上盛行"计划—市场排斥论"，但在实际过程中，各社会主义国家在改革前市场也并未完全绝迹。不过，改革前的市场不具有对整个国民经济运行进行调节的作用，市场只是存在于大一统的计划体系中的"被遗忘的角落"。因此，在一定意义上可以说，改革前的经济是大一统的计划统制的经济。在理论上突破"计划—市场排斥论"，提出"计划—市场结合论"后，经济学界提出了几种计划与市场相结合的模式。第一种是"板块式结合"，即在原来大一统的计划统制的旁边，出现一块"计划外"的市场调节。第二种是"渗透式结合"，即上述计划和市场两个并行的板块，各自渗透了对立面的因素；计划调节这一块要考虑价值规律的要求，而市场调节这一块则要受宏观计划的指导和约束。第三种是"胶体式结合"，即计划与市场不再是分别调节国民经济不同部分的两个并立的板块，而是有机地融为一体，在不同层次上调节国民经济的运行：计划主要调节宏观层次，市场主要调节微观层次的经济活动，但是宏观平衡要以市场供求变动趋势为依据，而微观活动又必须接受宏观计划的指导。这样一种计划与市场、宏观与微观有机结合的体制，现在理论界把它进一步概括为"国家调节市场，市场引导企业"的简明公式，这样就把企业行为、市场机制和国家管理这三个基本的体制环节有机地构造成为一体，而以市场机制为其枢纽。

上述几种计划与市场相结合的模式，与其说是互相排斥的选择目标，毋宁说是互相衔接的发展阶段，即（1）从大一统的计划统制模式发展为（2）改革初始阶段出现的计划与市场的板块式结合，再发展为（3）改革深入阶段出现的两块的渗透与重叠，最后发展到（4）计划与市场在整个经济范围的有机结合。目前我国的改革大约处在第（2）向第（3）阶段的过渡中。这当然是极其简单的抽象描绘，实际进程远为错综复杂。探明中国经济运行机制的转换途径，设计有计划的商品经济的理论模型，仍然是当前中国马克思主义经济理论研究的一个重大任务。

四、破除把社会主义等同于平均主义的传统观念，探索按劳分配和商品经济相结合的收入分配格局

过去，出于对社会主义的误解而附加给社会主义的东西中，很重要的一项就是平均主义。人们以为，资本主义等私有制社会是不平等的，而社会主义则是讲平等的。平等的口号曾经吸引着千百万群众投入争取社会主义的斗争。但是，不少人误把社会主义的平等理解为收入分配的平均，把社会主义同平均主义混为一谈。这一混淆，给现实的社会主义的分配关系带来了严重的扭曲。在我国这样一个农民、小资产阶级传统意识浓厚，历史上农民运动"均贫富"思想影响久远的国家，平均主义思想有着广泛的社会基础，更易于把社会主义与平均主义等同起来。虽然新中国成立以后我们开始逐渐实行社会主义的按劳分配原则，在情况正常时也强调这一原则，但从1958年以后到1979年的大部分时间里，平均主义的思想和政策在分配领域居于统治地位，在"大跃进"和"十年动乱"时期曾两度恶性泛滥。在批判"资产阶级法权"的名义下，社会主义的按劳分配原则被说成是资本主义和修正主义的东西，计件工资和奖金制度一再被取消，基本工资长期冻结，农村在"大跃进"时期曾以供给制代替工分制，后来恢复的评工记分在很多地方实际上是没有多少差别的平均记分，等等。结果使城乡各业普遍出现了干多干少、干好干坏、干与不干一样的奇怪现象。由于平均主义直接影响着每个人的积极性，阻抑了人们勤奋上进的努力，因而对我国经济发展带来的消极后果，比之其他附加给社会主义的传统观念所带来的后果要严重得多。无怪乎当人们开始意识到传统体制必须改革，中国经济才有出路之后，经济理论界首先冲击的对象便是平均主义，最早讨论的问题便是恢复社会主义按劳分配原则问题。

马克思主义反对平均主义，但不反对平等。马克思主义讲的平等不是抽象的平等，更不是收入分配的平均主义，而是指消灭人剥削人的现象。而这种人剥削人的现象的根源在于生产资料的私有制。社会主义用生产资料公有制逐渐取代私有制，在收入分配领域逐渐用按劳分配原则取代按资分配原则，这就为实现真正的平等即人们在劳动面前的平等创造了条件。我们说按劳分配才是真正的平等，就是因为"平等就在于以同一的尺度——劳动——来计量"[①]。按劳分配承认不同个人劳动能力、劳动贡献的差别，从而承认劳动报酬收入的差别，因而它与平均主义毫无共同之处。社会主义要发展社会生产力，而平均主义则阻碍生产力的发展，因而社会主义与平均主义是相斥的而不是相容的。这些道理，其实不是什么新的改革理论，无非是把被颠倒的马克思主义的真理重新恢复起来。破除平均主义、恢复按劳分配原则，这不只是一个理论问题，首先是一个改革的实践问题。在这方面，几年来我们恢复了计件工资和奖金制度，改变了基本工资长期不变的状况，在一部分单位试行了浮动工资制，普遍进行了工资总额与经济效益或生产产量挂钩浮动的试点。这一系列的改革，相对于旧的工资分配制度来说，无疑有明显的改进。但是，由于平均主义在我国有深厚的历史背景和广大的社会基础，它的表现现在仍然随处可见。例如，不少企业给职工发的奖金，实际上是平均发放，变成变相的附加工资；又如，调整工资，各类职工相互攀比，轮番晋级，意在拉"平"，而像体力劳动和脑力劳动报酬倒挂之类的老大难问题，却并没有解决；再如，近几年滥发奖金、津贴、实物成风，即使经营不善、造成亏损的企业，工资奖金都照样发，等等。总之，旧体制中平均主义吃"大锅饭"的弊病，现在还继续困扰着我们。这说明，破除平均主义的传统

① 《马克思恩格斯选集》第3卷，人民出版社1972年版，第11页。

思想，实行按劳分配的社会主义原则，是一个十分艰巨的任务，有待于改革理论的进一步发展和改革实践的进一步深化。

几年来改革的理论和实践，在进行破除平均主义和恢复按劳分配的同时，还推出了在共同富裕的目标下让一部分人先富起来的大政策。实行这一政策不仅在于贯彻按劳分配原则，而且同发展商品经济有关。按劳分配原则承认劳动和收入的差别，在我国目前生产技术水平仍以手工劳动和机械化、半机械化生产为主，自动化生产很少，以及劳动者的文化技术水平尚低，受到中专以上和高等教育的很少的情况下，人们之间的劳动差别还比较大，在克服平均主义的过程中，劳动收入上的差距也会拉大。但是，人们的劳动差别毕竟还是有限的，尽管劳动收入的差别还会扩大，但正如一些同志所指出的，贯彻按劳分配所拉开的人们在劳动收入上的差别，终究不会很大。单靠贯彻按劳分配可以克服平均主义，在一定程度上拉开人们收入上的差距，但是不大会使一部分人先富起来。要使一部分人先富起来，就要在坚持按劳分配这个社会主义收入分配原则的同时，采取一些补充的分配形式和分配机制，形成以按劳分配为主，多种分配形式并存的格局。这正是社会主义商品经济在分配制度方面造成的格局。社会主义商品经济的存在不仅使按劳分配原则要采取商品货币形式，即通过市场关系来实现，而且还提供了一些其他非按劳分配或不完全按劳分配的补充形式。这种以按劳分配为主，多种分配形式并存的收入分配格局，又是同公有制为主体，多种所有制形式与多种经营方式并存的格局互相呼应的。所有这些，都是在提出共同富裕的目标下让一部分人先富起来这一大政策的客观依据。

从目前的情况来看，我国社会的个人收入大致有三大类：一是劳动收入，包括职工工资、农业承包户及个体劳动者补偿其劳动耗费的收入。二是经营收入，包括各种与经营效果有联系的个人收入。经营者的收入在一定意义上也是一种劳动收入，但是经营效果的大小，并不完全取决于经营中付出的劳动量，经营收入中包含着相当一部分机会收益和风险收益，这就有按劳分配以外的分配原则在起作用。三是资金和资产收入，包括私人从资金储蓄、借贷、入股以及资产营运、租赁等所取得的利息、股息、红利、租金等收入。其中，资产收入又依资产所含质量与所处地理位置的差别，包括相当一部分级差收入。资金、资产收入都不属于劳动收入，也是由按劳分配以外的分配原则决定的。这些按劳分配以外的分配原则，归根结底是由商品经济的等价交换原则决定的。对于上述由商品经济规律决定的非按劳分配的收入，理论界争论颇多。一些同志担心各种非劳动收入的存在，是否会损害社会主义的发展，特别是在发展商品经济条件下必然发生的投机倒把、贪污受贿，以及目前新旧双重体制并存情况下有很多空子可钻，易发不义之财，造成收入分配上的不公平，影响社会风气和安定。这种担心看来不是没有道理的。但是，马克思主义对于分配制度不是简单地从社会正义的立场去判断，而是从是否有利于社会生产力的发展去判断。正如同在多种所有制并存中，非社会主义所有制成分只要有利于社会主义社会生产力的发展而不损及公有制为主体的地位，就应当允许其存在和发展一样，在分配制度上，一些由商品生产原则决定的非按劳分配收入，只要有利于社会主义生产力的发展而不改变按劳分配的主导地位，我们也应当允许其存在。现在，就个人的资产收入来说，在土地、农村基础设施、城市大中型企业及大部分小型企业实行公有制的条件下，由个人掌握的生产资料只占很小的部分，非按劳分配收入不会成为主要的收入形式。在目前条件下，只要这部分个人资产是通过正当收入得来的，允许它通过私人营运和市场竞争收取一定量收入，有利于发展社会生产力，不会损害公有制经济。如果限制这部分个人资产获取收益，那么所有者就会将其资产转变为个人消费，这对社会反而是一种无形的损失。同样，对于个人以储蓄、借贷（如购买债券）、入股（如购买股票）而取得的利息、红利等收入，我们也应当采取实事求是的态度，不能把它们和资本主义等同起来。尤其是在居民收入增加，腰包里有钱的情况下，我们更应当采取积极的利用居民资金的政策，鼓励储蓄，鼓励将个人收入转化为投资，将消费资金转化为积累资金，这对于控制消费需求膨胀，发展生产和增加供给是有利的。至于个人的经营收入，经营者付出复杂劳动理应取得较高报酬，属于按劳分配范畴；就是其中的机会收入、风险收入，对于刺激经营者承担市场竞争的风险，提高经营决策水平和管理效率，对于造就一大批适应商品经济发展的社会主义企业家队伍来说，也是必要的。总之，在社会主义商品经济中，我们不能追求单一的按劳分配形式，非按劳分配形式在一定范围和一定程度上应当允许其存在。改革打破了以前那种名义上的单一按劳分配形式，创造了以按劳分配为主、多种分配形式并存的格局。应当说是初步找到了适合我国社会主义初级阶段发展商品经济要求的分配格局，是我国的改革实践和改革理论在收入分配领域的重要发展。当然，应当注意到，我国目前商品经济尚不发达，管理制度很不健全，在新旧双重体制并存条件下，价格扭曲以及其他空隙甚多，由于这方面的原因产生的不合理的收入差别，需要采取经济的、法律的和行政的措施来加以调节，特别要建立和健全累进的所得税制，进行调节，在鼓励一部分人先富起来的同时，防止出现贫富两极分化的趋势，在发展社会生产 力的基础上，逐步达到共同富裕的目标。

以上我们从几个方面论述了我国经济体制改革在理论上所取得的进展和所存在的问题。虽然进展也好，问题也好，远远不止这几个方面，但是对于马克思主义经济理论（社会主义部分）的发展来说，这几个方面是比较基本的、重要的。改革前原有僵化体制的理论思想根源在相当大的程度上是出于对什么是社会主义、什么是资本主义的误解，把一些本来不是社会主义的东西（如过分集中的体制）附加给社会主义，把一些不是资本主义而是社会化大生产和商品经济共有的东西说成是资本主义的。在改革的实践中发展马克思主义，一个重要的任务就是要根据当代社会主义经济实践的基本特点，把那些不是资本主义特有而是社会化大生产和商品经济共有、可以和社会主义结合的东西引进来，把那些人为地附加到社会主义身上并且被实践证明是有害的东西清除出去。

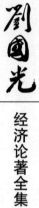